汇添富基金·世界资本经典译丛

巴里·迪勒
——美国娱乐业巨亨沉浮录

［美］ 乔治·梅尔 著
　　　（George Mair）

朱欣微　郑佩芸　刘宝权　译

上海财经大学出版社

图书在版编目(CIP)数据

巴里·迪勒:美国娱乐业巨亨沉浮录/(美)乔治·梅尔(George Mair)著;朱欣微,郑佩芸,刘宝权译.—上海:上海财经大学出版社,2010.5

(汇添富基金·世界资本经典译丛)

书名原文:The Barry Diller Story

ISBN 978-7-5642-0774-8/F·0774

Ⅰ.①巴… Ⅱ.①梅…②朱…③郑…④刘…
Ⅲ.①迪勒,B.-生平事迹 Ⅳ.①K837.125.78

中国版本图书馆CIP数据核字(2010)第077159号

□ 责任编辑　李成军
□ 封面设计　钱宇辰
□ 版式设计　孙国义

BALI DILE
巴里·迪勒
——美国娱乐业巨亨沉浮录

[美]　乔治·梅尔　著
　　　(George Mair)

朱欣微　郑佩芸　刘宝权　译

上海财经大学出版社出版发行
(上海市武东路321号乙　邮编200434)
网　　址:http://www.sufep.com
电子邮箱:webmaster @ sufep.com
全国新华书店经销
上海市印刷七厂印刷
上海远大印务发展有限公司装订
2010年5月第1版　2010年5月第1次印刷

787mm×1092mm　1/16　15.25印张(插页:5)　218千字
印数:0 001—4 000　定价:36.00元

拨动琴弦

唱一首经典

资本脉络

在伦巴第和华尔街坚冷的墙体间，仍然

依稀可见

千百年后

人们依然会穿过泛黄的书架

取下

这些书简

就像我们今天，怀念

秦关汉月

大漠孤烟

……

图字:09-2009-614 号

The Barry Diller Story: The Life and Times of America's Greatest Entertainment Mogul

George Mair

Copyright © 1997 by George Mair

All Rights Reserved. This translation published under license.

No part of this publication may be reproduced, stored in a retrieval system or transmitted in any form or by any means, electronic, mechanical, photocopying, recording, scanning or otherwise, except as permitted under Sections 107 or 108 of the 1976 United States Copyright Act, without the prior written permission of the Publisher.

CHINESE SIMPLIFIED language edition published by SHANGHAI UNIVERSITY OF FINANCE AND ECONOMICS PRESS, Copyright © 2010.

2010年中文版专有出版权属上海财经大学出版社

版权所有　翻版必究

汇添富基金·世界资本经典译丛 编辑委员会

编委会主任	丛树海
编委会执行主任	张晖　于东升
编委	黄磊　袁敏
	韩贤旺　钱慧
	曹翊君　刘劲文
	郭君　魏小君
	齐鸣　李成军
	金德环　田晓军
	柳永明　骆玉鼎
	周继忠　崔世春
策划	黄磊　曹翊君

总　序

"世有非常之功,必待非常之人。"中国正在经历一个前所未有的投资大时代,无数投资人渴望着有机会感悟和学习顶尖投资大师的智慧。

有史以来最伟大的投资家,素有"股神"之称的巴菲特有句名言:成功的捷径是与成功者为伍!(It's simple to be a winner, work with winners!)

向成功者学习是成功的捷径,向投资大师学习则是投资成功的捷径。

巴菲特原来做了十年股票,当初的他也曾经到处打听消息,进行技术分析,买进卖出做短线,可结果却业绩平平。后来他学习了格雷厄姆的价值投资策略,投资业绩很快有了明显改善,他由衷地感叹道:"在大师门下学习几个小时的效果,远远胜过我自己过去十年里自以为是的天真思考。"

巴菲特不但学习了格雷厄姆的投资策略,还进一步吸收了费雪的投资策略,将二者完美地融合在一起。他称自己是"85%的格雷厄姆和15%的费雪",他认为这正是自己成功的原因——"如果我只学习格雷厄姆一个人的思想,就不会像今天这么富有"。

可见,要想投资成功很简单,那就是:向成功的投资人学投资,而且要向尽可能多的杰出投资专家学投资。

源于这个想法，汇添富基金管理公司携手上海财经大学出版社，共同推出这套"汇添富基金·世界资本经典译丛"。开卷有益，本套丛书上及1873年的伦巴第街，下至20世纪华尔街顶级基金经理人和当代"股神"巴菲特，时间跨度长达百余年，汇添富基金希望能够藉此套丛书，向您展示投资专家的大师风采，让您领略投资世界中的卓绝风景。

在本套丛书的第一、二、三、四、五辑里，我们为您奉献了**《伦巴第街》、《攻守兼备》、《价值平均策略》、《浮华时代》、《忠告》、《尖峰时刻》、《战胜标准普尔》、《伟大的事业》、《投资存亡战》、《黄金简史》、《华尔街的扑克牌》、《标准普尔选股指南》、《华尔街50年》、《先知先觉》、《共同基金必胜法则》、《华尔街传奇》、《大熊市——危机市场生存与盈利法则》、《证券分析》、《股票估值实用指南》、《货币简史》、《货币与投资》**等34本讲述国外金融市场历史风云与投资大师深邃睿智的经典之作。而在此次推出的第六辑中，我们将继续一如既往地向您推荐6本同样具有震撼阅读效应的经典投资著作。

漫漫投资路，法则诚可贵。不了解投资法则，就很难成为投资战场的真正胜者。本辑丛书中的**《投资法则——全球150位顶级投资家亲述》**一书将为您讲述源于诸多投资大家真知灼见的经典投资法则。本书由150位欧美投资界知名人士亲自撰写的投资心得汇编而成，作者阵容可谓空前强大，包括先锋投资集团的创始人鲍格尔(John C. Bogle)、《罗斯柴尔德家族》和《货币崛起》等书的作者、牛津大学教授弗格森(Niall Ferguson)，太平洋投资管理公司(PIMCO)的创始人格罗斯(Bill Gross)，金融工程学界权威多伦多大学教授霍尔(John Hull)，技术分析大师墨菲(John Murphy)，嘉信理财首席执行官施瓦布(Charles R. Schwab)，《股市长线投资法》的作者、宾夕法尼亚大学沃顿商学院教授西格尔(Jeremy Siegel)，等等。每位作者都根据自己的投资生涯和专业洞识为读者提出投资忠告，文章短小精悍，中肯务实，深入浅出，通俗易懂。全书编纂得体，各章篇幅适中，心得条目清晰，既可按部就班、依序研读，又可随兴所至、信手翻阅，有助于读者在紧张繁忙的间隙充分利用时间并享受思想激荡的乐趣。

投资是一门充满神奇诱惑的艺术，天才投资家的传奇故事总是会引发我们的无限感慨和深思追怀。**《伯纳德·巴鲁克——一位天才的华尔街投**

资大师》一书为我们真实重现了投资大师巴鲁克天才睿智、风云激荡的一生。本书作者詹姆斯·格兰特(James Grant)是美国首屈一指的财经作家,他在这本书里以老练、大气的笔触使得天才大师巴鲁克的非凡一生跃然纸上,让这本书注定成为经典之作。提起伯纳德·巴鲁克,他的大名在投资界可谓无人不晓。他是一个白手起家的百万富翁和股票交易商;一个鬼才投资者和精明的冒险资本家;一位具有传奇色彩的风险投资家;一位曾经征服了华尔街,后又征服了华盛顿的声名卓著、受人敬慕的显赫人物。在《至高无上——来自最伟大证券交易者的经验》(上海财经大学出版社2006年版)一书中,巴鲁克被列为5位最伟大的证券交易者之一。

大科学家牛顿说过,"如果说我能看得更远一些,那是因为我站在巨人的肩膀上"。《**睿智——亚当谬论及八位经济学巨人的思考**》就是这样一本可以让你有幸"站在巨人肩上",颇值得用心品读以开阔经济学视野的好书。本书不仅阐述了包括亚当·斯密、马尔萨斯、李嘉图、卡尔·马克思、约翰·梅纳德·凯恩斯、哈耶克、凡勃伦和熊彼特在内的8位经济学史上举足轻重的人物的伟大理论,更独辟蹊径以"亚当谬论"为线索贯穿始终,融合作者深厚的知识底蕴和非凡见解,系统分析了每位经济学巨擘的思想特色及局限。

历史总是让人景仰,悠久的历史更是让人肃然起敬。世界三大证券交易所(纽约证券交易所、东京证券交易所、伦敦证券交易所)中,伦敦证券交易所是目前世界上挂牌上市公司最多的证券市场,历史也最悠久。《**伦敦证券市场史(1945~2008)**》一书是一个独一无二的历史见证。全书以实事求是的新闻格式行文记录了自1945年以来影响伦敦证券市场发展的人物、交易和事件。本书读起来更颇像一本小说,带您纵览伦敦证券市场六十多年的历史浮沉。本书作者乔治·G. 布莱基(George G. Blakey)有多年从事股票经纪人的经历,作为金融分析师曾供职于很多银行和投资群体,并是股票经纪商林登公司(Lyddon & Co.)的研究伙伴。他以引人入胜的方式解读了证券市场的赢家与输家及其输赢的原因,洞悉了证券市场运作、关键参与者和市场的运动和影响,涵盖了所有影响证券市场的重大经济和政治进展,该书堪称为任何希望了解当前市场、预测未来市场趋势的人都提供了宝贵的参考。

投资的经验总是触类旁通，不同行业的成长经历同样值得借鉴，例如，娱乐业的资本积累与投资运作。巴里·迪勒（Barry Diller）纵横娱乐业三十余载，一直走在行业的前沿，他提出的"本周电影"和电视连续短剧等开创性的概念都推动了影视革命。《**巴里·迪勒——美国娱乐业巨亨沉浮录**》一书以冷静而深刻的旁观者眼光描述了好莱坞影视巨头巴里·迪勒波澜起伏的创业生涯。本书生动展现了这位不知疲倦的传媒大亨从小职员到派拉蒙、福克斯等影视公司CEO的传奇经历，深度透析了他给美国影视传媒带来的创造性与颠覆性的影响与改变，同时展现了风起云涌的好莱坞权力争夺战。此外，该书在对巴里·迪勒的生平记录中，还特别提到了他"制造冲突式"管理理念及在娱乐业扩张经营的宝贵经验。从某种程度上说，这也是投资者最值得投资和期许的地方。"他是一位真正的梦想家，他的精明无人能及……是他造就了整整一代大亨。"——保罗·罗森菲尔德（Paul Rosenfeld）在《好莱坞俱乐部规则》（*The Club Rules*）一书中如是评说巴里·迪勒。

金融是现代国家经济的命脉，而银行在其中扮演的重要角色不言而喻。《**银行家**》一书为我们阐述了亚太地区银行掌门人的领导能力与卓越才干。本书对亚太地区大多数重要银行CEO的金融才智和经营理念进行了剖析，指出这些CEO引领其银行飞速发展的深刻缘由。本书还重点关注中国和印度及其他一些快速发展国家的银行业，不仅阐述了亚洲银行业已成为世界金融蓬勃发展的主要角色，更深入分析了他们在加速发展的道路上面临着一系列来自内部和外部的挑战。

投资者也许会问：我们向投资大师、投资历史学习投资真知后，如何在中国股市实践应用大师们的价值投资理念？

事实永远胜于雄辩。中国基金行业从创立至今始终坚持和实践价值投资与有效风险控制策略，相信我们十年来的追求探索已经在一定程度上回答了这个问题：

首先，中国基金行业成立十余年来的投资业绩充分表明，在中国股市运用长期价值投资策略同样是非常有效的，同样能够显著地战胜市场。几年来我们旗下基金的优秀业绩，就是最好的证明之一。价值投资最基本的安全边际原则是永恒不变的,坚守基于深入基本面分析的长期价值投资,必定会有良好的长期回报。

其次,我们的经历还表明,在中国股市运用价值投资策略,必须结合中国股市以及中国上市公司的实际情况,做到理论与实践相结合,勇于创新。事实上,作为价值型基金经理人典范,彼得·林奇也是在总结和反思传统价值投资分析方法的基础上,推陈出新,取得了前无古人的共同基金业绩。

最后,需要强调的是,我们比巴菲特、彼得·林奇等人更加幸运,中国有持续快速稳定发展的经济环境,有一个经过改革后基本面发生巨大变化的证券市场,有一批快速成长的优秀上市公司,这一切将使我们拥有更多、更好的投资机会。

我们有理由坚信,只要坚持深入基本面分析的价值投资理念,不断积累经验和总结教训,不断完善和提高自己,中国基金行业必将能为投资者创造长期稳定的较好投资回报。

"他山之石,可以攻玉。"十余年前,当我在上海财经大学读书的时候,也曾经阅读过大量海外经典投资书籍,获益匪浅。今天,我们和上海财经大学出版社一起,精挑细选了上述这些书籍,力求使投资人能够对一个多世纪的西方资本市场发展窥斑见豹,有所感悟;而其中的正反两方面的经验与教训,亦可为我们所鉴,或成为成功投资的指南,或成为风险教育的反面教材。

"辉煌源于价值,艰巨在于漫长。"对于投资者来说,注重投资内在价值,精心挑选稳健的投资品种,进行长期投资,将会比你花心思去预测市场走向、揣测指数高低更为务实和有意义得多。当今中国正处在一个高速发展的黄金时期,站在东方大国崛起的高度,不妨看淡指数,让你的心态从容超越股市指数的短期涨跌,让我们一起从容分享中国资本市场的美好未来。在此,汇添富基金期待着与广大投资者一起,伴随着中国证券市场和中国基金业的不断发展,迎来更加辉煌灿烂的明天!

张 晖
汇添富基金管理有限公司投资总监
2010年5月8日

引 言

1975年春,兼任编剧和导演的伊利亚·卡赞(Elia Kazan)刚刚拍摄完电影《最后的大亨》(*The Last Tycoon*)。该片改编自弗朗西斯·史考特·费兹杰罗(Francis Scott Fitzgerald)最后一部未能完成的小说。小说揭露了好莱坞华彩下的阴暗。哈罗德·品特(Harold Pinter)负责为传奇制片人萨姆·斯皮格尔(Sam Spiegel)编写影片剧本,同时,此前指导过《欲望号街车》(*Streetcar Named Desire*)和《码头风云》(*On the Waterfront*)的卡赞坚持让罗伯特·德尼罗(Robert De Niro)领衔出演门罗·斯塔尔(Monroe Stahr)一角。尽管演出团队众星云集,实际拍摄却对每位成员提出了挑战。

制片人、导演和编剧在主要角色的选择上各执一词。斯皮格尔指责罗伯特·德尼罗"既任性又自大",还说自己钦点的一位女主角特里萨·拉塞尔(Theresa Russell)"无药可救,简直让人尴尬"。卡赞原本反对斯皮格尔选用英格列·保庭(Ingrid Boulting)担任另一位女主角,却在看过对方的表演后改变初衷。这让品特懊丧不已,他认为英格列·保庭的诠释与角色本身南辕北辙。为增加剧情的张力,卡赞曾力图保留影片核心中对爱情浓墨重彩的展现。他曾致信品特表达了自己的想法,也曾两次赶赴英格兰与斯皮格尔讨论剧本。然而，品特并没有听取卡赞的意见进行任何修改。

同年3月初，卡赞满怀忐忑地看完影片粗剪后在日记里写道，"画面衔接自然……影片表现……细腻，甚至令人动容"。

影片真正获得肯定却是在3个月后的6月1日。当时，萨姆·斯皮格尔亲自为前一年起担任派拉蒙影业公司（Paramount Pictures）主席和首席执行官的巴里·迪勒（Barry Diller）播放影片。次日，迪勒就给卡赞打电话，还夸"它是一部上乘之作"。

卡赞没有轻松多久。随后，电影业界的好友和同仁以及欧洲电影发行商作为观众无一例外地表达了他们的失望。电影砸了。作品引来各种评议而且票房惨淡。

巴里·迪勒发现了《最后的大亨》里哪些被人忽视的价值呢？当时，还有1个月就将迎来自己32岁生日的迪勒从电视圈被调来接掌派拉蒙。这位电影业界的年轻才俊为什么会推崇这部影片呢？或许迪勒被门罗·斯塔尔的性格折服。费兹杰罗在饰演门罗·斯塔尔这位天才和工作狂式的制片厂负责人时，无疑将欧文·塞拉伯格（Irving Thalberg）作为现实原型。自1924年起，塞拉伯格连续将近10年被拥立为"好莱坞最具影响力的人物"；他很可能也是巴里·迪勒追随的榜样。

塞拉伯格被提升为米高梅电影制片公司（Metro-Goldwyn-Mayer, MGM）的制片主任时年仅25岁，而且行事总是一丝不苟。他在影片制作时事必躬亲；在《大饭店》（*Grand Hotel*）、《红楼春怨》（*The Barretts of Wimpole Street*）、《大地》（*The Good Earth*）和《茶花女》（*Camille*）等一系列经典影片的创作过程中，从概念构思到制作与剪辑，他都亲自过问。塞拉伯格树敌颇多，也遭受过非议。有人说他的电影徒有浮华时尚的外表，由于过度模仿百老汇戏剧显得空洞平淡。编剧和导演却对他能够精明老练地修缮剧本和电影样片赞赏有加。他本人也曾激进地提议：像米高梅电影制片公司这样成功的制片厂（美国米高梅电影制片公司是大萧条时期仍能盈利的一家主流制片厂），可以偶尔不惜血本地制作高成本电影，只要这样能提升米高梅电影制片公司的声望。

就像真实世界中的欧文·塞拉伯格和虚构的门罗·斯塔尔,巴里·迪勒25岁左右便作为美国广播公司电视台黄金时段节目的副总裁,负责金额达数百万美元的财务和创意决策,左右着广大美国观众的收看习惯。其实,巴里还在美国广播公司的时候就开创了"本周电影"[1]和电视连续短剧的概念。

他最初在威廉·莫里斯经纪公司(William Morris Agency)当差,而后进入美国广播公司,为刚刚被选作电视网节目制作负责人的伦纳德·戈德堡(Leonard Goldberg)担任私人助理。美国广播公司上下很快摸清了迪勒但求结果的行事风格。早在那时,他为达目的就采用过命令、哄骗、施压和胁迫等手段;这也让那些和他打交道的人清楚地知道:他不接受借口与拒绝。戈德堡后来说,迪勒是每位主管梦寐以求的助理。

20世纪70年代中期,迪勒重返好莱坞。当时,他挽救了深陷财务危机的派拉蒙影业公司并革新了制片厂获取剧本的流程。10年后,战功赫赫的迪勒却在派拉蒙公司遇到了麻烦。老板查尔斯·布卢多恩(Charles Bluhdorn)猝死后,他和刚刚执掌海湾与西方工业公司(即派拉蒙公司的母公司)的马丁·戴维斯(Martin Davis)展开了一场鏖战。这是第一次影响他仕途的冲突。

随着局势日渐恶化,迪勒萌生了离任的想法,于是在石油大王马文·戴维斯(Marvin Davis)的怂恿下出任福克斯影片公司(Fox, Inc.)的首席执行官。很快,他就惊愕地发现新公司身负6亿美元的巨额债务。在福克斯影片公司被澳大利亚报业巨亨鲁珀特·默多克(Rupert Murdoch)收购的过程中,他与马文·戴维斯的恶斗升至白热化。1987年,迪勒和默多克推出"第四电视网",共同谱写了一段电视历史。凭借极富幽默的风格,以及《憔悴潘郎》(Married... with Children)和马特·格勒宁(Matt Groening)创作的《辛普森一家》(The Simpsons)等超凡脱俗的节目,福克斯电视台很快闯出了名

---

[1] 美国广播公司的"本周电影"曾作为每周电视系列剧选,通过美国广播公司ABC网络播出风格各异的电视电影。——译者注

气。与此同时,担任福克斯公司电影制片厂负责人的迪勒还批准播映了日后红极一时的《小鬼当家》(*Home Alone*)和《飞跃未来》(*Big*)。

之后的 1992 年 2 月,迪勒令好莱坞和华尔街都为之一惊——他离开福克斯公司并在接下来的几个月驱车穿越美国,随行的唯一伴侣是他的最新玩具——苹果公司(Apple)强力笔记本电脑(Powerbook ®)。更让人跌破眼镜的是,同年 12 月,他购买了 QVC 家居购物网络 3% 的股份并担任该公司的首席执行官。行业杂志《多频道新闻》(*Multichannel News*)曾代表许多效仿迪勒规划自身职业的人提出质疑:"这位福克斯影片公司的前任主席怎么会对一家兜售陶瓷和仿钻的有线电视网感兴趣呢?"

此后的数月,迪勒力图给出答案并明确表达了自己对电视未来的看法;他认为电视将"受到有线电视利益的支配"。他还提到了扩张与互动性,提到了信息服务以及节目制作的变革。尽管如此,持怀疑态度的人仍旧无法理解:为什么巴里·迪勒,一位好莱坞最具威望并令人敬畏的人物,一个结交业界权力精英的男人,甘愿把自己放逐到宾夕法尼亚州封闭的西切斯特呢?

同年不久,事态似乎变得相当明朗。迪勒在 QVC 公司伙伴的支持下,打乱了维亚康姆(Viacom)公司对派拉蒙通讯公司的股权收购计划。尽管迪勒否认自己投标收购派拉蒙公司是出于个人动机,他的朋友们却道出了众人皆知的秘密:他对以前的雇主马丁·戴维斯仍旧耿耿于怀。于是,特拉华州法院和华尔街成为迪勒和维亚康姆公司主席萨姆纳·雷石东(Sumner Redstone)龙争虎斗的舞台。这场火拼于 1994 年 2 月落幕。最终,雷石东以近 100 亿美元的天价成功逼退迪勒。

"敌胜我负。走着瞧,"迪勒事后表态,他还正式宣布会继续为 QVC 找寻合适的公司合伙人。尽管迪勒公开表示他对此毫不怀疑,一些老道的迪勒观察员却仍心存疑问:他怎么会如此差劲地错算了自己在这场重大交易里的地位?他真的像自己标榜的一样,对未来充满希望么?

迪勒接着开始筹划与哥伦比亚广播公司(Columbia Broadcasting System,CBS)联姻,这看似一场天作之合。"这是一场真正的合并,"哥伦比亚广播公司首席执行官劳伦斯·蒂什(Laurence Tisch)这样说显然是为了驱退其他投标人。可以继续担任哥伦比亚广播公司主席的劳伦斯·蒂什,却公开承诺将在之后的两年内离开公司。他说:"巴里将成为这里的老板。是时候离开了。"

蒂什在合并临近尾声时的宣告让华尔街为之一振,哥伦比亚广播公司和 QVC 公司的股价暴涨了 19%。两家公司为表决合并计划安排了数轮董事会议。但最后关头石破天惊,迪勒自己的一位合作伙伴出面竞标。股东们尚未从突如其来的发盘中清醒过来,《华尔街日报》(Wall Street Journal)就开始预测结果并称迪勒是"一位找寻帝国的大亨"。

为什么与哥伦比亚广播公司的合并会最终流产呢?为什么此前力邀迪勒加盟 QVC 公司的布莱恩·罗伯茨(Brian Roberts)[1]会突然临阵倒戈呢?

6 个月后,QVC 公司—康卡斯特公司(Comcast)的交易最终达成,迪勒的账上又新添了 1 亿美元,新闻界仍在推测他下一步的计划。有人劝他重新考虑与哥伦比亚广播公司合并,但若想控制哥伦比亚广播公司他还需要整整 20 亿美元的并购基金。

等待良机出现的同时,迪勒筹划、编织着自己的梦想,他终于在 1995 年夏秋交替之际拥有了银王传播公司(Silver King Communications)和萨伏依影片公司(Savoy Pictures)并获得了家居购物网络(Home Shopping Network)[2]的控股权。终日窥伺的新闻界迅速对迪勒破落的传媒帝国提出质疑和意见。《商业周刊》(Business Week)问:"巴里究竟需要多少房间?"《经济学人》(Economist)杂志则说他"想要成为网络国王"。一直捍卫自身战略的迪勒仅表示,他希望"从基础开始创建与地方节目制作挂钩的"新型电视网。

---

〔1〕 布莱恩·罗伯茨是美国第三大有线电视公司康卡斯特公司的首席执行官。——译者注

〔2〕 "家居购物网络"也称 HSN,是一家基本频道(basic cable)式全天候购物网络公司;其内容可通过美国国内的有线电视、卫星以及某些陆上信道收看。该公司还通过电子商务手段经营 HSN.com 网站。——译者注

尽管在实现未来的计划方面一再受挫,叱咤好莱坞的"杀手迪勒"却已经在娱乐业留下了无法磨灭的印记。朵恩·史提(Dawn Steel),另一位派拉蒙公司迪勒王朝的宠儿,哥伦比亚电影公司的现任总裁,谈及她以前的导师对电影业的贡献时曾说,"他在电影制片厂里创建了'辩护制度'。他教导电影执行官如何将某种热情注入工作。有了巴里,业务蒸蒸日上"。

许多人并不赞同她的观点。尽管很少有人公开抱怨,迪勒的确经常与人为敌。

有关迪勒力求完美、脾气暴烈、说话伤人的事例不胜枚举。与欧文·塞拉伯格相仿,昔日迪勒在好莱坞事必躬亲,在统管福克斯公司期间坚持进行全面操控;他曾亲自选择节目图案,以及布景配色方案。人们常说他专横跋扈还总爱侮辱人。曾经也是在福克斯公司,火冒三丈的他抄起一盒录像带砸向一位办错事的关键助理,裹挟着怒火的录像带竟在墙上砸出一个坑来。

迪勒知道旁人提到他时经常骂他是"狗娘养的"。对此他表示惊讶,却承认自己难与人相处。不过他辩解说,"我认为难相处也是一件好事,特别是在'创意过程'中必须作出编辑决策时……真正要全部投入的是思想。这与正直无关,唯独要忠实于自己"。

迪勒的言辞诡异得犹如欧文·塞拉伯格灵魂重现。史考特·费兹杰罗为《最后的大亨》注释时,想起1927年自己曾与塞拉伯格在米高梅电影制片公司的杂货店里偶然间有过的一次谈话,当时塞拉伯格雄辩地描述了他的决策过程。费兹杰罗为他的言辞深深震撼,而后将这些内容加入荧幕英雄门罗·斯塔尔的一段对白。

"假设山上只有一条出路,"塞拉伯格对费兹杰罗说,"……但似乎有六条路可走……假设你恰好是首领……你要说,'嗯,我认为我们应该走那条路'。并且,你得假装……自己的决定有明确的理由,即便有时人们很怀疑你的决定你也必须这么做,因为所有其他可能的决定一直在你的耳畔萦绕。当你筹划一项庞大的新事业时,决不能让手下的人……感觉你对各类决定存有一丝疑虑"。

当然,与欧文·塞拉伯格这位同样曾是青年才俊的电影制作前辈相似,肯定也有人对巴里·迪勒的某些决定心存怀疑。银王传播公司集结了12家播出家居购物节目的电视台，这与迪勒曾经在会议室里施加权力与影响的磅礴气势相去甚远。但他声称：就像十年前乃至二十年前自己在娱乐圈要风得风、要雨得雨的情况一样，今天他依然确信自己在山峦间选择的道路。

尽管如此，疑问还是不可避免地出现了：迪勒为何这么早就能安然接掌权力，他又是怎么让大权旁落的呢？近期他为夺回往日的地位大张旗鼓地筹备相关活动，却为何接连失败呢？是什么力量驱使巴里·迪勒追寻着一个幻梦呢？是否因为某些致命的性格缺陷，使他总是无法自立门户呢？

那些接近并且尊敬迪勒的人原本可以完美地解答上述问题，但他们都不愿吐露各自的观点。有些人以匿名形式发表意见；其他人摄于迪勒的权势和地位不愿多作评价，也就说得更少。可能有一天迪勒会愿意写自传。在此之前，本书试图探究他广受争议的公众形象及其竭力掩藏的私生活，并借此解析这位非凡复杂的人物——这位大亨曾经名噪一时而现在正找寻属于自己的帝国，并可能继续主宰未来。

目 录

总序/1

引言/1

第一章 隐私问题,守口如瓶/1

第二章 传达室内,励精图治/6

第三章 重塑体系,推陈出新/17

第四章 初涉电影,扭亏为盈/28

第五章 杀手迪勒,招贤纳士/44

第六章 赴福克斯,另谋高就/56

第七章 整饬内务,持家有方/69

第八章　第四网络,招兵买马/77

第九章　内情真相,各执一词/90

第十章　情势复杂,盘根错节/98

第十一章　卡通制作,出人意料/109

第十二章　管控重任,力不从心/116

第十三章　挥手道别,志在四方/130

第十四章　奥德修斯,高瞻远瞩/136

第十五章　未来构想,众说纷纭/149

第十六章　夺派拉蒙,龙争虎斗/160

第十七章　追蒂凡尼,功亏一篑/191

第十八章　银王传播,自立门户/211

第一章　隐私问题,守口如瓶

人们常说巴里·迪勒极富热情。不过,他对隐私最有热情。"我非常在乎隐私,"他曾经直言不讳地说。

迪勒很少接受访问;即便接受访问,他也很快从个人话题中抽离,侧重谈论商业问题、创意与技术层面的概念以及想法而不是情感。当问题触及内心世界时,他表露出明显的拘谨。对于内省他持回避态度,至少在公共场合他这样表示,还自称"缺乏自省能力"。他曾在现场就如何作出雇佣决定进行自我分析,他说,"我真的一窍不通……只会嘟囔一通。纯属自命不凡"。

"我一生中从没有接受一次个人专访,"他曾自夸。也只有极少数特别可靠的朋友或同事才会对他公开评述。

有别于大多数同僚,迪勒没有新闻广告员。然而,所有反对者都认为有他们的贡献才换来了迪勒卓著的功勋。朱莉娅·菲力普斯(Julia Phillips)作为好莱坞少数愿意赞颂迪勒的人曾说:"他的精明真的无人能比。他确实做了钦慕者谈到他时所说的全部事情。"朱莉娅·菲力普斯这位撰写过《影城秽事》(*You'll Never Have Lunch in This Town Again*)的成功制片人兼编剧可谓名副其实的一无所有。

迪勒对隐私极度关注,这让他只与为数不多的人分享自己的个人生活。对此,他承认是因为自己害羞。"我尊重别人的隐私,也希望别人尊重我的。"巴里曾借这句话让一名试图窥探他内心世界的记者无功而返。当有人请他对自己最亲密的一些朋友作评价时,他曾回应:"我从不想对任何朋友品头论足。"

不过有些事实还是公开的。

迈克尔·迪勒(Michael Diller)是巴里·迪勒的父亲,也是伯纳德·迪勒(Bernard Diller)膝下排行第七的最小的孩子。1902年,37岁的伯纳德·迪勒以奥地利裔犹太移民的身份来到旧金山。既当肉贩又当杂货商的伯纳德仅用3年就凑足了接家人来美国的钱;妻子艾达(Ida)和孩子们——查利(Charlie,生于1891年)、明妮(Minnie,生于1895年)、芬妮(Fanny,生于1899年)和山米[Sammie,即后文提到的理查德(Richard);一些记录显示他生于1902年,另一些记录则显示他生于1905年赴美国的航船上]就这样来到了美国。

艾达和孩子们抵达美国的第2年,迪勒一家就和其他数以千计的旧金山居民共同经历了这座城市历史上最严重的一次地震与火灾。尽管如此,他们还是选择留在这个新的家园;他们通过辛勤工作安身立命,并最终买下麦卡利斯特街1 081号的一幢房子哺育后代。伯纳德是一位虔诚的犹太教徒,他不但在自己开设的一个集市上销售犹太洁食肉类(用作犹太洁食肉类的动物按照正统犹太教的规定宰杀)[1],还在旧金山正统犹太教社区的中心位置开设了数家杂货店。艾达则负责照料他们日渐庞大的家庭。她一生怀孕11次;有4个孩子夭折在襁褓中,出生在旧金山的孩子另有3个——

---

[1] 犹太洁食符合犹太教的文化。这些规定是犹太教饮食教规的主要成分。成为非洁食品的原因可能有:配料取自非洁类动物食品或配料属于洁食但是未经正确宰杀,肉和奶相互混合,酒或葡萄汁(或它们的)衍生产品由非犹太人酿制,食物选用源自以色列且未缴纳什一税的农产品。甚至被厨具和机械处理过的食品之前也被视为非洁食品。洁食主要是正统犹太教徒(Orthodox Jew)的食品,其他犹太教徒并不受专门限定。洁食一词还能用来指代犹太教的膳食。——译者注

艾丝特(Esther,生于1905年)、莫里斯(Morris,生于1908年)和迈耶·迪勒(生于1909年)。迈耶·迪勒日后自己改名为迈克尔。

伯纳德·迪勒不仅是迪勒家族的族长,也是旧金山市正统犹太教的领导者。他在自己的社交圈中备受尊崇,也因为投身各类慈善事业为人熟知。他还是希伯来人无息贷款协会(Hebrew Free Loan Association)和犹太教教育学会(Jewish Education Society)等数家犹太教社区组织的成员。作为创办成员,他后来担任"圣洁团体"(Chevra Kadisha,源自希伯来文)的主席。"圣洁团体"创建于1905年,旨在让贫穷的犹太人也能享受体面的犹太教礼葬。

当迈克尔结识里瓦·阿狄森(Reva Addison)这位来自马塞诸塞州、年轻可爱的接待员时,迪勒家族已经拥有数家有口皆碑的店铺,其中包括:迪勒肉店和迈克尔曾经工作过的迪勒市场。(第三家店铺是坐落于"金融区"的迪勒熟食店,它留存至今并被许多旅行指南选为该城的十佳早餐场所。)里瓦不是犹太教徒,这很可能给信奉正统犹太教的准公公出了一道难题;后者可能更希望儿子迎娶一位信奉犹太教的新娘。尽管如此,二人还是在1932年2月14日喜结连理。

1938年11月6日,里瓦生下了他们的第一个孩子唐纳德·阿狄森(Donald Addison)。将近4年后的1942年2月2日,他们的次子巴里·查尔斯(Barry Charles)在旧金山的锡安山医院出世。让人难过的是,由于男孩的祖父在7个月前死于癌症,男孩将永远无法见到自己既活跃又备受尊崇的祖父在世时的样子。依照犹太教传统,这个新生婴儿被赐名巴里,以纪念伯纳德。

巴里自幼生活在威拉德街206号,他的叔舅姑婶和堂表兄妹很多都住在周围。7岁那年,他就经历了人生第一次巨变;当时他的父亲和伯伯理查德(Richard)举家南迁到洛杉矶沿岸。搬家是出于经济考虑。战后的美国经济蓬勃发展,理查德·迪勒(Richard Diller)也想分一杯羹。从第二次世界大战战场回来的老兵迫切希望得到价位适中的住房,他们可通过新颁布并且获得担保的政府贷款支付相关费用。

理查德和迈克尔从做住宅建筑生意起步,最终创办了一系列建筑和房地产开发公司,其中包括:迪勒建筑公司(Diller Building Corporation)、丹露公司(Denlo Corporation)、迪勒·贝弗利伍德(Diller Beverlywood)、迪勒·恩西诺(Diller Encino)、莱西公司(Lassie Corporation)、迪尔沃思(Dilworth)、乔维特(Jowett),以及位处威尔夏大道8 549号、介于迈达斯·马弗勒商店和美孚加油站之间的乔伊斯房地产公司(Joyce Properties)。理查德为经营出谋划策;他的弟弟迈克尔却总想当建筑工人,由他负责后勤保障、销售和跑腿打杂的工作。

迪勒俩兄弟把办公室设在贝弗利山庄并各自在距此不远的地方买了房子,早在当时那里就是电影明星和行业高管云集的地方。这片传说中的飞地[1]在20世纪20年代中期开始崛起;更早之前,这里曾就"大胖"·阿巴克尔(Fatty Arbuckle)是否在有数位好莱坞知名人士参加的马拉松式狂欢酒会上谋杀了维吉尼亚·雷普(Virginia Rappe)的案子举行过3场广为人知的审判。阿巴克尔最终被判无罪,电影业却因此声名狼藉,各家制片厂觉得有必要控制损失。

于是威廉·海斯(William Hays)这位共和党全国委员会主席兼沃伦·G.哈定(Warren G. Harding)总统的内阁成员,接到邀请并成为好莱坞的道德楷模。教导好莱坞居民言行应当得体的海斯曾断言这个电影社区将成为当代的所多玛和蛾摩拉[2],他敦促居民搬到社区西侧的贝弗利山庄。演员、导演和制片人逐渐将新居安置在由威尔·罗杰斯担任市长、宁静雅致的家庭式城镇内,房地产行业随之迅猛发展。

此后轻率的行为变得极为隐秘;海斯和制片厂负责人要求电影业创建优良正直的公众形象。制片厂宣传部加班加点地开展形象维护与修缮工作,让好莱坞表面上无可指责。这就是巴里·迪勒的成长环境——让吸毒酗酒、斗殴强奸、同性恋和不幸婚姻统统无处容身的"净土";只要这些丑事

---

〔1〕飞地是指在本国境内却隶属另一国的领土。——译者注
〔2〕所多玛和蛾摩拉的故事出自《圣经·旧约·创世纪》。所多玛和蛾摩拉是死海南端两座城的名字,因触怒耶和华受到惩罚。此处表示罪孽深重、肮脏污秽的地方。——译者注

发生在紧锁的门后并且不被电影观众知晓,一切便看似太平。

据迪勒本人描述,20世纪50年代的贝弗利山庄是一个弹丸小镇,仅有3万人口。大家彼此认识;与现在不同,当时还没有为了一睹罗迪欧大道风采纷至沓来的游客。

日落、圣塔莫尼卡和威尔夏3条干道将贝弗利山庄划分为4个存在贫富差距的住宅区。价格低廉的房屋和公寓楼位于威尔夏南部。往北走,商业区坐落在威尔夏大道和和圣塔莫尼卡大道之间。小康和中等富裕家庭的房舍集中在圣塔莫尼卡大道和日落大道之间;超级富翁的豪宅则掩映在贝弗利山庄酒店以北、日落大道向北延伸至圣塔莫尼卡山脉的峡谷处。

里瓦和迈克尔·迪勒夫妇居住在圣塔莫尼卡大道和日落大道之间,出现婚姻问题之前他们几乎没有到过洛杉矶,这场严重的婚姻危机则让他们于1949年8月14日分居。此后不久,双方签署了一份财产授予协议,协议规定:妻子里瓦获得两个孩子的监护权以及家具,丈夫每月应向妻子支付500美元的生活费和100美元的子女抚养费。1949年9月13日,里瓦以遭受极端虐待为由递交离婚书面申请。次日,迈克尔却通过书面形式否认虐待指控。

无论里瓦的宣言是否属实,1950年5月,迪勒夫妇表面上已经消除分歧。里瓦也请求撤销了离婚宣言。

第二章 传达室内,励精图治

25岁的威廉·莫里斯(William Morris)是一位面色苍白的年轻小伙子,1898年他在纽约市东14街103号创建了自己的剧院订票代理处。他张扬地将代理处取成自己的名字并一直为整个美国的杂耍场培养明星。波士顿的金融家约瑟夫·P.肯尼迪(Joseph P. Kennedy)是莫里斯早期的资助者。最初成为莫里斯大客户的明星里包括哈里·劳德(Harry Lauder),这位之前的挖煤工摇身成为苏格兰游吟诗人,穿着苏格兰短裙登台亮相的他总是独具特色地哼着苏格兰小调还念着精妙的急口词。莫里斯让劳德破天荒地拿到了每周300美元的薪酬,作为条件,劳德从此之后总要穿着苏格兰短裙示人。

4年后的1912年,威廉·莫里斯雇来14岁的亚伯·拉斯特佛杰尔(Abe Lastfogel)当办公室勤务员,后者放弃替一位裁缝干活而选择了订票处的工作。经纪公司继续发展并挺过了1931年创始人辞世带来的打击;当时正在修道士俱乐部(Friars Club)玩皮纳克尔纸牌游戏的莫里斯因心脏病突发亡故。生意随即由莫里斯的儿子小威廉接管,直到第二次世界大战末期先前的办公室勤务员亚伯·拉斯特佛杰尔成为公司首脑。

第二章
传达室内,励精图治

拉斯特佛杰尔领导下的经纪公司生意兴隆,一部分原因是拉斯维加斯酒店的明星主要来自该经纪公司。然而,到了20世纪50年代前期,电视新媒体不断发展而且似乎对明星有着无限需求,娱乐产业相应出现了重大改变。制造商和工商界发现电视能够影响消费者的消费,便花大量广告资金打造电视广告。反过来,相互竞争的电视网开始狂热研究如何通过节目和人物吸引最多的观众,从而让自己播出更多广告。由于亚伯·拉斯特佛杰尔及其同仁总是能源源不绝地收到节目播放要求,威廉·莫里斯成为好莱坞最有钱有势的经纪公司并且能帮助客户成为富有的明星。

联合派拉蒙剧院公司(United Paramount Theatres)曾应联盟政府要求从派拉蒙影业公司分离出来;公司总裁伦纳德·戈尔登森(Leonard Goldenson)刚买下暴富的美国广播公司(American Broadcasting Company)就突然需要请明星填充广播时间。戈尔登森清楚自己无力承担美国全国广播公司(National Broadcasting Company, NBC)和哥伦比亚广播公司这两家主要电视网贵到头痛的实况演出开价,于是把问题抛给亚伯·拉斯特佛杰尔;亚伯多年来一直在戈尔登森的剧院播映电影,并提供连带的歌舞杂耍表演。

戈尔登森希望把演出录成影片,这能降低制作费用,而且除了单场实况演出要收费,节目重播完全免费。拉斯特佛杰尔手上众星云集,但他坚持创建一揽子交易:如果戈尔登森或者任何电视网因为这种事情需要某位明星,就必须雇佣威廉·莫里斯经纪公司的另一位明星。

就这样,围绕雷·博尔杰[Ray Bolger,曾出演《雷蒙德,你在哪儿?》(Where's Raymond?)]和乔治·杰塞尔[George Jessel,曾出演《乔治·杰塞尔的演艺人生》(Georgae Jessel's Show Business)]等喜剧明星和歌舞演员的节目制作产生了。为喜剧明星丹尼·托马斯(Danny Thomas)度身定制节目的时间更长,托马斯当时在"沙滩"和其他拉斯维加斯夜总会每周能赚1万美元。经纪公司最终还是成功推出了以托马斯本人生活为原型的节目。《给爸爸让位》(Make Room for Daddy)的主人公是一位经常放下演出、力图当好爸爸的夜总会滑稽演员;节目获得巨大长期的成功,也成为威廉·莫里斯经纪公司最赚钱的项目。

正如弗兰克·萝丝(Frank Rose)在他的《经纪公司》(The Agency)一书中的描述,在此期间,威廉·莫里斯经纪公司还网罗到两名新成员:一位是来自北卡罗莱那州、眼睛大睁着的年轻喜剧演员安迪·格里菲思(Andy Griffith),他很快轰动了整个美国;另一位则是来自南方、志存高远的年轻歌手,此前他曾开着卡车离开孟菲斯。当经纪人哈里·卡尔凯姆(Harry Kalcheim)发现他时,原以为自己了解这位歌手的全貌,但这位"长着娃娃脸、蓄着短络腮胡、面带一丝嘲笑,登台时身着红裤子、粉红衬衫和绿夹克的小流氓"却让卡尔凯姆有了大发现。回到办公室的卡尔凯姆告诉搭档,最让人吃惊的是,台下那些可敬的南方女孩一见到这位歌手就尖叫着扯下自己的内短裤抛向舞台。

这个小流氓就是埃尔维斯·普里斯莱(Elvis Presley)[1]。经纪公司将普里斯莱定为客户,并在数月内帮助他取得同派拉蒙公司长达7年的电影合约和一系列电视演出机会。

20世纪60年代初有人惊爆《64 000美元问题》(The $64,000 Question)和《21点赌》(Twenty-One)等即时大富翁智力竞赛节目受人操纵。此前参与欺诈的一位参赛者名叫查尔斯·范·多伦(Charles Van Doren),他本人既是大学教授,也是一位知名学者的儿子。即便如此,威廉·莫里斯经纪公司还是经受住了流言蜚语的攻击和司法部对娱乐经纪圈的多番调查。

1961年,巴里·迪勒从加利福尼亚大学洛杉矶分校(University of California at Los Angeles, UCLA)退学(他在描述这段短暂的大学经历时曾说,"我有些像溜走的"。)巴里一直贪求能够在威廉·莫里斯经纪公司当差,这时便向丹尼·托马斯(Danny Thomas)求助。依靠托马斯在经纪公司的重要地位,迪勒受雇在锻炼新手的收发室工作,尽管他还欠缺公司的一项基本要求——一个大学学位。

技术上说,迪勒需要复印合同、备忘录、信件和其他各类可以想见并与

---

[1] 埃尔维斯·普里斯莱是美国著名摇滚歌星,猫王之名源于美国南方歌迷为他取的昵称"The Hillbilly Cat",意为"来自南方的小猫"。——译者注

第二章
传达室内，励精图治

业务相关的文件，再将它们交还给各位经纪人。弗兰克·萝丝在讲述威廉·莫里斯经纪公司历史的《经纪公司》一书中写道：迪勒和收发室里的同事"需要搞清谁是谁，需要将剧本、合同和支票寄给镇上的经纪人，需要阅读为刚达成的交易阐明规定的确认备忘录"。

巴里·迪勒规定自己要阅读每一份经手的文件。几年后，他回想起这段在威廉·莫里斯经纪公司接受的教育。

"当年19岁的我觉得那是一块风水宝地，还能学习业务。我希望从每一件正在发生的事中获益。我会抱着成堆的文件阅读里面的每一个细节。我是说，别人进大学念书，我却在威廉·莫里斯经纪公司学习。我读完了档案室里的所有文件。这用了我3年时间，但我办到了"。

"有人标榜自己在牛津大学读书。我却为自己能在威廉·莫里斯经纪公司读书而骄傲。这听上去有些自命不凡，却是一个准确的类比，因为在我看来威廉·莫里斯经纪公司是世界上最棒的图书馆。其他人常说大家都希望尽快离开收发室。我却拼命留在那里"。

巴里曾用一周半的时间读完了埃尔维斯·普里斯莱6英寸厚的文件。"我对埃尔维斯当时的工作过程很感兴趣。我就像一块海绵"。

在收发室当学徒期间，迪勒与另一名同样没有拿到大学学位、凭门路进公司的雇员建立了重要关系。大卫·格芬(David Geffen)，这位身材修长、精力充沛的年轻音乐大师，日后成了他的一位至交。格芬成长在纽约市布鲁克林区，他的单亲母亲为了撑起家庭在外经营紧身胸衣生意。尽管格芬在威廉·莫里斯经纪公司不断磨炼自己，却不想留下来当经纪人。他也决心自主经营、自己当老板。

根据迪勒自述，完成了阅读课程的他，比其他任何一个在威廉·莫里斯经纪公司供职的人都了解公司。文件向他展现了生活、人际关系和公司的内部运作。他吸收了与商科学位获得者同等的信息。

迪勒曾一度受命担任亚伯·拉斯特佛杰尔在洛杉矶逗留期间的小车司机。但很快迪勒便证明自己在开车时是一个疯子，随即他就被解除了这项职务。他继续留在收发室，直到1964年被选作菲尔·惠特曼(Phil Weltman)的秘书。菲尔既是经纪公司的一位最高执行官,也是经纪公司电视部负责人萨米·维斯波德(Sammy Weisbord)的至交。电视收入当时占威廉·莫里斯经纪公司利润的60%。

据弗兰克·萝丝介绍,惠特曼给自己下达的任务是"开发人力资源,扶植像巴里·迪勒这样新入行却雄心勃勃的孩子并把他们培养成销售人员。那些能够脱离收发室的人(像巴里·迪勒)为任何有职位空缺的人做秘书。他们负责将备忘录打成稿件、巧妙回答来电、在旁听电话的同时做记录并在经纪人需要时告知相关情况。在这个过程中,他们学习如何与买方交谈、如何达成交易、需要争取什么和需要舍弃什么。等到他们毕业成为初级经纪人时,有望全面了解业务。惠特曼密切注意新手的动态。坚持和正直是他考察的核心"。

惠特曼极其仰慕亚伯·拉斯特佛杰尔,他认为后者是人人梦寐以求的经纪人。拉斯特佛杰尔为人谦和而且全力帮助客户取得最佳利益。另外,正如弗兰克·萝丝所说,惠特曼认为拉斯特佛杰尔是"一个被难以置信的热情激励的人。惠特曼希望将那种热情逐渐灌注到自己负责的新人体内"。

与惠特曼一样,巴里·迪勒也对拉斯特佛杰尔深表敬佩;对方作为富有热情的楷模帮助迪勒塑造出自己的管理风格。(1984年夏,拉斯特佛杰尔死于心脏病;迪勒这位曾经的收发室小孩和另外两个人在葬礼上为拉斯特佛杰尔这位曾经的办公室勤务员歌功颂德。)惠特曼教导下的巴里不但懂得对任何看似微不足道的事情都要追踪细节,还明白行事正直的重要性。迪勒将后者理解为:信守诺言并忠实于内心的信念。

惠特曼最终将迪勒提升为威廉·莫里斯经纪公司下一批的初级经纪人。但迪勒自己承认他对做明星代理人不感兴趣。他希望在娱乐业里干一番大事;这也是他数年来的目标。什么是大事当时还不甚明确。但在威廉·莫里斯经纪公司的经验(他读过的数千份文件、惠特曼和其他人对他的言传身教)却向他表明:他有很多选择。问题是:下一站在哪里?哪种选择最适合他的气质和天分?

巴里聪明、学得快而且工作努力。他精于计算还能在辩论时坚守立场。

1966年，巴里在自己朋友马洛·托马斯(Marlo Thomas)举办的派对上遇到马洛当时的约会对象——美国广播公司电视台的执行官伦·戈德堡(Len Goldberg)。当时才24岁的迪勒与戈德堡进行了一次冗长激烈的辩论。"……一场激战，"戈德堡这样描述，"不是拳打脚踢，而是唇枪舌剑。我有意挑起战斗。我想激怒他，看看他的实力。结果巴里在这么小的年纪拥有的见识让我印象深刻。"

戈德堡决定一有机会就给这位有见识的年轻人一份工作。此后不久，他就邀请迪勒做自己的助理。尽管这是一次降职，迪勒却接受了职位。接着迪勒突然鸿运当头。据他回忆："在某些方面，我的职业由一连串小惊喜组成。出现第一个惊喜是因为我结识了朋友马洛·托马斯的男朋友伦·戈德堡。总之，我离开威廉·莫里斯经纪公司的那天，伦·戈德堡的领导——负责美国广播公司在纽约所有节目制作的官员——也离开了电视网。伦·戈德堡受到垂青并接任他的职位。突然间，我从西海岸哨站中层副总裁的助理，变成负责整个电视网节目制作的首脑的助理。就像他们说的，事情就是这样。"

迪勒的新职位意味着他要离开西海岸前往纽约，在那里，他人地生疏、举目无亲。无论是心理上还是地理上，曼哈顿与贝弗利山庄的"小镇"之间都相距遥远。职务上迪勒是戈德堡的助理，但人们照样拿他当助理的事情取笑。此时的美国广播公司则正试图与美国国际电话电报公司(International Telephone and Telegraph, ITT)合并，以挽救公司形象。

美国广播公司的前身是作为全国广播公司的分支起家的蓝色频道(Blue Network)。伦纳德于1951年买下该公司时(交易真正确立的时间是经过19个月政府听证会后的1953年)，美国广播公司在三巨头统治的电视网中，总像一位弱不禁风的小妹妹。(当时传媒界盛传的一个笑话是：如果说电视市场只容得下两家半电视网，美国广播公司就是那半家。第四家电视网由生产电视机的艾伦·B. 杜蒙(Allen B. DuMont)统帅，于1946年开始播放节目，却在1955年因资金枯竭而倒闭。)

总的来说，第二次世界大战后的10年里，电视业在努力寻找自身定位。

与今天一样,当时所有电视网面临的最大问题是寻找产品。电视网曾坚持为全国各地的联播台提供每周 28 小时的黄金时段节目。但去哪里找节目填满这些时段呢?哥伦比亚广播公司的威廉·佩利(William Paley)和全国广播公司的大卫·萨诺夫(David Sarnoff)认为:最简单的答案是把他们的广播节目明星——鲍勃·霍普(Bob Hope)、埃德加·伯根(Edgar Bergen)、杰克·本尼(Jack Benny)、平·克劳斯贝(Bing Crosby)、乔治·伯恩斯(George Burns)与葛蕾西·艾伦(Gracie Allen),移到电视上。

来自派拉蒙公司的伦纳德·戈尔登森发现授权播放电影显然也是节目制作的一条途径。电影仍是美国最受欢迎的娱乐形式;一部电影可以填充两小时的节目时间。但该解决方案存在的主要障碍是:好莱坞将电视视作自己的死敌。本该顺应时局的电影执行官因阻挠每一次技术进步而声名狼藉。他们反对声效、抵制彩色影片,还抨击无线电。现在他们认为电视是恶魔用来毁灭电影业的发明。于是,客厅的电视机里播放着制片厂的宣战声明。他们禁止旗下的明星出现在电视上并拒绝向暴发户似的竞争者提供电影。

然而,随着电视网及其观众不断施加需求压力,制片厂决定播出不再拥有巨大票房号召力的老电影。最终连这项决定也改变了,因为制片厂如果准许电视机构播放电影并为它们制作电影就可能盈利。

尽管好莱坞的一些人将戈尔登森收购美国广播公司视为变节,他却仍有一大帮电影圈里的朋友。然而,戈尔登森花了很长时间、费了很多口舌才找到第一个愿意与电视恶魔做买卖的制片厂负责人。1953 年,戈尔登森终于借着和杰克·华纳(Jack Warner)一起就餐的机会让这位年长的制片厂负责人相信应当创造明显适合电视播放的电影。

美国广播公司随后的腾飞出现于 1954 年;沃尔特·迪士尼(Walt Disney)这位好莱坞最伟大的艺术天才通过想象为它插上了梦幻的翅膀。迪士尼梦想在美国建造一座与众不同的巨型游乐场。安那翰一片 160 英亩的农田被他选作场地,该地区位于洛杉矶东南方,还住有德国移民。

问题是:如何找到支持项目的资金?迪士尼的兄弟罗伊(Roy)不支持

第二章
传达室内,励精图治

这个想法,银行也嘲笑迪士尼提出的每年让100万游客光顾"神奇王国"的计划。威廉·佩利和大卫·萨诺夫都拒绝提供资金,他们想象的公园活动仅限于低俗的杂耍和类似康尼岛[1]的大胆旅程游戏。

绝望中的迪士尼向伦纳德·戈尔登森求助,对方同意花50万美元买下迪士尼乐园35%的股权,也愿意为另外数百万银行贷款担保。此外,美国广播公司首次尝试制作迪士尼电影,而且获准在每个星期日晚上播放迪士尼演出、在每个工作日下午播放《米老鼠俱乐部》(The Mickey Mouse Club)。(迪士尼远远低估了迪斯尼乐园的年访问量。他的"神奇王国"开张第一年就接待了600万访客。)

美国广播公司财务紧张、摇摇欲坠的状况一直延续到20世纪60年代初。当时,戈尔登森为了让自己的电视网在与哥伦比亚广播公司和全国广播公司的竞争中存活下来,不得不防范有人向公司注入巨资。全国广播公司的母公司美国无线电公司(RCA),创建出经政府批准的彩色电视系统;纽约麦迪逊大道[2]和公众当时都要求将电视传输与接收的图像变成彩色的。舍弃黑白设备与黑白制作会前所未有地消耗美国广播公司的资金。但缺少色彩会让电视网丧失成批的观众和广告商。

让美国广播公司更感挫败的现实是:好莱坞刚发现能够将电影(这时已经出现彩色电影)兜售给电视网,就开始抬价。此前帮助电影进入电视媒体的戈尔登森,没有因为自己的努力享受到价格优惠。

1964年,美国广播公司急需1.34亿美元的新资本,将图像变成彩色的。另外,与全国广播公司和哥伦比亚广播公司的情况不同,美国广播公司的大多数股票没有被少数人掌握。这就为20世纪60年代著名的企业狙击手诺顿·西蒙(Norton Simon)提供了条件,他开始蚕食般地收购美国广播公司。戈尔登森终于发现西蒙对自己控制公司构成严重威胁。1965年12

---

〔1〕 康尼岛(Coney Island):一个纽约近郊的海滨游乐园,曾经辉煌于20世纪初,是无数孩童的梦幻游乐园。—译者注
〔2〕 "麦迪逊大道"常常被用作广告业的代名词。在20世纪20年代的繁荣时期,这条大道开始成为广告业中心。—译者注

月，他向自己的朋友洛斯保险公司（Loews Corporation）主席劳伦斯·蒂什求助。

蒂什向戈尔登森引见了古怪的公司财务宗师哈罗德·杰林（Harold Geneen），杰林经营着美国国际电话电报公司，这是一家价值数十亿美元却很少有人了解的巨型企业。戈尔登森和杰林各自具备对方需要的条件：戈尔登森希望美国广播公司获得大量注资；杰林坚信与美国广播公司的结盟将帮助国际电话电报公司提高公众知名度，从而提升公司股票的价值。

但二人会并肩合作吗？戈尔登森及其重要高级管理人员心存疑虑，因为杰林是一台出了名的爱询问的数字捣弄机，总是要求获得翔实的报告，这却是美国广播公司人员一直回避的。然而事情似乎别无选择，美国广播公司的董事会准许在报纸上预告这次通信史上最大规模的合并。

交易仍需接受美国联邦通讯委员会和司法部的详细审查；对方调查时间的长短取决于华盛顿的政治风云。与此同时，国际电话电报公司向美国广播公司注资，以利日后对美国广播公司的控制。1966年4月，当巴里·迪勒到来时，电视网正在仓促追赶另外两位更富裕的姐妹。

当时电视作为大众传媒极为普及，几乎每户美国家庭都有1台电视机，每个人每天收看电视5～6小时。节目制作曾由三家电视网控制，世事变迁，现在的频道已超过36个，预计未来将超过500个。所有电视频道里的电视网联播节目占节目总数的93%。只要有一家电视网制作了这些节目，其余两家电视网也能重播节目数次。然后，节目将以联合重播的形式在独立广播电视站重复循环播出，借此获得第二次生命。这酷似现今的播出方式。

电视网的控制权已经游离在电视发展早期占统治地位的技术员和工程师，被极力满足麦迪逊大道要求的节目设计者掌握。电视进化为一项非常有利可图的产业。作为广播先驱以及美国哥伦比亚公司新闻网（CBS News）之前的负责人，弗莱德·W. 弗伦德列（Fred W. Friendly）曾经这样描述它，"哈佛大学商学院（Harvard Business School）的人教会电视网如何将贪欲制度化"。

第二章
传达室内,励精图治

迪勒在美国广播公司任职的早期,公司总部设在纽约西66街的一幢大楼里。以前有人在大楼里盖过一间马厩。当时迪勒便意识到戈尔登森及其团队的高层人员因解决电视网的财务问题(1967年公司利润暴跌25%),而纠纷不断。但伦纳德·戈尔登森,因此也是迪勒更快遇到的问题是如何创建节目和如何让节目养活联播台。威廉·莫里斯经纪公司让迪勒对电影行业有了超越自身年龄的深刻认识,而且工作也为他积累了人脉。这两点都极大地帮助了他的雇主。于是迪勒又顺理成章地通过菲尔·惠特曼,结识了经纪公司电视部负责人萨米·维斯波德。

迪勒为能参与挖掘他眼中的巨大商机而感到兴奋。"在美国广播公司很棒的一点是:只要我们愿意,公司就把事情全部交给我们负责,"他曾回忆,"上层总是让我们担负责任。与责任一起来的便是权力。"

在这段时期,他管理风格的精髓开始显露。戈尔登森之后曾这样评价他的前任助理,"巴里最大的优点是,只要让他来办某件事就可以高枕无忧了。我从不过问事情如何解决。对他下命令很轻松。他总是热爱权力。"

迪勒还是一个极富野心、思想高度集中、无所畏惧的人。连其他更富经验的人都心生顾虑时,迪勒却认为问题不值得担心,那只是即将迎来的挑战。他乐于冒险,美国广播公司的环境更加放大了他的这种性格特点。

这一切让迪勒在进入美国广播公司的前两年里遇到了阻碍。当整个美国广播公司机构经历接踵而至的危机时,他必须熟悉整个电视网。悬而未决的美国广播公司—ITT合并不断引发令人困惑的谣言。同时,该电视网的新任总裁汤姆·摩尔(Tom Moore)一直在努力提升美国广播公司的节目制作水平和公司形象。他的努力虽然获得评论家的赞赏,公司的多项重大排名还是下滑了。

二流的节目制作和模糊的目标与风格以前一直让美国广播公司沦为电视业的笑柄。不同于因高品质节目制作和顶尖新闻部门而享有"蒂凡尼电视网"美誉的哥伦比亚广播公司,也不像全国广播公司拥有熟知业内最先进设备的技术员,美国广播公司面临身份危机。这家电视网根本无法创造长期卖座的节目。20世纪60年代末的一个笑话是:希望越南战争结束呀?

只消把战场搬到美国广播公司电视台,战争就会在 13 个星期里完结。

华盛顿政府担心国际电话电报公司获得美国广播公司后会试图左右新闻广播,就对国际电话电报公司的海外关系展开了冗长的调查,这最终也浇灭了哈罗德·杰林对这单生意的兴趣。戈尔登森在 1968 年的美国新年接到消息:国际电话电报公司董事会表决撤销了之前的合并提议。此时,两家公司都长舒了一口气。

第三章　重塑体系，推陈出新

美国广播公司与国际电话电报公司放弃合并的同年，巴里·迪勒获得晋升。26岁的他成为制作黄金时段节目的副总经理，负责选购正片然后将影片插入电视网在工作日晚上的播出时段。他开始负责美国广播公司价值数百万美元的生意。

担任这一新角色的巴里·迪勒按常理会在谈判中处于劣势，因为比起美国广播公司对影片的需要，电影制片人并不看重是否能够为美国广播公司效力。但迪勒在谈判时却显得自己更占上风。伦纳德·戈尔登森对这位年轻雇员的天分表示认可与欣赏。"巴里·迪勒很快成为硬朗干练的商人和讲求实际的谈判专家，"他后来评价，"他擅长利用谈判，购买大公司的电影播放权。"

迪勒如此年轻就几乎不受任何约束而且大权在握。他一直与电影公司的最高执行官接洽，并与他们商谈交易的期限与数额。其中包括：MCA的卢·沃瑟曼（Lew Wasserman）、联美公司（United Artists）的阿瑟·克里姆（Arthur Krim），以及派拉蒙影业公司所属海湾与西方工业公司的主席查尔斯·布卢多恩。

得益于威廉·莫里斯经纪公司的背景，迪勒不但通晓电影宣传员的行话，还明白制片厂总是迫切需要更多资金制作自己的电影。他听着数以百计的电影构想并很快学会了分辨项目中的精品与糟粕，这项训练让他日后在制片厂工作时受益匪浅。

此时，电视网仍自认为是少了爆米花的电子影院。三家电视网都在购买制片厂存档的大多比较陈旧的电影。迪勒能够在影片比稿时见到主要制片厂的执行官，于是他在集思广益的过程中很快想到了其他可能性并且自问：美国广播公司电视台"假如"另辟蹊径，将会怎样呢？

从"假如"的思路出发，迪勒意识到美国广播公司电视台身处娱乐产业。购买和展示产品是该行业的两个方面。关键是要结合其他概念，对电视网当前的自我界定进行延伸。迪勒还在考虑这个问题时，伦纳德·戈尔登森就于1968年3月21日提出了多样化的问题；这又引出了制片人罗伊·哈金斯(Roy Huggins)的一篇文章。5年前，罗伊就有了《逃亡者》(The Fugitive)的构想，这部连续剧播出后帮助美国广播公司取得了4年的出色战绩。现在哈金斯建议该行业应该专门为电视创作每周90分钟的电影。哈金斯曾经把这项意见提供给他所属的环球影城(Universal Studios)以及哥伦比亚广播公司和全国广播公司，结果被各方否决。一位哥伦比亚广播公司的执行官说，这是他有生以来听过的最糟的点子。

戈尔登森将哈金斯引见给伦·戈德堡和巴里·迪勒。如迪勒所言，20世纪60年代的美国广播公司是"一个随意的地方"。恰恰因为美国广播公司总是在电视网的排名中位居第三，革命性构想才在当时受到了欢迎和探索，最终在今天普及开来。

戈德堡和迪勒发现：由哈金斯提出的却被其他电视网忽视的制作"效果轰动式情节剧和悬疑剧"的概念不错。另外，尽管他们从26个计划专为电视制作的节目中选出8个交由哈金斯负责，却意识到无需哈金斯也能实现这一概念。哈金斯则希望为美国广播公司制作全部26个节目。发觉创意被人窃取的哈金斯一怒之下拒绝了对方提供的机会。迪勒受命负责实现概念。工作很快占据了他的生活。

他和之后接替伦·戈德堡担任节目制作负责人的马蒂·斯塔格(Marty Starger)向美国广播公司董事会呈报了构想;他们申请获得1 400万美元的连续剧预算和连续剧制作权。尽管当时既没有剧集试播也缺少脚本作为参考,心存疑虑的董事会还是批准了两人的申请。

迪勒明显希望自己制作电影,而不是将项目的控制权交给好莱坞制片厂。他在美国广播公司的上级对此感到怀疑:就此事而言,迪勒或美国广播公司的任何人对电影制作了解多少呢?1962年起,环球影城就在制作适合电视播放的两小时电影;由迪勒负责与对方商谈电影版权。现在,他要和环球影城达成交易,从而实现美国广播公司的新理念。环球影城希望以每个节目40万美元的成本制作"本周电影"并希望美国广播公司保证今后播放的任何一部电影都交给环球影城制作。

美国广播公司自然不希望受到这类合同的约束;迪勒又坚称他制作的90分钟电影,每部只需35万美元。虽然卢·沃瑟曼很快就为环球影城向美国广播公司提出的要求致歉并试图重组交易,但迪勒技高一筹。美国广播公司组建了自己的制片公司并将各类电影交给渴望得到机会的年轻制片人负责;制片人凭借和美国广播公司的新型关系,建立了自己的独立型公司。

于1969年秋季播出的首部"本周电影",刻画了一名从战场上归来的退伍老兵。影片名为《企业精英》(*Corporate Cracker*),由艾伦·斯班林(Aaron Spelling)制作完成;艾伦最终被《吉尼斯世界纪录大全》封为迄今最高产的电视制作人。史蒂文·斯皮尔伯格(Steven Spielberg)曾向迪勒呈上银幕处女作——《决斗》(*Duel*)。连续剧好评如潮。每周电影播出的第1年吸引了33%的美国电视观众,此后收视率攀升至38%。

迪勒不但开创了"本周电影",还完全控制了这个项目的广告、促销和指导工作。其实,他是在监督一家规模不大的新型电视制片厂。

"当时参与的人很少,最初只有五个人,"他说,"起初,每项制作的每个细节,从构思到脚本创作再到影片制作完成,都由我和杰瑞·艾森伯格(Jerry Eisenberg)监督。之后在美国广播公司另一个部门任职的迈克尔·艾斯纳(Michael Eisner)连同其他一两个人加入进来,事情就是这样。如果你了解我们做的事情,就会对我们这么少的成员人数感到吃惊。"

"一群斗志昂扬的家伙,"迈克尔·艾斯纳这样描述迪勒所在的团队。

在1966年艾斯纳把个人简历递交给纽约的各位电视台主管前,他一直在哥伦比亚广播公司从事乏味的低层工作。迪勒作为唯一给予回应的人,约见了他并对他的陈述表示了赞赏。这位仅比迪勒小一个月的门徒日后成为确保美国广播公司节目成功的中流砥柱,迪勒则被证明独具慧眼识英才。

艾斯纳出自纽约公园大道上的一户豪门。他的父亲是一名接受过哈佛教育的律师,创建了美国安全刀片公司(American Safety Razor Company),之后又将公司卖给菲利普·莫里斯公司(Phillip Morris Company)从中谋利,继而投资利润丰厚的纽约房地产。迈克尔和他唯一的姐妹自幼便受到严格管束,包括:每天阅读2小时后才能看1小时的电视、参加交际舞学校的课程、乘坐配有专职司机的家庭式旅行车。

艾斯纳曾就读于著名的劳伦斯威尔中学(Lawrenceville School),当时他的体育很差,却喜欢戏剧活动。艾斯纳没能如父母所愿成为一名高材生,也并未追随父亲进入与哈佛齐名的普林斯顿大学深造,而是选择了俄亥俄州格兰维尔地区规模与名气都不大的丹尼森大学(Denison University)登记入册。在丹尼森大学时,他是一名腼腆却热衷于剧本创作的医学预科生。大学三年级的夏天,他曾在全国广播公司当差,这是他在娱乐业里的第一份工作。毕业后,他在法国旅游时曾梦想能在巴黎写出伟大的美国小说,回到纽约却在全国广播公司找了一份入门级的工作。

两年后,当时仍担任戈德堡助理的迪勒对已经跳槽到哥伦比亚广播公司的艾斯纳进行了面试,并向自己的老板举荐了个子高高、面带稚气的艾斯纳。(戈德堡对艾斯纳的第一印象是:他应该梳好头再来。)艾斯纳首先在美国广播公司的节目制片部工作,并很快成为刚刚入职、特色与天分兼备的导演加里·普德尼(Gary Pudney)的助理。"带带这小子,看看他能帮你干些什么,"戈德堡对普德尼说,"行,我们就替他找份差事。不行,就炒了他。"

艾斯纳是一个身材高大、衣服皱皱巴巴的小伙子,他总是手拎摩托车头盔出现在办公室。在城里的剧院、俱乐部和咖啡店挖掘新星时,他却显得聪明且富有魅力、热情而不知疲倦。他不久便成为特色与天分兼备的经理。

迪勒赏识艾斯纳孩童般的敏感,这让他能够凭直觉了解怎样的节目可以吸引比较年轻的观众。1970年,迪勒经过安排,让当时同样28岁的艾斯纳负责制作美国广播公司周六早晨的儿童节目;这档节目希望帮助孩子度过父母睡懒觉时无人陪伴的时间。

不久以后,艾斯纳成功模仿了哥伦比亚广播公司的《兔八哥》(*Bugs Bunny*)——此举大获成功。但《兔八哥》只是艾斯纳在美国广播公司取得成功的开始。他认为有必要创作与现实青少年偶像相仿的动画片,并向上司推荐以杰克逊5人组(Jackson Five)、欧斯蒙德兄弟合唱团(Osmond Brothers)和《超级战队》(Super Friends)为蓝本,制作卡通片。这类节目让美国广播公司跃升为星期六早上最受孩子们欢迎的电视网。此后5年里,艾斯纳负责所有儿童和日间节目的制作,并帮助美国广播公司开发《我的孩子们》(*All My Children*)、《只此一生》(*One Life to Live*)以及《综合医院》(*General Hospital*)等一系列反响强烈的肥皂剧。

生意上,伦纳德·戈德堡终于筹集到价值5 000万美元的可转换公司债券,并用其中的2 500万美元清偿了向国际电话电报公司欠下的债务。余下的资金足以帮助电视网进行彩色电视和戏剧电影的制作。最终,迪勒这位在购货市场上硬朗而细致的买家,帮助他得偿所愿。

巴里·迪勒的青年才俊形象自那时起成形。人们开始注意他。"那么,你是怎么办到的?"迪勒回想起他们的问题。"'到哪里能找到和你一样的工作?'我望着他们,这些身心平衡、缺少激情、过着平凡日子的人。我会说,'我可以告诉你们,但你们无法想象真想获得这样的成就,需要付出多少精力和努力,需要放弃多少东西。'"

迪勒的生活被工作淹没。其他人下午17:00或17:30就离开办公室,回家团聚或外出吃饭。他却仍伏案工作,"思考加担心加谈话加做事。"特别是在负责每周3个晚上的原创电影制作与日程安排后,他需要再多呆5~6小时。(他曾连续3年每年制作75部电影。)他还负责从其他制片厂选购正片,用来在星期日和星期一晚上播放。

仿佛还没有变出足够的创意和管理魔球似的,迪勒又担负起另一档节目的创作任务。"本周电影"向他证明:人们喜欢好故事,即使电影超过了多数电视剧1小时的传统时限,他们也愿意留下来观看。造访英格兰时,于1972年在新组阁的美国广播公司娱乐部担任主席的马蒂·斯塔格,发现英国广播公司(BBC)创造出一种新的电视形式——电视连续短剧:将知名小说和舞台剧切分成若干情节,在电视上播出至少3个晚上。斯塔格建议美国广播公司创造他所谓的电视剧小说,并将该构想融入美国电视。

迪勒立刻发现了这个构想的可行性。当时电视连续短剧好评如潮。作为一名热心读者,他深知某些精彩又饱含戏剧色彩的小说要被摄制成90分钟的电影,不是太长就是太复杂。6~8小时的片长,播放3~4个晚上,甚至足够容纳一段绵长的史诗故事。其余时间用来构建情节和开发人物,帮助作品走进和吸引大量观众。

财务优势是除艺术性之外的另一项考虑。通常,制作1个6小时节目的成本低于制作6个1小时的节目。每个节目都有自己的起步费,因此一次性制作长达6小时的节目比花6次完成的成本低。相同剧集里更长的场景铺陈,以及相同的演员,也为填补节目制作时间提供了更经济的途径。最重要的是,迪勒能够借助更长的节目出售更大篇幅的商业广告。

迪勒还很快认识到另一个好处。他很清楚,除非情况极其特殊,人们并不在某个特定时段收看特定的电视节目。相反,人们倾向于简单收看电视,持续收看任何自己正巧打开的频道。

因此,导入节目和收看节目对地方电视台至关重要。所以当今许多电视台购买《奥普拉·温弗瑞秀》(*The Oprah Winfrey Show*)或《里基·莱克秀》(*The Ricki Lake Show*)等联合节目并选择恰好在本地新闻节目之前的午后播放,因为脱口秀可以吸引大批观众,满足了广告商对收视人群的需求。观众一旦在下午15:00或16:00调到地方电视台,就习惯守住那个频道收看本地新闻。即便地方电视台因购买昂贵的联合脱口秀亏本,只要在紧随优秀导入节目的地方新闻节目中售出商业广告,就能弥补损失。

第三章
重塑体系，推陈出新

迪勒认为电视连续短剧能够吸引观众连续几个晚上收看美国广播公司的节目。不愿走阳关道的他选择了里昂·尤里斯(Leon Uris)的《七号皇廷》(*QB Ⅶ*)作为节目蓝本。故事讲述了英格兰的一桩诽谤审判，内容还涉及第二次世界大战时纳粹对犹太人的大屠杀和阉割。节目由日后成为《豪门恩怨》(*Dynasty*)联合制片人的道格拉斯·柯莱墨(Douglas Cramer)制作，安东尼·霍普金斯(Anthony Hopkins)凭借剧中的原告角色成为明星。

"这个主题对电视来说很有难度，"迪勒之后承认，"但我想测试电视连续短剧形式是否适合有难度的主题，而不是简单的主题。我们取得了理想的结果。"

他随后完成了欧文·肖(Irwin Shaw)的《富人穷人》(*Rich Man, Poor Man*)，并说："只是因为我认为它是一部非常不错的读物。"

美国广播公司电视台总裁弗雷德·皮尔斯(Fred Pierce)后来发现，"我们看上去像天才，但其实我们不是。我们只是准备好作品并把它放在那个地方。"他们之所以能准备好作品，要归功于迪勒前期的追求和制作；正如迪勒所愿，电视连续短剧形式受到欢迎。

从电视连续短剧的构想铺展开来，1972年，迪勒大胆选择了一部由艾里克斯·哈利(Alex Haley)创作的名为《根》(*Roots*)的家世小说，小说讲述了美国几代黑人的命运和奴隶制。这是一个大胆而冒险的决定，存在多处风险。

《根》是一部令人同情和感动的家世小说，讲述了一户黑人家庭作为奴隶被贩卖到美国，几代人又备受凌虐的经历。尽管故事以自由和谐的高潮结尾，众多白人人物和白人机构却显得卑劣残忍，这很可能极大地影响收视率。与所有跨越几代人的家世故事一样，其内容绵长复杂。除非编剧的脚本极为直白简单，否则连续剧的收视率就会受到影响，因为普通观众可能难以记住前一晚的剧情。

最终，由于该节目将连续数晚播出(实际播出了5个晚上)，一些美国广播公司的执行官担心节目是否能够吸引观众。观众会不会转到另一个电视网并且留在那里不回来呢？迪勒及其同仁们决定将节目开始的时间安排到晚上21:00,每个晚间黄金时段的末尾。

与许多好莱坞经典故事作品一样,《根》这部电视连续短剧险些无法问世。实际上,该剧的制作多亏了一位电影制作人的坚持,他得到了迪勒热心的支持。经验丰富的纪录片制片人大卫·沃尔波(David Wolper)曾听奥西·戴维斯(Ossie Davis)和鲁比·迪伊(Ruby Dee)提起:黑人作家艾里克斯·哈利正在创作一部概述自家历史的作品,从他的非洲祖先直至当代后裔的几代人都被收入作品。

被对方描述吸引的沃尔波做了调查并发现:哈利离作品完成还有一段时间,而哥伦比亚影业公司已经选中了这个故事。拥有好莱坞式感悟力的沃尔波却深知:大型制片厂一向用较低的价钱选购多类书籍、文章和提案,然后撤销制作项目,既不投拍电影也不让它落入竞争者的手中。

沃尔波认为哥伦比亚公司绝不会制作这样一部极富争议的影片。之前,大卫·沃克·格里菲思(David Wark Griffith)向好莱坞供稿的《一个国家的诞生》(The Birth of a Nation)在50年后才被文森特·明奈利(Vincente Minnelli)改编成电影《月宫宝盒》(Cabin in the Sky),并由黑人演员担纲主演。因此,他认为制片厂很不愿意制作《根》这类富有争议性和戏剧性的故事,作品购置权很可能已经失效。

没过多久,沃尔波去了纽约市西57街的俄罗斯茶屋用午餐。他发现自己的一个朋友正巧和其他两位女士坐在一桌。当他前去表示问候时,朋友向他介绍了她的同伴,其中一位正巧是艾里克斯·哈利的秘书。沃尔波自然提到他有意购买作品并拍成电视剧。果不其然,哥伦比亚的购置权刚刚失效。沃尔波立即致电哈利的代理人,交易达成。

沃尔波前往美国广播公司与布兰顿·斯托达德(Brandon Stoddard)会面并说服他将故事制作成电视剧。布兰顿和迪勒都喜欢这个构想。但这却是一次鸿篇巨制,因为会用到所有布景和服装。尽管如此,迪勒仍将制作电视连续短剧的任务承担下来。这刚好是他擅长的制作项目——集争议性、勇敢和风景元素于一体。然而,正在讨论剧中白人滔天暴行的他们却万万

第三章
重塑体系,推陈出新

想不到:艾里克斯·哈利其实在此书中一字未写。[1]

这部电视连续短剧于 1977 年 1 月末播出。当时担任派拉蒙影业公司主席的巴里·迪勒已落户好莱坞,沃尔波因患有严重的心脏病退居二线。作品赚得超出预算的 100 多万美元。《根》荣获电视历史上同类节目的最高综合排名。它的成功不仅使迪勒因为独具慧眼、坚持和追求卓越品质而获得尊荣,所有这些更极大提升了美国广播公司的形象并充实了公司资金。

早在《根》激发美国民众的想象力之前,迪勒已经不安于当时的状态。32 岁的他是美国广播公司高级节目执行官,但他讨厌自己的工作。他的大多数时间都用来制作黄金时段的连续剧,他对这个领域既不熟悉也不了解。事实上,1974 年至 1975 年,迪勒在美国广播公司的最后一段时光,黄金时段的制作阵容十分脆弱。"差劲"是《洛杉矶杂志》(*Los Angeles*)在 1993 年 12 月援引他的一位美国广播公司同僚的描述。另一名在迪勒走后不久进入美国广播公司的电视执行官说:"节目很可怕。整个一团糟。"迪勒在最后那段时间完成的佳作包括《桑尼时事讽喻剧》。但它与其他一些作品一样,已经被人长久遗忘。

海湾与西方工业公司主席查尔斯·布卢多恩曾一度向迪勒表示:希望他来派拉蒙公司工作。布卢多恩和迪勒相仿,不但迷恋高风险谈判中激烈的争辩,还能从交易的成功里获得满足。布卢多恩与迪勒在讨论电影版权时打过交道。给布卢多恩留下深刻印象的是这位年轻执行官的风格、他对电影业的了解,以及他即便面对大公司董事会主席也能断然拒绝自己不认可的交易时所体现出的冷血做派。

两人共事的初期,迷恋谈判的布卢多恩总是拒绝将责任委派给任何一名部下。他曾打电话给迪勒并要求对方提供一份名单,其中要列明:能够被派拉蒙拍成电视剧的电影以及如果由美国广播公司制作所花费的成本。接到布卢多恩电话的迪勒当时正在洛杉矶市贝尔埃尔酒店(BelAir Hotel)的

---

[1] 艾里克斯·哈利后来被指控在《根》一书的创作中有剽窃行为。——译者注

水池旁晒太阳。他静静听完布卢多恩的提议。然后，让其他坐在水池旁的人措不及防的是，他对着电话吼道："等我死了再说！"并当即挂断了海湾与西方工业公司首席执行官的来电。

布卢多恩并未恼恨于迪勒的粗率回应，相反，却让他负责剔除老旧和乏味的电影。迪勒此前曾通过破坏销售的方式，成功地将美国广播公司从极度尴尬的境遇中解救出来。布卢多恩初入电影业，派拉蒙作为他最大的一项投资举步维艰。通过几年的交易往来，布卢多恩对迪勒的了解与赏识日渐加深，并视他为帮助自己将派拉蒙扶上正轨的合适人选。最终他打电话给迪勒的老板、时任美国广播公司电视台总裁的弗雷德·皮尔斯。

皮尔斯还记得他们当时的对话。"1974年，查尔斯打电话给我，问我是否愿意解除与巴里的合约。他想聘请巴里担任派拉蒙的主席，但是在和巴里商谈之前，他希望先得到我们的同意。"

皮尔斯和他的顶头上司兼美国广播公司总裁埃尔顿·鲁尔(Elton Rule)都认为，他们没有理由阻碍巴里接受布卢多恩的邀请，这对他是一个绝佳的工作机会。此外，两人认为，让他们的一位前任雇员统领一家好莱坞制片厂只会对美国广播公司有益。

取得两人同意的布卢多恩接着就打电话给迪勒并约他吃饭。他很快让迪勒接受了统领派拉蒙影业公司的工作。此时的迪勒胜券在握，他的至高地位因现任公司征求去留决定而得到强化。

据迪勒说，布卢多恩请他担任这一职务之前，他从未想过掌管派拉蒙，至少没有刻意想过。"只是因为布卢多恩对派拉蒙的情况感到绝望。当然，他对我长期真诚的态度也影响了结果。"

"我认为他尊重我不仅是因为我非常年轻，还因为我很好胜。获胜需要意志力。很多时候，我会展现出强烈的意志力。这个行当全由意志力组成。"

"我无法对他说不，"迪勒告诉自己。寻求建议的他约见了摩城唱片公司(Motown Records)的创始人贝里·戈迪(Berry Gordy)。戈迪既是成功的商界人士,也是迪勒的密友。由于他身处截然不同的娱乐业领域,所以能够给予客观意见。

"你现在32岁,有人邀请你当派拉蒙的主席,你的回答却是你不可能说不?"戈迪说,"你疯了!"

迪勒将布卢多恩的工作邀请告诉了伦纳德·戈德堡,这位美国广播公司主席的态度同样暧昧。他对迪勒的回答是,"你得抓住这次机会"。

第四章 初涉电影，扭亏为盈

1974年10月1日，巴里·迪勒接任派拉蒙影业公司主席，并继承了跨越四分之三个世纪的创意与商业传统。他自幼便在贝弗利山庄的电影世界中成长，贝弗利山庄是"好莱坞"权力的真正所在地——"好莱坞"是常用但不准确的称谓，其实是指从加州斑鸠城到伯班克(Burbank)酒店蔓延设立的电影工厂，两地之间坐落着真正的好莱坞社区。

60∶60是美国娱乐界的神奇数字。每年，美国人在各种娱乐形式(其中包括：美国制作的电影、电视节目和流行音乐)上花费的时间达6 000万小时，耗用的资金达600亿美元。全球范围内，美国的艺术家和公司花耗着各类电视收入的75%、各类电影与录像带收入的55%以及音乐唱片收入的50%。影视业的雇员达数万人之众。因此，掌控电影、电视和音乐的人士，也极大地控制着我们的生活与文化。美国迄今仍是娱乐产业毫无争议的霸主。

第一部有效的活动电影放映机，由托马斯·爱迪生(Thomas Edison)的雇员W. K. L.迪克森(W. K. L. Dickson)发明。两人于1891年申请了活动电影放映机的专利；在爱迪生创建的原始放映系统中，第一批电影观众通过

第四章
初涉电影,扭亏为盈

一个孔洞观看摄影胶片。1902 年,埃得温·S. 鲍特(Edwin S. Porter)制作了第一部包含剧情的戏剧电影——《美国消防员的生活》(*The Life of an American Fireman*)。几年来一直在多个游乐场里播放电影短片的鲍特,后来又推出了《火车大劫案》(*The Great Train Robbery*)。

电影犹如燎原野火席卷美国;4 年内,数千家小型电影院在美国全境纷纷设立,有许多电影院只配备了折叠椅供观众使用。渴求电影的大众,沉醉在这迷人的新型传媒里,要求尽可能多地制作新电影。南加利福尼亚州气候温和、阳光充足、劳资低廉,还汇聚各类风景。这为规模小尚处于萌芽阶段的电影业提供了理想的环境。1911 年,大卫·霍斯利(David Horsley)租用了好莱坞里位处高尔街和日落大道交角的一块土地,创建了内斯特电影制片厂(Nestor Film Studio)。年末,又有 15 位电影制片人纷至沓来;好莱坞和一个强大的产业,那时便诞生了。

第一位成为电影圈大亨的是卡尔·拉姆勒(Carl Laemmle),这位德国裔移民之前曾是男士服装零售商。拉姆勒设立了全国配送系统,发明了明星制度,并在创建独立电影公司(Independent Moving Picture Company)的第 1 年制作了 100 部电影。独立电影公司最终成为环球影城(Universal Studios)。其他好莱坞先驱包括:杰西·L. 拉斯基(Jesse L. Lasky)、塞西尔·B. 戴米尔(Cecil B. DeMille)、大卫·W. 格里菲思(David W. Griffith)、阿道夫·朱克(Adolph Zukor)与马库斯·洛伊(Marcus Loew)这两位当过皮货商的移民,以及德国裔移民威廉·福克斯(William Fox);福克斯创建了日后由巴里·迪勒经营的制片厂。

包罗创想天才及其麾下明星的电影世界,构筑了专属于自己的特殊天地,远离了美国大众的关注和实际生活。电影中心好莱坞形成之际,大多数美国人口的中心离南加利福尼亚州有 3 天的火车车程。电影制作人及其麾下明星,相对与世隔绝地过着诱人的田园牧歌式生活。相反,投资者则住在纽约,远离传说中书写传奇并孕育明星的电影制片厂。距离感造就了以电影制作为核心并延续至今的神秘与魅力;神话也感染了好莱坞本身,使其开创出自己独有的涉及英雄和偶像的亚文化群。

1916年，塞缪尔·高德费舍(Samuel Goldfish)与塞尔温兄弟公司(Selwyn Brothers)联手创建高德温影业公司(Goldwyn Pictures)时，将自己的名字改作高德温。之后，马库斯·洛伊通过先后收购地铁影业公司(Metro Pictures)、高德温影业公司，以及由原先买卖废金属的路易斯·B. 梅耶(Louis B. Mayer)建立的制片厂，创建了好莱坞最大的制片公司——米高梅电影制片公司(Metro-Goldwyn-Mayer, MGM)。[1] 那个时代形成的其他电影公司包括：哥伦比亚电影公司、雷电华公司(RKO)、20世纪福克斯公司(Twentieth Century-Fox)、派拉蒙影业公司和华纳兄弟影业公司(Warner Bros)。

当其他制片厂对在电影中加入声效的理念嗤之以鼻时，华纳兄弟影业公司却于1927年10月6日将该构想融入由艾尔·乔森(Al Jolson)担纲主演的《爵士歌手》(The Jazz Singer)。影片大获成功并迅速激发了人们对"有声电影"的需求。

与此同时，威廉·福克斯扩大着他的公司对电影院的控制；他还在每周播出新闻影片《福克斯电影新闻》(Fox Movietone)并大胆尝试接管米高梅公司。然而造化弄人，就在1929年股市崩盘前不久，威廉因严重车祸无法行动。他的帝国随之土崩瓦解；这位活跃的德国裔移民失去了对自己制片厂的掌控。(仿若一段对于他在好莱坞黄金岁月的悲伤脚注，1941年，威廉·福克斯因企图贿赂法官被判入狱。他获释以后便被坚持成王败寇传统的好莱坞抛弃，最终于1952年辞世。)

大萧条影响了电影业和美国的其余产业。随着无线电作为新的娱乐形式渗入美国家庭，电影上座率陡降。多亏欧文·塞拉伯格的才干，米高梅公司才比其他制片厂更好地度过了那段艰难岁月。1936年，37岁的塞拉伯格不幸英年早逝；生前，他曾在好莱坞人士最惧怕也最痛恨的路易斯·B. 梅耶手下担任制片监制。

---

〔1〕 美国米高梅电影制片公司(Metro-Goldwyn-Mayer)名称中的3个部分分别取自地铁影业公司(Metro Pictures)、高德温影业公司(Goldwyn Pictures)和路易斯·B. 梅耶影业公司(Louis B. Mayer Pictures)。——译者注

第四章
初涉电影，扭亏为盈

　　意志坚定、坚持己见的梅耶一手把控自己的制片厂；从影片制作到电影明星生活的方方面面，他都要过问。人们不但非常怕他，还相当蔑视他；在他的葬礼上，据说多亏参加送葬的喜剧演员雷德·斯克尔顿（Red Skelton）呼吁，"瞧，如果你满足过人们的愿望，大家就会来"，这才引来几千人观礼。

　　尽管哈利·可因（Harry Cohn）和杰克·可因（Jack Cohn）两位负责人一向不和，哥伦比亚公司却在大萧条中幸存下来，这得益于它制作的低成本西部片，以及一些偶现的主要节目，如 1934 年由弗兰克·卡普拉（Frank Capra）指导、克拉克·盖博（Clark Gable）与克劳德特·科尔伯特（Claudette Colbert）出演的《一夜风流》(*It Happened One Night*)。

　　一年后，福克斯公司与 20 世纪影业公司（Twentieth Century-pictures）合并成 20 世纪福克斯公司。与哥伦比亚公司一样，公司也制作了一系列低成本的套路化剧情类影片，其中也有一些偶现的名作，如 1940 年发布并由亨利·方达（Henry Fonda）出演的《愤怒的葡萄》(*The Grapes of Wrath*)。

　　硝烟弥漫的 20 世纪 40 年代，却因为影院上座率暴涨，成为好莱坞的黄金时代。但第二次世界大战之后，美国人开始探寻新的娱乐形式，如高尔夫球、保龄球和最重要的电视。截至 1948 年，每月的电视机销量达 20 万台；电视是一项电子奇迹，它对美国人生活的影响几乎超过其他任何一项 20 世纪的发明。好莱坞的大亨起初攻击并抵制电视业，最终却不可避免地接受了它，通过与这个新兴传媒的合作，收获了数百万美元。

　　更大的麻烦随后出现。1948 年，联邦政府在复杂的反垄断案件中取胜，于是逼迫制片厂停止发行与展映业务。制片厂熬过了这场打击，重组并培育了"独立的"制片公司；后者需要租用制片厂的服装、布景、道具、录音棚、露天片厂……

　　然而，20 世纪 50 年代中期是制片厂的低迷时期；制片厂沿用着旧有"制片厂体系"，少数大亨继续控制整个行业。更多的人宁愿待在起居室里舒服地看电视，也不愿挤到电影院里。此时的米高梅电影制片公司通过抛售部分资产，从创建露天片厂起家，幸存下来。

　　20 世纪 60 年代，追求理想盈利状况的心理驱使金融投资者承袭乔·

肯尼迪(Joe Kennedy)[1]的模式,贪恋着好莱坞的魅力。查尔斯·布卢多恩率领的海湾与西方工业公司购进派拉蒙公司;保险业巨人全美人寿保险公司(Transamerica)接收联美公司;基奈全国服务公司(Kinney National Service)作为提供殡仪馆、停车场和保安服务的大型联合企业,接管华纳兄弟影业公司;石油投机商马文·戴维斯击败克里斯—克拉弗特公司(Chris-Craft)的赫伯特·希格尔(Herbert Siegel),入主20世纪福克斯公司。戴维斯击败希格尔时得到了合作伙伴马克·里奇(Marc Rich)的协助。里奇后因逃税、欺诈和敲诈勒索沦为美国政府通缉的在逃犯。

20世纪20年代至20世纪40年代,全盛时期的好莱坞拥有8家大型制片厂,它们是:哥伦比亚公司、福克斯公司、米高梅公司、派拉蒙公司、雷电华公司、联美公司、环球影城和华纳兄弟影业公司。如今,雷电华公司已不复存在。该公司的最后一任掌门是生性孤寂乖张的百万富翁霍华德·休斯(Howard Hughes)。联美公司险些因为制作造价最贵的一部烂片——《天国之门》(Heaven's Gate)——毁于一旦,此后公司与米高梅公司合并,现在由一家法国银行勉强支撑。

成功捱过20世纪60年代的两家公司是环球影城和沃尔特·迪士尼制作公司(Walt Disney Productions)。20世纪30年代初期,后者依托米老鼠、唐老鸭和高飞狗等活泼的卡通形象,创建成立。由于沃尔特·迪士尼和罗伊·迪士尼(Roy Disney)[2]之间既平衡又紧张的关系,迪士尼公司运营良好。1966年沃尔特去世,平衡被打破,随即导致家庭内部出现跨越20世纪80年代早期的权力争斗。

环球影城的舵手是MCA的卢·沃瑟曼,这位好莱坞元老深知:如何选择恰当的时机与场合,伸缩娱乐业的财务和政治肌肉?沃瑟曼是一位"雁过无声"的神秘人物。他几乎从不通过文字记录任何事情,反倒更喜欢利用电

---

[1] 乔·肯尼迪曾对数家好莱坞制片厂重组并重新注资,最终将取得的数家制片厂合并成雷电华公司(Radio-Keith-Orpheum, RKO),并借此赚取了巨额利润。——译者注

[2] 罗伊·奥利佛·迪士尼(1893年6月24日~1971年11月20日)是沃尔特·迪士尼的胞弟,也是当今沃尔特·迪士尼公司的共同创始人。——译者注

第四章
初涉电影，扭亏为盈

话和面对面交谈的机会和他人交流。一位观察员曾经说他是神话广播剧中的英雄——"好莱坞的拉蒙特·克伦斯通(Lamont Cranston)[1]"。他既令人畏惧,又广受赞誉。

作为罗纳德·里根(Ronald Reagan)曾经的经纪人以及这位总统的密友兼拥立者,沃瑟曼据说是民主党的最大个人捐助者;他还集资筹建了推进实验室、加州理工大学科技中心和洛杉矶音乐中心等各类项目。组建MCA/环球帝国[2]的巨大成功,为他博得"好莱坞最具影响力人士"的绰号。

尽管从未念过大学,当旁人感到困惑时,沃瑟曼却能凭借超群和富有洞察力的智慧,领悟错综复杂的交易内容和相关事件的重要性。他不是一位富有创造力的艺术家,确是一位善于算计的精明的商业执行官,他还深知如何艺术性地运用交易技巧。那些不了解沃瑟曼的人总以为他既威严又不受外界影响而且从容镇定,总以为他能够完全控制自己和局势。但在紧闭的门后,生气时的沃瑟曼时常咆哮发怒,遭到迁怒的对象则被吓得瑟瑟发抖。

沃瑟曼引领环球影城平稳发展,直至20世纪90年代初,他最终以65亿美元的价格将公司卖给日本三菱公司(Matsushita)[3]。这笔交易向环球公司注入了必要的资金,使它能够和迪士尼展开成本日益高昂的竞争。三菱公司后来发现自身的公司文化与好莱坞古怪的产业特质格格不入,最终将环球影城转卖给威士忌酒继承人小埃德加·布朗夫曼(Edgar Bronfman, Jr.)。

尽管《原野奇侠》(*Shane*)、《后窗》(*Rear Window*)、《十诫》(*The Ten Commandments*)、《惊魂记》(*Psycho*)和《江湖男女》(*The Carpetbaggers*)等作品在20世纪50年代中期和20世纪60年代早期取得了一系列的成功,20世纪60年代末的派拉蒙影业公司却出现了严重的财务问题。制片水平

---

[1] 拉蒙特·克伦斯通是广播剧《魅影魔星》(*The Shadow*)中的角色。——译者注
[2] 1962年,沃瑟曼购买了环球影城和迪卡唱片公司(Decca Records),与原有的MCA合并。
[3] 日本三菱公司现在已经被日本松下公司(Panasonic)兼并。——译者注

下滑,公司股票市值下跌。1966年,赫伯特·希格尔这位企业狙击手认为时机成熟,准备袭击并吞并该公司。早在当明星经纪人时就满心希望成为电影界大亨的希格尔,却似乎没有勇气单独插手这桩大买卖。于是,他联合赛·福伊尔(Cy Feuer)和欧内斯特·马丁(Ernest Martin)这两位百老汇的制片人,着手收购派拉蒙。

派拉蒙公司总裁乔治·韦尔特纳(George Weltner)领导下的管理层,在风闻希格尔的接管计划后,打算寻找一位白衣骑士[1],以确保公司被收购后仍保留高层执行官的职位。结果白衣骑士却显得既不善良也不仁慈。不过和许多其他公司的经理一样,派拉蒙的执行官员也希望新东家不会为了改善盈利状况和讨好股东换掉他们。

韦尔特纳派出他的首席运营官马丁·戴维斯寻找一位公司巨头,对方必须财力雄厚也愿意将派拉蒙从希格尔惹人讨厌的吞并过程中解救出来。结果,戴维斯带回来一位不太令人信服的经营棉花、糖和汽车保险杠生意的救世主——查尔斯·布卢多恩(Charles Bluhdorn)。

1942年,逃离纳粹魔掌的16岁奥地利难民布卢多恩来到美国并很快进入华尔街工作。但是这位年轻移民总是看不惯这所传统的股市交易机构,他曾把那里的人骂作"那些该死的贵族"。初涉商海的他曾是一名日用品商人,主要经营棉花和咖啡生意,令人惊叹的勇气和胆识也为他赢得了声望。25岁左右时,他就赚到了生平第一个100万。市场分析员约翰·布鲁克斯(John Brooks)将此描述为:"日用品市场上的一系列惊险交易。"

大多数华尔街机构也对布卢多恩的鄙视态度作出回应。作为华尔街的统治者,既保守又势力的白盎格鲁萨克逊新教徒[2]认为布卢多恩的个性"太欧洲化",实则委婉地暗示他"太犹太化"。此外,他们指责布卢多恩购货时缺乏品味,总是将兴趣集中在生产内衣、汽车配件和保龄球的公司,以及出版男性杂志的公司。

---

〔1〕在敌意并购发生时,目标公司的友好人士或公司作为第三方出面来解救目标公司,驱逐敌意收购者。此时,他们被称为白衣骑士。——译者注

〔2〕美国社会的北欧后裔,通常被视为有权势、有影响力的代号。——译者注

第四章
初涉电影，扭亏为盈

另外，布卢多恩不是讲话过快，就是向他的听众大叫或者嘀咕。他非常感情用事，说话时还夹带浓重的维也纳口音。一位金融家批评他噼里啪啦的夸夸其谈与尊贵的高明筹资领域格格不入。

1957年，布卢多恩已经开始全盘收购被忽视或者存在问题的公司，志在创建一家"大型联合企业"——当时的股票交易员越来越热衷于开展这项业务。这项理念其实是在20世纪20年代兴起的，当时许多现金充沛的大公司四处搜寻有利可图的领域进行投资。绝大多数美国公司过去依循传统，驻守在各自所属的制造领域。但对大型联合企业的企业领袖而言，只要新的公司售价便宜并能获利，他们就会选择某家公司作为起点，兼并与自身所属的制造领域或企业类型毫无关联的公司。这类新型公司执行官当时还决定：即便大型联合企业内的各名成员采用不同的工艺流程，它们都必须坚持相同的管理原则。

布卢多恩决心模仿该死的贵族，于是购入密西根保险杠公司（Michigan Bumper），这家有了麻烦的小公司将制造的保险杠提供给斯图特贝克公司（Studebaker），一家有了麻烦的大公司。把密西根保险杠公司作为事业基础的布卢多恩，继续收购其他公司，直至他最终沉醉于拥有一家电影制片厂的构想。1967年，他戏剧性地以每股83美元的更高出价击败赫伯特，获得派拉蒙公司。

布卢多恩在派拉蒙的投资，使他突然陷入电影的魅力，这是一个由俊男靓女和梦幻布景编织的五彩世界。一位派拉蒙的前任官员回忆起布卢多恩走访一个片场时的情景："我永远不会忘记查尔斯坐着直升飞机来到他的第一个项目《长征万宝山》（Paint Your Wagon）的片场。他像孩子一样咧嘴笑着。你明白地知道：他深爱着它。"

布卢多恩购入派拉蒙时，已经将自己的大型联合企业更名为海湾与西方工业公司。公司成员包括：凯塞—劳斯制衣公司（Kayser-Roth clothing manufacturers）、席梦思床垫公司、南波多黎各蔗糖公司、联合雪茄公司、万星威公司、纽约银行、利比—欧文斯—福特公司、布兰斯维克公司、通用轮胎公司、好莱坞公园赛马场和《君子》杂志。

派拉蒙当时处于发展的低谷。摇摇欲坠的电影经营,空有辉煌历史却前途渺茫。它一直受到电影亏本的困扰,又不愿意制作电视剧。布卢多恩到任后,开始解决这家电影公司的问题。他出售了公司的部分资产并压制了管理层中反对做电视生意的意见。他亲自接手多项协商,当他仍未获得自己预期的投资回报率时,就采取了更积极的步骤——雇佣电视界的巴里·迪勒统领制片厂。

迪勒喜欢替布卢多恩工作,因为他敬佩这个男人的胆识,并认为这也是他自己具有的。迪勒曾评价这位活跃的商人,"这个男人气度非凡……你会发现他的头脑比你更灵活……他也是我眼中唯一的真正浪漫的商人"。

1974年10月1日,迪勒担当派拉蒙公司主席和首席执行官的委任生效。当时,一位观察员曾记述:"这条消息轰动好莱坞,如同战斧劈开了头颅。"迪勒不仅是制片厂历史上最年轻的一位首席执行官,也是首批来自电视圈的成员。《每日综艺》(*Daily Variety*)曾用出人意料来形容迪勒的委任。好莱坞却并未给予这位重归故里的加利福尼亚人温暖或热情的接待。

迪勒在自己回到好莱坞的最初几天甚至几周里曾说,"我是最先进入电影行业的电视人。我受到了冷遇。我受到的对待还不如一粒浮渣。我记得自己备受伤害"。

尽管迪勒从未统领过一家公司,但他很快证明自己了解这个新领域的现实情况。其他电影制片厂的执行官会幻想自己身处电影行业中,但他们真正负责的却是银行业务和设备租用。这更类似于美国银行和赫兹公司,而不同于米高梅、环球影城、派拉蒙公司,以及过去的20世纪福克斯制片厂。

路易斯·B. 梅耶和山姆·高德温(Sam Goldwyn)等第一代电影界大亨,支配着电影制作的每个环节,从阅读脚本到监管明星的个人生活。与之相反,现代的制片厂执行官忙着考虑如何为独立制片人制作的电影进行融资与发行,后者需要租用服装、录音棚、技术员和设备。制片厂为其他制片人的电影提供资金与包装,并不过多地涉及创意流程。许多时候,当代制片厂负责人甚至不把总部设在电影工作棚。

第四章
初涉电影,扭亏为盈

在美国广播公司时,制作"本周电影"和电视连续短剧的迪勒,其实已经在运营他自己的小型制片厂了。他已经直接了解到亲身控管和质量与利润之间存在的因果关系。尽管缺乏足够的企业融资经验,他却真的懂得如何买卖电影;他刚来到派拉蒙就立即着手买卖电影。尽管2年前的《教父》(*The Godfather*)取得了巨大成功,公司仍需获得注资。于是,迪勒成功地与3家提供电视节目的电视网达成7 600万美元的交易。

他还继续自学电影产业的经济学。如果迪勒想让派拉蒙的盈利重返理想水平,就必须了解新的快速发展的好莱坞。从制片厂在第二次世界大战之前主持大局开始,这项产业经历了重大变革。迪勒继承的派拉蒙是第二次世界大战期间以及之后重大经济转型的产物。

迪勒在美国广播公司电视台时,电视作为大众传媒取代了电影的霸主地位。1966年迪勒来到那里时,92.6%的美国家庭都有了电视。8年后,当迪勒迁入派拉蒙时,几乎100%的美国人都拥有一台电视机,很多人至少拥有2台电视机。电视不仅成为美国文化里的大众传媒,还成为世界史上商品的最佳销售手段。

正如之前提到的,制片厂的回应是抵制电视并希望电视因故消失。它们的其他战略还包括:营造一种电影氛围,让人们认为大银幕能提供电视缺乏的特殊体验。制片厂的明星被禁止在电视上亮相。为了赢回过去迎合的成年观众,制片厂开始动用大明星制作大型电影,试图提供电视缺乏的非同寻常的表现。但20世纪60年代的电影执行官已经与他们的观众脱节。他们仍在迎合传统上构成电影观众主力军的成年人;他们忽视了青少年市场,这个群体才真正希望走出家门并脱离父母。

米高梅的《叛舰喋血记》(*Mutiny on the Bounty*,1962)、福克斯公司的《埃及艳后》(*Cleopatra*,1963)与《音乐之声》(*The Sound of Music*,1965)等一批宏大的轰动性影片,并未吸引制片厂希望引来的观众。阿尔弗雷德·希区柯克(Alfred Hitchcock)根据观察,一针见血地指出了这些高预算电影陷入的财务灾难,"《音乐之声》是这个行业的最大灾难。那部电影促使所有人制作造价昂贵的影片"。

直至第二次世界大战结束,制作成功商业电影的标准成本都维持在50万美元。随着高预算电影成为没有例外的准则,成本显著上升。1952年,普通电影的制作成本为100万美元。1961年,该数字上升至150万美元。1972年,成本上升至200万美元。

迪勒来到派拉蒙时,一部电影的平均成本在600万~700万美元之间。后来,当他在制片厂时,每部电影的预算飙升至1 200万美元的制作费用外加700万美元的市场营销与促销费用。迪勒了解奇迹般脱离许多业内人士掌控的简单盈利原则。想盈利只有两种途径:削减成本和增加收益。迪勒能够抑制成本上升,但他也需要更好地宣传、开发和推销派拉蒙的电影。

他在制定首批规划时,曾围绕电影制作进行基础核算。大约15％的电影票房毛利作为一个相对较小的份额,按照操作规则会落入电影制片人的腰包。其余部分则属于影院老板、发行人、融资人和等式里的其他非艺术类成员。电影制片厂因此还希望获得一部分电影融资以及发行权,从而获得更大的利润份额。

迪勒还必须接受电视与电影在经济学上存在的重大差异。电视网将购买或租用的节目转卖给联播台。电视网依靠在地方台必须播出的节目中销售全国商业广告赚钱;地方台既可以通过销售那些全国商业广告分得收入,也可以通过申请播出本地商业广告获利,还可以将这两种手段相互结合。因此,电视网要向纽约广告公司的半打媒体采购员做推销。然而电影制作者若想将产品推向市场,必须发动促销战并向全国乃至全球数百万的电影观众发行影片。

迪勒来到派拉蒙时面临的另一个问题是:电影界人士对他缺乏认同感。查尔斯·布卢多恩冒着很大的风险聘用了一位电视执行官;尽管迪勒自幼在贝弗利山庄长大,实际却是好莱坞的一个局外人。如果迪勒无法走进这个组织严密的创意社群并攥住影响自己前途的钥匙,他的非凡天分和魄力就将一文不值。缺少他们的认可,他既无法了解脚本,也无法接触导演;缺少导演的他将无法制作电影。

无论过去还是现在,好莱坞作为一个伦常混乱、保守和故步自封的社群,总将初来乍到的人与闯入者画上等号。好莱坞人对外来者最大的担心却在近期被詹姆斯·奥布里(James Aubrey)变为现实。1969年,柯克·科克里安(Kirk Kerkorian)请来哥伦比亚广播公司电视台的詹姆斯经营米高梅。之后4年里,奥布里在制片厂运营中劈风斩浪,变卖了旧的电影道具和他认为不必要的房地产,希望帮助科克里安在8 000万美元的投资中获利。他筹措的6 200万美元没有用来制作更多电影,而被用去购买建造拉斯维加斯米高梅大酒店的水泥和钢材。奥布里还制定出严苛的成本削减措施,包括:裁去6 200名米高梅雇员中的5 000人;侵占导演和制片商原有的好处。

影评人文森特·坎比(Vincent Canby)写道:"米高梅的科克里安—奥布里式管理,使每个人对于让投资者接管好莱坞这个问题的最大担心化为现实。"奥布里离开米高梅不久,查尔斯·布卢多恩就聘用巴里·迪勒接管派拉蒙。由于奥布里在镇上制造了妄想狂似的气氛,就不难理解迪勒受到的冷遇,因为他的任务似乎与前者如出一辙,都是要将电影制片厂扭亏为盈。但科克里安和奥布里无心制作电影而只想赚钱,即便为了满足私欲解散制片厂也在所不惜。相反,尽管布卢多恩曾一度考虑出售制片厂在好莱坞占55英亩的地段,却在《教父Ⅱ》(*The Godfather, Part Ⅱ*)取得意料之外的惊人成功之后打消了这个念头。他委托迪勒制作能赚钱的电影。

迪勒开始对派拉蒙进行全面结构重组。派拉蒙的执行办公室很久以前就被搬到贝弗利山庄的时尚市郊,那里也是迪勒的故土。贝弗利山庄拥有经过修整的街道、风格优雅的房舍、条件良好的餐馆和价格昂贵的商店,这显然为大亨们提供了更为舒心的环境;相比之下,好莱坞周边地区却显得寒酸破旧,真正的派拉蒙制片厂就位于高尔街和梅尔罗斯街之间。

迪勒将执行官遣回电影制片厂并让他们每天都和制作人员接触。他告诫这些执行官不能安逸地坐等脚本送上门,必须接打电话、联系独立制片人、四处收罗好的电影项目。用于新脚本创作以及将电影版权转化为书籍和表演的预算增加了4倍。

他将急迫性与市场敏感性的意义带入电影制作,这两项电视界的常识对于电影界却是陌生的。他还翻新了制片厂对市场营销和发行的观念。好

1993年10月12日，为接管派拉蒙通讯公司参加竞逐的迪勒，抽空到纽约市参加了为惠赠白血病研究举办的伯恩·巴克（Bill Bernbach）纪念奖晚宴。[（AP/大千世界图片/大卫·卡尔普）供图。]

莱坞传统上喜欢采用渐进式广告宣传并偏爱在选定的地区发行电影，而不是像电视一样迅速覆盖市场。老办法对迪勒毫无意义，他明白：渐进式发行会给平庸或是有制作难度的电影带来不良口碑，大范围发行则意味着更多人能够在第一周看到影片并自行判断影片价值。

因此，以1976年的《金刚》（*King Kong*）为例，迪勒没有在少数选定的市场上首先发行电影，而是在全国1 000家剧院同时发行。他的战略奏效了，一部普普通通的电影赢得了巨额票房收入。

还是在1976年，迪勒冒着类似的风险发行了《少棒闯天下》（*Bad News Bears*）；这是他在派拉蒙时首次借来的一部电影。迪勒靠近书桌抽屉时，碰巧发现这份脚本正躺在里面。3万美元的脚本标价并未对迪勒构成预算压力，故事也吸引了他。在美国广播公司时他就已开始相信：好的故事是成功获利的基石。

"这个故事我理解,"他说,"3幕。一个腐朽的小团体先有所起色,再四分五裂,然后取胜。我说,'天呀。一个故事'。我在22分钟里买下脚本。事情似乎第一次可以得到顺利解决。"

然而这部由沃尔特·马索(Walter Matthau)和塔图姆·奥尼尔(Tatum O'Neal)领衔主演的电影反响平平。钟爱这部影片的迪勒无法接受眼前糟糕的票房。他没有采纳所有宣称电影已寿终正寝的所谓专家的意见,而在《纽约时报》上登出一份跨页广告。电影奇迹般地复活并取得了巨大成功。

先前不遗余力将他带入派拉蒙的男人,并不总是支持他标新立异的方式。布卢多恩看到《纽约时报》的广告时,厉声斥责迪勒;迪勒却坚持自己的立场。这两个男人享受着迪勒所说的"吵闹关系"。他将布卢多恩视为天才,"我唯一这样称呼过的人",他将两人在派拉蒙的碰面形容为"玩笑似的争斗"。可以保守地认为:这些争斗很大程度上造就了迪勒的激情倡导式哲学——一种维护并宣扬某人信念与计划的意愿。

尽管(或许正是因为)遭到布卢多恩的质问和警告,迪勒在派拉蒙的影响力有增无减。沉浸在工作中的同时,他偶尔会打电话给他的哥哥唐纳德;唐纳德当时住在离洛杉矶只有较短车程的圣地亚哥。两兄弟却不相互拜访;情感之间的距离,可能让他们远隔千山万水。

20世纪60年代中期,唐纳德因私藏和贩卖海洛因曾数次被捕。入狱后不久,他便于1965年获得假释并在康复中心接受治疗,但恶习难改的他之后又屡次被捕并判为假释,直至1971年他因买卖海洛因再度服刑。

20世纪60年代,唐纳德曾作为音乐人自谋生路,在加利福尼亚州和内华达州的小俱乐部里演出。他还在不同的时期做过簿记员、工厂工人和钢琴演奏员,每周收入在120~175美元之间,这无法满足他对毒品的依赖。1967年,他娶了一位名叫特里萨·门多萨(Teresa Mendoza)的女子。两人在唐纳德16岁时的一次派对上邂逅。据特里萨说,他是"那里唯一的白人男孩"。

1969年10月,唐纳德·迪勒因入室盗窃2天内被捕2次。当时,他似乎曾哀求得到帮助。他先被判入狱10年,后又改判为缓刑。之后的1971

年3月,他因贩卖毒品在加利福尼亚州范奈司再次被捕。

在之后接受缓刑官质询时,他承认自己一直买卖海洛因,却辩称他"只是偶尔用用(海洛因)"。

缓刑官没有被唐纳德·迪勒的解释说服。"被告对法律的遵从完全流于表面,"他在向法院递交的报告中写道,"……任何帮助罪犯重归社区的计划都不适合被告。因此,目前最佳挽救计划是让他在州立监狱服刑。"

4年后的1975年8月,大约是在弟弟执掌派拉蒙的1年后,唐纳德·迪勒从特哈查比州立监狱假释出狱。唐纳德自以为曾在1971年与他离婚的特里萨·门多萨愿意和他在圣地亚哥共同生活。这项安排只维持了1周,门多萨便坚持让唐纳德搬走,因为他再一次吸毒并买卖毒品。

唐纳德以每周38美元的价格在圣地亚哥东面的拉梅萨城找到一家汽车旅馆并租下一间房;或许是为了他们的女儿,他和门多萨仍有口头交流;父母只给过他一张8 000美元的支票。他给门多萨看过一把口径为0.25英寸的蓝钢自动手枪,并告诉她这是自己日前从父母在贝弗利山庄的房间里偷来的。他载着她去了一个朋友家里,对方是一个被他称作乔克[1]的男人;唐纳德希望给手枪买一些子弹。随后,他陪门多萨回到她的家里睡下,又离开了一会儿,然后回来告诉她:他感觉很过瘾。当天他离开时,门多萨给了他一些衣物。这是她最后一次见到活着的唐纳德·迪勒。

两天后,接到电话的警方赶往唐纳德·迪勒所在的莫里兹汽车旅馆。莫里兹的经理在一个房间的床上发现一具盖着被单和床罩的尸体。谋杀案的受害者是唐纳德·迪勒,正如警方调查人员在报告中的记述,"死者前额有一处枪伤"。几位目击者自告奋勇地对疑凶进行了描述,但该男子已经消失,警方无从追查。

---

[1] Joker,现代扑克通常是54张,其中两张是Joker,即被称为大小王的两张牌。——译者注

第四章
初涉电影，扭亏为盈

巴里·迪勒总共拨出555.94美元作为哥哥的丧葬费。在他的安排下，哥哥接受火葬，骨灰撒在圣地亚哥城郊乡村的一片橡树林里。巴里及其父母都没有打听任何有关唐纳德谋杀案的调查进展。负责此案的阿特·哈伯（Art Haber）警探说，家人得知唐纳德死亡时的反应，是哀伤中夹杂了一丝宿命的意味，仿佛他们已经预料到这样的事情会发生。就像哈伯说的，"受害人是这个家族中的害群之马"。

第五章　杀手迪勒，招贤纳士

无论巴里·迪勒对哥哥的悲惨死亡作何感受，他还是富有代表性地将此深埋心间。自幼，他就被当作家里的成功者，让父母骄傲的儿子。正是由于唐纳德作为巴里的哥哥很难谋生，巴里·迪勒才必须作为杰出而成功的小儿子肩负重任，超越劣迹斑斑的兄长。

巴里的父亲迈克尔一直生活在自己兄长理查德的阴影下。巴里扭转了这种格局，在各个方面都让唐纳德望尘莫及。然而，据特里萨·门多萨说，尽管两兄弟没什么共同点，唐纳德仍然深爱着他的弟弟并为对方的成就深感骄傲。门多萨还说，巴里竭力帮助唐纳德"重回正轨"。不幸的是，或许他试图帮助过唐纳德，但努力统统白费，最后他还得为哥哥举办葬礼。

没有人知道他和唐纳德为什么会选择如此不同的人生道路以及选择背后的原因，但是有理由揣测：巴里逼迫自己的一个原因可能是为了弥补哥哥的失败。另外，有趣却可能并非巧合的是：迪勒很早就立志帮助才华横溢又和自己一样壮志满怀的年轻男女找寻并经营事业。帮助自己才华横溢的门生"重回正轨"，或许是他在试图重建自己无法与亲哥哥建立的手足关系吧？

迈克尔·艾斯纳最先作为门生，与迪勒建立起手足情意；迪勒刚到派拉蒙便竭力诱劝艾斯纳离开美国广播公司。1976年11月,迪勒终于向犹豫中的艾斯纳抛出了肥美多汁的诱饵——派拉蒙总裁兼首席运营官的职位。就像2年前的迪勒,艾斯纳最后还是难以抗拒这个职位。

艾斯纳在另一点上也与迪勒相似,他已经名噪电视网,这让他有机会施展自己的才能。艾斯纳付诸实现的构想反映出他作为中庸型美国人的品味。继儿童节目与日间节目获得成功后,他又创作了《拉维恩和雪莉》(Laverne and Shirley)、《欢迎归来,科特》(Welcome Back, Kotter)等畅销作品。

一次,艾斯纳与妻子及其3个月大的孩子被风雪围困在纽瓦克机场;这却为他带来一项巨大的成功。"我写出了5页纸的《小镇新居》(New Family In Town),"他说。当他遵照公司政策规定向美国广播公司研究部门展现构想时,有人却向他陈列了这种构想可能招致失败的一堆原因。然而,与迪勒一样反感市场调研并称其为巫术的艾斯纳,奋力推行此观念。他将节目更名为《幸福时光》(Happy Days),并与亨利·温克尔(Henry Winkler)共同制作了一部围绕剧中人物方兹(Fonz)的试播剧集,而后它成为在美国广播公司电视台的联播台测试中取得最高收视率的试播剧集。节目于1974年上映。等到时任美国广播公司西海岸娱乐运营部负责人的艾斯纳投入派拉蒙公司的迪勒帐下时,节目已取得了巨大成功。

两人在许多方面都大相径庭。迪勒是一个单身汉,不常出席派对或首映式。当他真的在好莱坞盛会上露面时,经常有他的老校友马洛·托马斯、女演员德博拉·温格(Debra Winger)或者服装设计师黛安·冯·芙丝汀宝(Diane von Furstenberg)相伴。1975年,他与黛安在经纪人苏·曼洁斯(Sue Mengers)举办的聚会上相识。二人共度第一个周末时的某一天,迪勒和冯·芙丝汀宝曾在新泽西州城郊商场的一家电影院参加了《妙狗拯救好莱坞》(Won Ton Ton, the Dog Who Saved Hollywood)的电影播映,迪勒难得在这种场合现身。迪勒之后描述这段经历时,曾说:"很糟糕……差劲透顶。在那么大的剧院里看那种电影……感觉相当糟糕。"所幸,迪勒能够责备弗兰克·雅布兰(Frank Yablan)对电影管理失当。

迪勒阵营的成员包括得到公认的好莱坞"一线"名流:来自威廉·莫里

巴里·迪勒与长期伴侣——时装设计师黛安·冯·芙丝汀宝，1992年。[全球图片公司(Globe Photos Inc.,)/丽莎·萝丝(Lisa Rose)供图。]

斯经纪公司如今成为百万身价唱片制作人的老友大卫·格芬、导演迈克·尼科尔斯(Mike Nichols)、沃伦·比堤(Warren Beatty)，以及服装设计师卡尔文·克莱恩(Calvin Klein)。迪勒总是显得害羞和不自在，同时又表现出极为咄咄逼人的激烈与执著。

与他相反，艾斯纳更加可爱也更具魅力。婚姻美满并且作为3个孩子的尽职父亲的他，更乐于利用闲暇时间陪家人吃比萨饼，而不是应酬好莱坞的风云人物。离开制片厂回家时，他常常会在洛杉矶郊区的一家或几家电影院驻足观察，非正式地调查观众反应。与衣冠楚楚的迪勒不同，艾斯纳的衣服永远带有褶皱。即便有了新的头衔和地位，他依然保持休闲路线。有时，他会在马利布的海滨私家别墅召开会议。那里，短裤和凉鞋是加利福尼亚民众所青睐的着装。

不过，这两个男人拥有几处相同的主要特征，这使他们个人及其管理的团队都取得了成功。小说家兼编剧家威廉·戈德曼(William Goldman)在

《银幕交易探险记》(*Adventures in the Screen Trade*)中写道:电影制作是一个极为复杂和神秘的过程,没有人真正知晓怎样取得成功又因何招致失败。然而与迪勒一样,艾斯纳也相信故事比明星更重要。他在接受《纽约》杂志访问时,概述了两人的哲学:

"在这个行业里,你不能不会选材。没错,它能够帮助你控制成本、避免大肆宣传,放弃抢夺明星以及支付高得可笑的价格。"

尽管拥有特权背景,迪勒和艾斯纳在实现自身追求时表现得却像两个好斗的街头霸王。他们"希望为你制作属于你的电影",一位电影执行官回忆。苏·曼洁斯将迈克尔·艾斯纳描述为一个"非赢不可"的人。在乔·福莱尔(Joe Flower)撰写的《魔都王子》(*Prince of the Magic Kingdom*)一书中,艾斯纳谈到自己时说,"我渴望拥有一切"。

换作迪勒,他会说同样的话;二人共同确保得到他们想要的一切。他们毫不犹豫地向编剧、导演和制作人施压,要求在他们指定的预算和时限内拿到他们的电影。好莱坞圈子里的一则笑话帮助派拉蒙在告诫编剧和导演时总结出一套新哲学:我们会批准制作电影,然后挑战你们能否努力完成它。

迪勒坚持让自己的团队成员亲身参与派拉蒙制作的电影。他要求他们追踪每一部电影的进度,以便控制成本并按时完成制作。他教导自己的伙伴:留意细节能够提高作品质量。没有事情是微不足道的,没有事情因为惯常所以能被忽视。他会花几个小时和自己的员工争论电影首映式的筹办细节或电影海报的形象问题。他往往要求在最后一分钟不惜代价地修改广告文案、刻字或制图。

迪勒还逼迫手下先在公司内部自行开发许多项目,以免受到经纪人要求的影响;对方会依照预先计划竭力达成昂贵的一揽子交易,并将作为他们主顾的电影编剧、演员和导演统统带入交易。

朵恩·史提(Dawn Steel)作为迪勒雇佣的另一名职业杀手,加入了业内知名的"迪勒杀手团"。她曾谈起自己的老板兼导师,"迪勒是我们的将军。他出面解除了经纪人对好莱坞的控制。他拒绝坐等经纪人向他兜售一揽子交易。大体上,电影的成本高昂许多,何况还要面对无法选到称心明星组合搭档的事实。在迪勒的管理下，派拉蒙开发属于自己的电影。由我们负责拿到自己的电影理念并加以开发。那时我不知道这种做事方法有多么独特。我以为所有制片厂执行官都会站在桌子上嚷嚷"。

如果不喜欢拿到的结果，派拉蒙的执行官就会立即修改。罗恩·古沃尔(Ron Gover)在《迪士尼兴衰秘录》(The Disney Touch)中描述过一件事情：即使是刚刚凭《洛基》(Rocky)获得奥斯卡奖提名的约翰·艾维尔森(John Avildsen)，他曾写过一篇让派拉蒙团队非常喜欢的初稿，然而当迪勒看完他据此重写的《周末夜狂热》(Saturday Night Fever)剧本后，就随便地解雇了他。

在美国广播公司时，迪勒和艾斯纳就能驾轻就熟地开发那些故事情节可被缩减为一两个短句的节目。其实，有人一直认为是迪勒创建了眼下为人熟知并且时常被套用的公式——业内所说的"高概念"[1]。他和艾斯纳在派拉蒙创立了这项方针，并携手成功制作了一系列高概念畅销作品。

艾斯纳拥有迪勒欠缺的大众审美观，这引来观众在剧院门前竞相购票。凭借天资，他制作的影片受到家庭成员与年轻人的喜爱。他大胆、苛刻而且专注；在制作由乔治·卢卡斯(George Lucas)和史蒂文·斯皮尔伯格共同构思、由斯皮尔伯格导演的一部奇异探险片时，他的这些特点表露无遗。这部曾因要价奇高被镇上其他各家制片厂拒之门外的电影，就是《夺宝奇兵》(Raiders of the Lost Ark)；它的情节植根于犹太教神话，还引入了有关纳粹意识的内容。

《夺宝奇兵》的预算达1 750万美元，是迪勒标准下的天文数字，因此大可以不拍这部电影。但艾斯纳希望把它做成星期六早晨大银幕上播出的真实版儿童卡通片。他喜欢这个概念，不仅成为它的热心支持者，还不断呼吁将它拍成电影。电影于1981年发行，为派拉蒙净赚11 500万美元，并在此后10年里成为几乎所有其他惊险动作片的范本。

---

〔1〕 高概念在电影或艺术领域通常指叙述简洁并用寥寥术语概括作品主旨的前提性内容。——译者注

第五章
杀手迪勒，招贤纳士

另一方面，《烽火赤焰万里情》(Reds)成为迪勒的得意之作，他对这部历史题材影片的制作表示支持，尽管其预算远远超过了派拉蒙当时的分配标准。该片的联合编剧、导演、制作人和明星恰巧都是迪勒的密友沃伦·比堤。迪勒说他"非常在乎这部电影"，它在"许多方面都存在争议。这里是海湾西方公司(Gulf & Western)，由布卢多恩领导的资本主义大堡垒，我们却在制作这部关于共产主义的浪漫电影"。

把一部讲述俄国革命的冗长蔓生的故事拍成电影难度不小，更何况试制过程既匆忙又不完整。迪勒下过一道死命令：制片人要将成本和费用控制在最低水平。《烽火赤焰万里情》最终成为迪勒在派拉蒙公司制作的最昂贵的电影。不过与英国银行界进行的复杂金融交易，确保了派拉蒙在项目最初阶段就不会亏损。

这部电影荣获三项奥斯卡奖，包括授予比堤的最佳导演奖。这也帮助迪勒赢得擅长制作"严肃"电影的殊荣，然而迪勒并不领情，为了推翻这种看法，他会引述一系列在派拉蒙公司时制作的畅销作品，如1977年的《周末夜狂热》(Saturday Night Fever)[故事描写了纽约市布鲁克林区里一个热衷迪斯科的男孩，也让约翰·特拉沃尔塔(John Travolta)一夜成名]和1978年由沃伦·比堤参与执导的喜剧《上错天堂投错胎》(Heaven Can Wait)(讲述了一名死去的足球队员附身在另一个人的躯体上，重返人间的故事)。

许多好莱坞评赏家强调：正是艾斯纳负责将后面的两部电影引入派拉蒙。而另一方面，很少有人否认：是迪勒要求派拉蒙公司的所有电影都要精工细制，无论观众如何变化。

其实，迪勒迫使他的执行官制作一系列健康的被他称为"帐篷杆"的电影——这类巨片造就了类似帆布帐篷宽广荫蔽的巨大财务成功，巨片中也包括规模较小、商业利益较少的项目。他的帐篷杆理论吸纳了欧文·塞拉伯格的一项基本宗旨：盈利的公司会选择制作不赚大钱的电影，只要电影可以巩固制片厂的声望。因此，取得巨大成功的《星际旅行》(Star Trek)和《夺宝奇兵》成为帐篷杆，得益于《象人》(The Elephant Man)、《凡夫俗子》(Ordinary People)和《烽火赤焰万里情》等叫好不叫座的影片。

迪勒团队里的另一位主要成员是自大的24岁的杰弗里·卡岑伯格(Jeffrey Katzenberg)，他到派拉蒙公司不久，就被迪勒雇为助理。作为和艾斯纳一样在公园大道成长的纽约人，卡岑伯格还在青少年时就花一个暑假为约翰·林赛(John Lindsay)参加的1965年市长竞选效力。林赛的志愿者队伍学会了"邀请和感谢，邀请和感谢"，他们一边穿行在纽约街头，一边拉选票并寻求财务支持。卡岑伯格后来退出纽约大学，担任林赛市长的活动组织者及先遣人员。林赛的助手西德·大卫杜夫(Sid Davidoff)曾与卡岑伯格同住一间公寓，他将这位前室友比作"一条比特犬，顽固得要命……他不是非要呆在舞台中央。他就是想和每件事情都沾上边"。

林赛参加民主党总统提名竞选失利之后，卡岑伯格离开政坛。他临时联营过一家餐馆，尔后为了暂时糊口，他往来于拉斯韦加斯到巴哈马群岛的赌场，并总能在"21点"[1]游戏中取胜。最后，他担任一位电影制作人的助理，对方又将他引见给迪勒。

卡岑伯格说，接受迪勒面试时，他(卡岑伯格)"既桀骜不驯，又惹人生厌……不过可能我的桀骜不驯正中他的下怀"。或许迪勒在卡岑伯格身上发现了某些促使自己极早取得成功的品质。他不畏艰苦；事实正相反，他似乎喜欢这样。

根据各方的说法，卡岑伯格全力满足自己的期望，或者说迪勒的期望。他与各方保持联系，每周定期向大约200人(包括编剧、导演、经纪人、新闻记者、金融家和制作人)确认和了解工作内容，一通简单的电话能够建立联系，这样下次对方有项目兜售时就会想起他。

卡岑伯格担任迪勒助理一年后，迪勒就把他升迁到市场部。那里，卡岑伯格继续发扬顽强和认真能干的作风。很快，他成为当时派拉蒙公司制片负责人唐·辛普森(Don Simpson)的助理。在辛普森手下的他首先为自己挑选了一项任务：将失败的电视电影《星际旅行》改成大银幕版本。辛普森其实曾力劝卡岑伯格不要介入该项目，但是年轻人坚持自己的立场。他甚

---

[1] "21点"(blackjack)是一种使用扑克牌玩的赌博游戏。——译者注

至成功说服演员伦纳德·尼莫伊(Leonard Nimoy)再度出演大约10年前演绎过的史波克(Spock)先生。电影于1979年开播。由于电影大获成功,当辛普森于1982年离开派拉蒙公司成为独立制片人时,迪勒选择让卡岑伯格接替他担任制片主任。

卡岑伯格的执拗例证了迪勒要求他的执行官具备的首要品质:他们向迪勒极力推销各类构想或产品时,必须满怀激情。迪勒经常率先对一个项目表示否定,抛出深入锐利的严苛评论,意在激起发言人的反应。如果执行官不愿回击、喊叫并显露自身的激情,项目就完蛋了。

朵恩·史提将他在这方面的管理技术称为"积极鼓吹与叫喊体系"。史提在进入派拉蒙公司之前的几年负责推销"宝贝套"[1]—类神秘物件(据她说,这类物件均附有特大号标签),以及卫生纸。卫生纸上似乎扭曲地印着古奇系列的商标GG,实际却是字母"GC"。她在派拉蒙公司谋到一份主管差事,负责货品推销、销售《默克与明蒂》(Mork and Mindy)剧中的背带和衬衫,还对《幸福时光》、《拉维恩和雪莉》以及《都市牛郎》(Urban Cowboy)等剧的衍生品进行分类。

她很快掌握了在派拉蒙公司生存与成功的法则。迪勒让她懂得:电影项目的开发往往是一个长期的过程,可能长达几年。[例如《阿甘正传》(Forrest Gump)这部极可能是过去四分之一世纪里最卖座的电影,其开发时间超过12年。]迪勒强调他的执行官必须一心专注于自己的项目,这种热情能帮助他们坚持到底,无论沿途遇到怎样的障碍。

史提仿效迪勒的自学方式,研读文件、合同与交易备忘录。有机会了解迪勒和艾斯纳管理信息的她,越来越具有竞争力,也越来越投入工作,这让她获得制片厂的提拔。1980年,她被选为派拉蒙影业公司制作部副总裁。

但是她尚未证明自己能够应对电影制作的复杂过程。史提曾经听说另外一家制片厂正在考虑一个故事构想。于是她央求该编剧的经纪人让她看一眼影片剧本。她获得了许可,但前提是她必须在自己的车里读完剧本,然

---

[1] 宝贝套是拍床戏时男演员为避免尴尬所戴的道具。——译者注

后立刻返还,这样就不会有人知道她已经看过。她很快爱上了这篇符合迪勒高概念明训的故事。"这是一部女版的《洛基》,"史提这样总结她读到的作品。

这则名为《闪电舞》(*Flashdance*)的故事,讲述了一位女焊工晚上在夜总会表演舞蹈追寻美好生活的故事。当史提将她的项目呈报给迪勒时,对方告诉她,"如果你能激情四射地站上这张桌子告诉我,我为什么要拍这部电影,我就会考虑拍这部电影"。

无论史提是否真的爬上桌子,她确实汇聚了自己需要的明星和支持,并于1980年10月获准制作《闪电舞》。史提一直留心吸收先前的经验和教训。她的搭档开始把她看作一辆无视任何障碍的坦克,一个埋头工作、勇往直前的人。这部电影获得巨大成功,700万美元的耗资制作为派拉蒙公司换得9 000万美元的总收入和500万张声带的骄人销量。

尽管史提不是企业高层人士,迪勒却在一次派拉蒙公司的执行官会议上把她树立成一个由衷热爱拍电影的典范。迪勒还说,《闪电舞》展现了热情而固执的人能够拍出怎样的电影。

另一方面,史似乎已将迪勒奉若神明,"他在肉体上是权力的化身。他是我见过的最性感的男人。他驾驭权力的方式不同于我认识的其他任何人,糅合极为复杂的男性魅力。他的声音隆隆作响。你无法逼视他。他拥有奇异的个人力量。任何人做的任何事对他而言都不够好。于是,他逼迫你发现自己有多好"。毫无疑问,她在说这段话时言语中饱含对迪勒的敬畏。

巴里·迪勒的"奇异的个人力量"的阴暗面蕴藏在他欺压部下的手段里,他时常肆意泄愤还出语尖刻。以前的雇员称他是一个固执己见的人,在自己的世界里吹毛求疵。他被贴上恶霸的标签,还被比作比特犬,该绰号并非空穴来风。

多年来,同事和下属一直在他的坏脾气下忐忑生活,紧张地预测下一轮怒火的迸发,下一轮尖刻的批评。他们称迪勒的情绪变化无常,他一会儿魅力四溢,一会儿狂怒地进行威吓。

第五章
杀手迪勒，招贤纳士

当迪勒身着定制的白色衬衫和挂有商标的米黄色套装，从位于时尚化的科德沃特峡谷的寓所开车驶入蜿蜒公路时，男仆会照例打电话到迪勒的办公室。他的任务是提醒职员对方上路了并向他们递交一份迪勒的情绪状况报告。秘书知道迪勒驾临前大家只剩将近20分钟做准备，因为他开车很快，很少注意限速。人们总是担心他又会因为超速行驶被拦下并收到违章通知单，那就意味着他会心情恶劣地走进办公室。

等待迪勒到来的同时，秘书复查并确保一切都已符合这位老板的苛刻要求。信件、电文和报告必须遵照迪勒的吩咐、精确依照特定规格摆放在他的办公桌上。除非他发出召令，否则秘书不得进入他的办公室。因此，一旦迪勒在场，任何送达的书面材料都必须按照同样的规格摆放在秘书的办公桌上，直至迪勒离开自己极其整洁的内殿。

此外，秘书必须确保在杯子里装入红色万宝路香烟，并颇具策略地将几个烟灰缸放在办公室的合适位置，随时招呼他们烟不离口的老板。无论迪勒何时、因何离开办公室，秘书都要冲进办公室往杯子里补放香烟、清空烟灰缸，并在办公桌上加入精心排列的信件和电文。

蜂鸣器用来召唤秘书进办公室：一声嗡鸣表示迪勒需要助理进来做笔录；两声嗡鸣表示他需要一杯热茶，茶水要达到特定的温度，茶叶要是他专用的品牌，茶包要正好泡过五次。如果迪勒的办公室里有客人，他会呼叫两次，秘书先要为迪勒备茶，再问客人是否需要饮料。

迪勒时常冲出自己的办公室，为一些违反办公室规定的芝麻小事，用最恶毒的言语当众申斥秘书。秘书和其他下属经常呜咽着逃去洗手间。有一次，迪勒翻看了一位替他做来电记录的秘书保存的电话记录表。他发现对方没有按照办公室流程将一个他已经回过的电话从列表中划去，于是火冒三丈地在20分钟里不断地斥责这名妇女直到她含泪退出自己的视线。

高层执行官同样要接受迪勒的狂暴脾气和严苛谩骂的洗礼。他在派拉蒙时的同事至今仍能想起迈克尔·艾斯纳和杰弗里·卡岑伯格的痛苦表情；他们同其他人一样，像逃学的学童般站在迪勒的外间办公室，等候面见迪勒时几乎恐惧得瑟瑟发抖。

迪勒这样评价自己,"相互扶持的环境不适合我"。无论是在派拉蒙公司担任首席执行官还是日后在福克斯公司执政,他都自由创建符合自己性情的气氛。

与查尔斯·布卢多恩经常的吵闹互动,让他对冲突更是抱有一种近似崇敬的看法。"这是一个让我学会积极应战的地方,"1989年他在接受《花花公子》(*Playboy*)采访时说。但实际上,巴里·迪勒从青少年时代就已经是一位斗士了,当时的他经常乐此不疲地与他的父亲打嘴仗。

众所周知,很难容忍无能表现的他会先将雇员逼至崩溃边缘,再将他们从深渊拉回来并表示尊重。他总是扯着嗓门、用词粗俗地嘲弄下属,并冠以"蠢货"、"王八蛋"等名讳。成长为经理的过程让他坚信:创造性张力能为民众带来最好的作品并因此惠及公司。一位和迪勒关系亲密的同事这样评价他,"他喜欢很强势的执行官……如果他们对某件事产生热烈感应,就会与迪勒进行殊死搏斗。他觉得通过这类争斗,能够更好地获知结果或进行评判"。

无论是迫使他不惜任何代价夺取成功的"迪勒式驱策",还是父子间某种不为人知、无法调和的冲突,这些都帮助迪勒开创了恐怖统治,继而撼动了行将就木的派拉蒙经营结构并根据他的想法加以重塑。他身边围绕着一群人数不多的年轻精英,这些明日显贵支持并采纳了他的经营哲学。与他的风格格格不入的人士迅速逃离公司,而有人却在派拉蒙高压锅似的氛围里茁壮成长,并在好莱坞某些最激动人心的冒险事业中担当领军人物。

他会同迈克尔·艾斯纳创造的工作业绩无可挑剔:艾斯纳推出了《傻妹从军》(*Private Benjamin*)和《心寒》(*The Big Chill*),他们也屡尝败绩。但成功的比例远远超过失败。二人联手将派拉蒙的利润由1973年的3 900万美元提升至1983年的14 000万美元,增长了3倍。他们将派拉蒙由6大制片厂的最后一名推至榜首,还曾在18个月里创作了20部赚钱的电影。他们将一系列盈利丰厚的电影搬上银幕:1977年——《周末夜狂热》(26 000万美元)和《寻找顾巴先生》(*Looking for Mr. Goodbar*)(4 500万美元);1978年——《油脂》(*Grease*)(35 000万美元)和《上错天堂投错胎》(13 200万美元);1979年——《星际旅行—无限太空》(*Star Trek-The Motion Picture*)(15 000万美元);1980年——《逢凶化吉满天飞》(*Airplane!*)(15 400万美元)、《凡夫俗子》(7 600万美元)和《都市牛郎》(6 000万美元);1981年——《夺宝奇兵》(34 000万美元);1982年——《军官与绅士》(*An Officer and a Gentleman*)(17 000万美元);1983年——《母女情深》(*Terms of Endearment*)(14 700万美元);1984年——《贝弗利山警探》(*Beverly Hills Cop*)(28 600万美元)。《印第安纳·琼斯》(*Indiana Jones*)系列一项就赚得22 460万美元的毛利,其联合成本仅为4 900万美元。

一位资深观察员、《商业周刊》办公处的罗恩·格罗弗(Ron Grover)这样描述二人,"好莱坞的许多人都避免与迪勒—艾斯纳团队合作。但是二人联手的8年中……派拉蒙不仅在畅销电影领域称霸,还凭借《干杯酒吧》(*Cheers*)和《家族的诞生》(*Family Ties*)等联播视频与家庭视频引领电视网的电视节目"。

正是在派拉蒙,迪勒将自己锻造成好莱坞的一股中坚力量。他后来提及那段时光曾说,"派拉蒙在我的人生中意义重大,它对我意味着太多太多。我想起它时,心中只有浪漫的感受。我永远想不起那里的争斗。不过,上帝知道争斗确实有过"。

迪勒成功扭转派拉蒙公司的明显标志是1980年,当时奥斯卡金像奖的五部最佳影片奖提名电影中有两部来自派拉蒙。"收音机里宣布提名时,我正在开车去制片厂的路上,"迪勒说,"我差点撞到墙上。"

第六章 赴福克斯,另谋高就

1983年2月19日,当人们前往海湾西方公司设在哥伦布环岛的纽约总部工作时,接到一则有关他们56岁主席的噩耗。他们吃惊地得知:查尔斯·布卢多恩因为心脏病发作,死在公司的湾流喷气式飞机上;当时他正从多米尼加共和国往回赶,海湾西方公司在那里拥有一间旅馆和多个面积广阔的糖料种植园。此前的一段时间,公司里流传着一个公开的秘密——布卢多恩罹患癌症,但没人料到他死得如此突然且毫无征兆。

尽管布卢多恩说话率直又喜怒无常,却很受公司上下的尊敬和爱戴。离中央公园不远的地方有一幢办公大楼矗立在百老汇大道和中央公园南路的交汇处。现在,人们三五成群地聚集在那里,一面凭吊他,一面担心这件事会波及自身以及海湾西方公司。

许多人担心布卢多恩亡故形成的高层空缺会由高级副总裁马丁·戴维斯填补,他是布卢多恩信赖的首席幕僚和"职业杀手"。1947年,年方20的戴维斯高中辍学,是一名部队老兵,他受雇在塞缪尔·高德温制作公司(Samuel Goldwyn Productions)的纽约办事处干一份入门工作。他在高德温公司工作的8年间,官阶迅速蹿升,最终他能够与编剧和制作人商谈交

第六章
赴福克斯，另谋高就

易，还负责宣传活动。

在联艺影业公司(Allied Artists Picture Corporation)稍作停歇后，戴维斯于1958年进入派拉蒙影业公司。他起初负责销售和营销活动，但很快平步青云，成为广告和宣传部主任。不久之后，他荣升为发行部副总裁，以及公司事务的官方发言人。1967年，他被委任为派拉蒙的首席运营官。

戴维斯巧妙地帮助查尔斯·布卢多恩将派拉蒙公司购入成长中的海湾西方公司这所大型联合企业。作为回报，布卢多恩帮助戴维斯入选派拉蒙的董事会和执行委员会。他还委任戴维斯为制片厂负责人，当时的制片厂在票房、发行和电视制作方面远逊于其他大型制片厂。戴维斯这位铁腕人物毫不留情地削减企业成本；他还在机构精简尚未成为美国商界[1]推崇的婉言之前，就手段激烈地裁减各级雇员。

三年后，他成为肩负重任、手握重权的高级副总裁，负责收购新公司，替布卢多恩在企业市场里拼命捞钱。20世纪70年代中期开始，戴维斯就帮助海湾西方公司规避证券交易委员会(Securities and Exchange Commission, SEC)和美国国内税务局(Internal Revenue Service, IRS)在财务问题上的盘根问底，其中包括对布卢多恩在多米尼加共和国做糖类生意的调查。1981年，距离案件审理只差一个月时，他极为成功地让调查终止了。证券交易委员会撤销对布卢多恩的指控，海湾西方公司按要求只向多米尼加共和国支付少量罚金。

尽管巴里·迪勒声称有人推举自己接替布卢多恩的职位但被他婉言拒绝了，与戴维斯争夺布卢多恩御座的头号对手却是海湾西方公司总裁大卫·朱迪尔森(David Judelson)。据迪勒说，他选择支持戴维斯是因为对方先向他保证会在公司运营上沿袭布卢多恩的政策。（戴维斯否认做过此类保证。）布卢多恩的遗孀伊薇特(Yvette)也支持戴维斯。她和迪勒不久就为他们的决定懊悔不已。

对大多数雇员而言，公司的氛围几乎顷刻改变，但不是朝好的方向改

---

〔1〕美国商届作为非正式的语汇，描述了美国国内不归政府所有的企业界。——译者注

变。查尔斯·布卢多恩统治下的海湾西方公司感觉"像是一个家庭",一位资深秘书这样说。这种感觉在戴维斯主席统治下却不复存在。不久,这位秘书连同其他数百名雇员,在戴维斯对刚继承的帝国进行重组时被解雇。

结束了长期候补生涯的戴维斯,怀着报仇心理担任老板的角色,成为以粗暴强硬著称的领导,赤手空拳的风格成为他处理与自己上司讽刺性关系的手段。他很快逼走伊薇特·布卢多恩(Yvette Bluhdorn),突然召回公司为她配备的司机与豪华轿车,撤销公司对她钟爱的慈善事业的支持,甚至有人说他中断了她的福利。接着,他又将这家跨国大型联合企业重组成他认为能够轻松驾驭的公司。

查尔斯·布卢多恩作为独断专行的商人与投资者涉足多项业务,它们好像是瑞典式自助餐上盛放的许多盘食物。[梅尔·布鲁克斯(Mel Brooks)在自己1976年的喜剧作品《无声电影》(*Silent Movie*)中设计了一家"吞没"公司(Engulf & Devour),以此取笑布卢多恩。]他把电话当成武器一样挥舞,凌晨4:00就起床操控海外市场直至纽约证券交易所(New York Stock Exchange)的开市钟声响起。如果兴之所至,他还会毫不羞怯地打电话给巴里·迪勒和迈克尔·艾斯纳,讨论从成本削减手段到实现电影构想的各类问题。

他生前将自己眼中属于企业经营方面的日常事务交由马丁·戴维斯和其他主要领导人处理。马丁不像布卢多恩那样痴迷于股票交易,他执著于最终效益,他会不惜一切地开展各项有利可图的精益经营[1]。为了减少企业债务,他卖掉自己认为无关的公司并放弃布卢多恩精心挑选的股票投资组合。他还任命巴里·迪勒担任海湾西方公司新组建的休闲娱乐部的负责人。但此番提拔不久就让迪勒喜忧参半。

一方面,这意味着他涉足了自己很快就丧失兴趣的领域。他懂得如何运营制片厂、如何制作电影、如何在好莱坞政治中巧妙周旋。但现在他还要

---

〔1〕 精益经营,简称"精益",是一种杜绝浪费并采用无间断作业流程的生产方式。精益生产是源自日本丰田公司生产方式的管理哲学。——译者注

第六章
赴福克斯，另谋高就

负责管理麦迪逊广场花园——纽约尼克斯篮球队的大本营——以及西蒙舒斯特（Simon and Schuster）出版社所在地，西蒙舒斯特出版社的经营者是另一位意志坚定、矢志不渝的执行官——理查德·E. 斯奈德（Richard E. Snyder）。尽管迪勒在贝弗利山庄和曼哈顿长期拥有两套住所，现在他却得在纽约呆更多时间，这意味着他得更频繁地同马丁·戴维斯面对面地打交道。

他和戴维斯经营各自封地并各自向布卢多恩汇报时，还算相安无事。布卢多恩尊敬并倚重这两位执行官，二者的风格既雷同又差别巨大。两人都会苛刻、直率地辱没他人。然而，迪勒总是为了寻求下一个优秀构想逼迫自己和下属拓展思路；戴维斯则是至高无上的经理，掌管海湾西方公司的埃尔默氏胶水®，为布卢多恩清理乱局。

戴维斯此前亲自领导了派拉蒙影业公司一段时间。当时，他假借为制片厂提经营意见发号施令，这无疑给他增添了信誉，至少他本人认为是这样。查尔斯·布卢多恩也爱给迪勒和艾斯纳提建议。但他和迪勒长久以来的关系基础是相互尊重和深厚感情。布卢多恩与迪勒相仿，有几分狂想家的特质；他尊重让迪勒及其团队声名远播的创想。他经常与迪勒大闹大叫，却总又握手言和。

相反，迪勒和戴维斯缺乏这样的共识，随着彼此了解的深入，二人过去可能存有的温情迅速蒸发。迪勒不久便意识到：戴维斯"敌视执行官……他不相信别人……他做事不为对方着想"。迪勒还说，他也没有为海湾西方公司开发"一套支配性战略"。艾斯纳也对戴维斯失去信心，迪勒记得对方在戴维斯讲话时，压着嗓子嘀咕，"天呀，这家伙就是一个弱智"。

派拉蒙影业公司迎来了辉煌的财政年度，然而戴维斯非但不对迪勒与艾斯纳的成就表示赞许，还似乎满怀怨恨。他命令习惯了同布卢多恩进行频繁电话交流的艾斯纳不得直接与自己交流，并坚持让对方通过迪勒代为报告。让艾斯纳更感羞辱的是，派拉蒙市场部负责人同时也是唯一不在纽约工作的制片厂最高执行官弗兰克·曼库索（Frank Mancuso）开始忽略他这位顶头上司，绕过指挥架构，将他的市场营销计划直接交给迪勒——此时他不该绕过任何一人,也无权自行制定市场营销决策。

1983年10月,杰弗里·卡岑伯格在纽约与戴维斯见面时,戴维斯批评了派拉蒙公司的最高执行官,还指责他们和自己唱对台戏。卡岑伯格把戴维斯的激烈言辞告诉了艾斯纳,后者又向迪勒表示了担心。但迪勒对艾斯纳的惶恐似乎无动于衷,说他"太敏感"。

迪勒与迈克尔·艾斯纳本已复杂的关系再生嫌隙,此时的迪勒倍感压力,他既要保证艾斯纳开心,又要满足戴维斯的要求。让戴维斯愤懑的是,迪勒和艾斯纳拿走了制片厂超过50%的年终分红。(1983年,迪勒的年终分红比例为31%,艾斯纳为26%。)尽管此后的1984年,派拉蒙的税前利润达到15 000万美元,戴维斯仍诽谤迪勒不但薪酬过高还以执行官名义赚取外快。"他的做派像是公司里该死的受保护物种,"10年后的1994年,戴维斯仍在布莱恩·伯勒(Bryan Burrough)编写的《名利场》(Vanity Fair)访问中抱怨。"我受够了。他玩弄权术、搞破坏、耍花招、想要搞垮我"。

当时有一位同僚曾概括迪勒的感受:"迪勒开始憎恶戴维斯。他总想抠出他的眼睛,想在他的头上撒尿。迪勒不喜欢为任何人工作,更别说某个让他蔑视的人。"

迪勒的合约将于1984年9月的最后一天到期,好莱坞商界盛传着他与戴维斯关系紧张的流言。1984年初,马文·戴维斯(Marvin Davis,与马丁并无关系)就开始向迪勒大献殷勤,希望对方加盟自己的20世纪福克斯公司。而这家由主席艾伦·赫什菲尔德(Alan Hirschfield)掌管的企业正在亏损。马丁·戴维斯获悉了另一位戴维斯正在追求迪勒的传闻,但是他"满不在乎"。归根结底,迪勒和戴维斯都无法忍受蠢货,现在却开始将对方视为蠢货。

具有讽刺意味的是,当年春夏时节,派拉蒙的一群骨干成为印刷媒体的宠儿。3个月里,《新闻周刊》(Newsweek)、《商业周刊》和《纽约》杂志纷纷发表一系列满是溢美之词的文章,使这家制片厂成为公众焦点。《新闻周刊》称赞迪勒、艾斯纳和卡岑伯格不仅组建了好莱坞最热门的团队,还是运营"最优秀全能型电影制片厂"的常胜将军。4月,派拉蒙的《母女情深》荣获包括最佳影片奖在内的五项奥斯卡金像奖。

关注似乎只是让马丁·戴维斯更加愤怒。也是在那个春天,有一次,戴维斯要求来到纽约的迪勒解雇艾斯纳。戴维斯说,艾斯纳缺乏团队精神。尽管迪勒不时向戴维斯发艾斯纳的牢骚,在持续近8小时的激烈争论中,迪勒却对他的老板说,"这是在发疯。我不明白你为什么要这样干"。

会议以双方平局告终。戴维斯同意暂缓解雇要求。迪勒搭乘公司的喷气式飞机返回洛杉矶,西归途中,他一直为戴维斯的态度愤懑不已。"我想,现在我在这家公司里做什么呀?我不能这样下去。对我来说一切结束了,"他后来回忆。

此后不久,他打电话给马文·戴维斯并提议戴维斯卖给他福克斯的一半股权。戴维斯还价说只能卖掉25%的股权。迪勒后来简要概括了双方的对话,"讨论开始。"

20世纪福克斯公司的前身是1904年威廉·福克斯在纽约市开办的一家五分钱影剧院。十年后,福克斯开始以票房号召力影片租赁公司(Box Office Attractions Film Rental Company)的名义自行制作电影。他很快加入其他早期电影制作人的行列,搬迁至加利福尼亚州。那里,他将自己的公司更名为福克斯电影公司(Fox Film Corporation)并发掘出蒂达·巴拉(Theda Bara)和威廉·法纳姆(William Farnum)等无声电影明星。

积极发展新技术并吸纳电影院的福克斯,却于1929年遭受两次重创:他先在一场车祸中受重伤,接着在股市崩盘后失去了自己的制片厂。随后的几年困难重重。直至1935年福克斯公司与戴洛·F.萨奴克(Darryl F. Zanuck)运营的一家小而成功的制作公司合并孕育出20世纪福克斯公司,情况才有所好转。不久,萨奴克在一年内制作出50部电影,推出了一批红角,如雪莉·邓波儿(Shirley Temple)、唐·阿米契(Don Ameche)、洛丽塔·扬(Loretta Young),以及凭借福克斯公司1940年的经典之作《愤怒的葡萄》一夜成名的亨利·方达(Henry Fonda)。

制片厂在战争年代经营良好并顺利跨入20世纪50年代,这部分归功于被称为宽银幕电影(Cinema Scope)的新技术和一位性感的新生代超级巨星——玛丽莲·梦露(Marilyn Monroe)。但在20世纪50年代末,来自电视的竞争,加上几位主要制作人的离去(包括1956年戴洛·萨奴克的离任),标志着福克斯公司艰难岁月的开始。

几年后,萨奴克与儿子理查德回来拯救制片厂,也抢救险些将福克斯公司一手摧毁的电影——危机重重的《埃及艳后》,该片比预期超支数百万。

萨奴克父子重新采用27年前戴洛在福克斯公司与20世纪公司合并时采用过的有效成本降低方法。然而,尽管推出了《音乐之声》等畅销作品,一系列灾难性的惨败却导致损失超过1亿美元,这使他们的统治只维持到1971年。萨奴克父子俩被商人丹尼斯·史坦菲尔(Dennis Stanfill)取代。这位来自安纳波利斯美国海军学院的毕业生曾在华尔街工作,对制作电影几乎一无所知。史坦菲尔任命艾伦·拉德二世(Alan Ladd Jr.)为制作部负责人,后者是20世纪40年代和50年代派拉蒙公司著名铁腕人物艾伦·拉德(Alan Ladd)的儿子。

两人关系并不融洽。史坦菲尔因吝啬臭名昭著,拉德觉得对方在制片厂开展各项创意活动时都出手小气。拉德通过奋力斗争,才制作并发行了乔治·卢卡斯在1977年指导的热门影片《星球大战》(*Star Wars*)。尽管影片取得成功,他们的紧张关系却一直持续,直至1979年拉德率领一批制作骨干离开福克斯。

为了找人接替拉德,史坦菲尔聘用艾伦·J. 赫什菲尔德(Alan J. Hirschfield)经营电影方面的业务,选用C. 约瑟夫·拉邦特(C. Joseph La Bonte)处理与电影无关的业务。1980年《星球大战》的续集《星球大战之帝国反击战》(*The Empire Strikes Back*)取得成功后,史坦菲尔热衷于制片厂的杠杆收购[1]。此时的制片厂不仅现金充沛,而且资产雄厚,不仅拥有电影与电视公司,还经营加利福尼亚州圆石海岸的房地产,位于洛杉矶面积为63英亩的电影制片场也归其所有。但在随后的几个月里,正当他同赫什菲尔

---

〔1〕 杠杆收购(leveraged buy-out, LBO)是一种收购的方式,其本质是举债收购,即本身仅有少量资金,而以债务资本为主要融资工具来收购其他公司,这些债务资本多以猎物公司资产(包括目前资产以及将来的现金流等)为担保而得以筹集。——译者注

德和拉邦特策划如何获得资金支持来保证交易向前推进时,他本人同赫什菲尔德就谁会实际管理公司的日常运作与事务产生矛盾,关系日渐紧张。

1981年1月,原定的交易破裂,二人开始各自寻找其他融资渠道。华尔街方面,公司当时找寻着出价最高的投标人。对此感兴趣的幕后人物包括克里斯—克拉弗特公司的赫伯特·希格尔,他早就希望买下一家制片厂,现在拥有福克斯将近20%的股份。企业狙击手兼印度信实集团(Reliance Group)的主席与总裁索尔·史坦贝克(Saul Steinberg)也在一旁虎视眈眈。

史坦贝克与赫什菲尔德会见时不动声色,内心却极其渴望通过收购福克斯公司获利。他随后开始收购克里斯—克拉弗特公司的股票,当他获得该公司5%的股份时,就向希格尔提议接管福克斯公司。但史坦贝克非但没有促使希格尔根据自己的提议行动,反而令对方陷入恐慌。希格尔将此举视为对克里斯—克拉弗特公司的攻击。力图保护自己公司的希格尔,从福克斯全面撤出,因为福克斯是史坦贝克真正的目标。

希格尔的对策似乎被盘踞丹佛的百万富翁、靠油井钻探发财的马文·戴维斯一眼识破。与戴维斯接触的过程中,身为投资银行家又兼任所罗门兄弟公司(Salomon Brothers)高级交易人的J. 艾拉·哈里斯(J. Ira Harris)勾绘出戴维斯接管福克斯并主持公司大局的美好图景,这立刻打动了对方。戴维斯很快获得某些帮助以确保成交。做商品交易员的朋友马克·里奇(Marc Rich)甘心默默成为他无表决权的伙伴,报酬是换得一半投资权益。此外,位于芝加哥的长期合作银行大陆伊利诺伊银行(Continental Illinois Bank),承诺给予戴维斯无限信用额度作为支持。

接着,戴维斯与希格尔接洽并提出购买希格尔名下所有的福克斯公司股票。希格尔表示只要戴维斯肯让出福克斯的三家电视台,帮他扩大自己当前的电视台队伍,他就答应不拿自己的股票和其他任何人做交易。"没问题,"戴维斯说。毗邻贝弗利山庄市中心的福克斯公司通过在洛杉矶经营房地产获利丰厚,这让他浮想联翩。

2月20日,史坦菲尔退出自己的杠杆收购后仅一个月,就接到爱德华·贝内特·威廉姆斯(Edward Bennett Williams)律师的通知,廉姆斯称:

其委托人马文·戴维斯希望以每股 60 美元——超出股票市价 7 美元的出价,购买福克斯。史坦菲尔坚持要获得超过 700 万美元的利润,不过他将大大丧失自己作为主要电影制片厂负责人的地位,以及与此相伴的各项声望和好处。

一周后,戴维斯的发盘呈送至福克斯董事会。双方相互查验了凭证和价值后,于 4 月 7 日签署合并协议。交易于 6 月 8 日得到股东同意。20 世纪福克斯现在成为一家私人持股公司,由臃肿的石油大王掌控。这位掌门人突然发现了一个具有好莱坞魅力和高社会可见度的全新世界。

戴维斯曾在纽约生活。他的父亲靠服装制造发家,在传说中的贝弗利山庄酒店租下一间年租 365 000 美元的平房后就开始往返于丹佛和洛杉矶。戴维斯和史坦菲尔彼此很快在大小事务上争执不休。6 月底,两人的关系戛然而止,艾伦·赫什菲尔德不久便受命担任主席兼首席执行官。

雪莉·兰辛(Sherry Lansing)于 1980 年 1 月就任制作部负责人,是首位在主流制片厂担任该职务的女性。现在轮到她和赫什菲尔德联手为戴维斯及其合作伙伴达 72 400 万美元的投资带来丰厚回报了。公司内部拜占庭式的复杂政治格局加上成员间的性格冲突,让兰辛感到阻碍重重。在她参与完成的第一批福克斯电影项目中有一部名为《熄灯号》(Taps)的影片,该片预算较低、制作成本仅为 1 500 万美元,还在 1981 年圣诞节前后出人意料地成为畅销作品。即便如此,它还是与戴维斯渴望见到的轰动性成功相去甚远。

在随后的 1982 年,兰辛的电影收到的几乎全是负面评论而且票房平平。戴维斯则已经在寻找买家,希望出售制片厂的大量房地产资产及其下属的唱片公司和音乐出版部,尽力清偿福克斯公司达 10 亿美元的债务。此外,戴维斯与哥伦比亚广播公司联手组建起一家合资公司,针对家庭视频市场制作并发行电影。制片厂还根据全球各地电视台对福克斯电视资料馆的需求,开发节目并获利。其中尤以《风流医生俏护士》(M∗A∗S∗H)为代表,该片在 1982 年的销售额达 1 000 万美元。

戴维斯的钱包鼓了起来,制片厂却仍在亏钱——1982 年年底,亏损达

1 690万美元。尽管许多资金可用来替此前的投资销账和减税,戴维斯和里奇却仍贪婪地期盼挖到票房富矿脉,但兰辛无能为力。她的合约于1983年1月1日截止,当时她已经与派拉蒙达成制作交易,并与不久后也逃离福克斯的制作人史丹利·杰斐(Stanley Jaffe)成为搭档。根据各方叙述,戴维斯高兴地看着她离开。

然而,福克斯公司的问题并未随着兰辛的离去得到解决。她的继任者,此前担任经纪人和制作人的乔·韦赞(Joe Wizan)带来了少量的畅销作品,包括《寻找宝石》(*Romancing the Stone*)、《疯狂今晚夜》(*Bachelor Party*),以及被一位评论员划作"充满活力但缺乏幽默的喜剧"的《菜鸟大反攻》(*Revenge of the Nerds*)。但韦赞只干了一年就被劳伦斯·戈登(Lawrence Gordon)取代。戈登此前制作了派拉蒙1982年的畅销作品《48小时》(*48 Hours*),该片让首次出演电影角色的艾迪·墨菲(Eddie Murphy)一夜成名。

此时的福克斯公司已经四年没有制作规模上能与其他制片厂匹敌的佳片。《星球大战之帝国反击战》于1980年赚得2 500万美元的毛利,但与其他制片厂的畅销作品相比却黯然失色;派拉蒙公司1981年的《夺宝奇兵》赚得17 500万美元的毛利,环球公司1982年的热门影片《外星人》(*E. T.*)赚得3亿美元的毛利,哥伦比亚公司1983年的《窈窕淑男》(*Tootsie*)赚得9 500万美元的毛利。多亏《风流医生俏护士》在联播视频上的销售业绩,福克斯公司的毛利才由1982年的55 490万美元升至次年的77 650万美元。

然而,除了少量的赚钱作品,制片厂管理层似乎仍无法在控制成本的同时制作高收益电影。马文·戴维斯开始寻找有着骄人制作成绩的新任首席执行官。此时巴里·迪勒也在寻找新工作。

1984年的夏天对迪勒来说漫长而炎热,他仍因受制于马丁·戴维斯而恼怒。他只有32岁,按大多数标准衡量都算年轻,但他的老朋友与老对手大卫·格芬已经两次开办自己的公司而且早就成了百万富翁。迪勒与格芬这些年里保持着密切来往。二人会同54俱乐部(Studio 54)的所有者斯蒂夫·鲁贝尔(Steve Rubell)、天才经理桑迪·加林(Sandy Gallin)和服装设计师卡尔文·克莱恩,形成一支以富有影响力的商人为核心的团体。创社社员被纽约—洛杉矶轴线上的社会名流誉为"天鹅绒黑手党"。[1]这些成员的关系非常深厚,因为他们既年轻又富有而且极为成功。

团体中最富有的显然是大卫·格芬。他曾离开威廉·莫里斯经纪公司,到阿什利经纪公司(Ashley Famous Agency)当流行音乐艺人的代理,然后于1968年开始管理自己的第一位客户——歌手劳拉·尼罗(Laura Nyro)。格芬先将尼罗所在的唱片发行公司卖给哥伦比亚广播公司赚得450万美元,再于1970年从这笔钱中抽取部分资金,创建自己的唱片厂牌"避难所"(Asylum)。此后一年,他将"避难所"卖给华纳通讯公司(Warner Communications),不但赚到了700万美元,还保留了该厂牌总裁的头衔。

1976年,时任华纳兄弟影业公司(Warner Brothers Pictures)副主席的格芬,接受膀胱肿块的切除,并被医生告知:他罹患癌症。于是他从业界淡出四年,直至后来一系列医学检验表明:癌症实属误诊,他的身体十分健康。此后,他创办了格芬唱片公司(Geffen Records)并重新开始制作电影;唱片和电影由以前华纳通讯公司的合作伙伴帮助发行。

迪勒与格芬之间的竞争友好却真实。事业起步阶段,他们在威廉·莫里斯的收发室并肩工作。迪勒只年长一岁。但当格芬只需向自己汇报工作时,迪勒却仍要与马丁·戴维斯确认事务。现在格芬已经通过制作电影,侵入迪勒的地盘。记者罗德·鲁里(Rod Lurie)在《洛杉矶杂志》(LA Magazine)中写道,"受访者都说,迪勒的真正动力是超越格芬——从事业到性生活,乃至握手的力度"。

因此,1984年的那个夏天,迪勒无疑期盼着两件事情:体面地离开派拉蒙;参加福克斯的工作。在9月3日劳工节[2]那天,担任海湾与西方工业公司负责人一年半以来,马丁·戴维斯首次在洛杉矶露面。他此行要完成两项任务:一是与迪勒续签合约;二是重组制片厂的指挥架构,升迁曼库索让他与艾斯纳平起平坐。戴维斯还带来一个让迪勒和艾斯纳都很难接受的

---

〔1〕"天鹅绒黑手党"一语双关地表示:同性恋团体和政治与传媒领域的权益团体。——译者注
〔2〕美国和加拿大的劳工节是在9月的第一个星期一。——译者注

条件——削减他们的年终分红。

他不知道的是,接下来的几天,当他在会议上向迪勒和艾斯纳阐明自己的决定时,对方正与其他公司商谈并很快就会脱离派拉蒙。迪勒与福克斯的商谈已临近尾声。他的二号人物艾斯纳自从8月中旬与迪士尼董事会成员斯坦·戈尔德(Stan Gold)接触后,就一直与沃尔特·迪士尼公司的最高管理者代表进行讨论。9月5日,就在戴维斯对艾斯纳说他认为对方薪酬过高的第二天,迪士尼董事长雷·沃森(Ray Watson)便在家中会见了艾斯纳,邀请他担任首席运营官。但艾斯纳婉拒了对方并坚持要求担任最高职务——首席执行官。

当晚,巴里·迪勒在科德沃特峡谷的家中举行派对,请来派拉蒙的最高执行官马丁·戴维斯和其他几位海湾与西方工业公司的董事会成员。整晚,戴维斯盛赞着没有出席派对的弗兰克·曼库索。然而,无论他试图向大家传达什么信息,迪勒和艾斯纳笑到了最后。一周后的星期一,迪勒打电话给身在纽约的戴维斯,称自己要离开派拉蒙。12天后,艾斯纳被选为迪士尼的主席兼首席执行官。在此期间,迪勒曾邀请艾斯纳与自己共赴福克斯,但被艾斯纳婉拒。他希望摆脱迪勒,经营自己的节目。他还深感被迪勒出卖了,迪勒在办完那场派拉蒙派对后,才告诉艾斯纳他准备去福克斯就任。

迪勒和马文·戴维斯在相互追求中极为隐秘地跳过一段错综复杂的舞蹈。在长达数月的谈判中,二人都各自隐瞒了许多信息。

全国广播公司的弗莱德·西尔弗曼(Fred Silverman)曾帮助迪勒和马文·戴维斯牵线搭桥。"我收到一位名叫马文·戴维斯的丹佛石油大王的来电,"西尔弗曼说,"他接管了福克斯。他是一个奇怪的家伙。他打电话给我以前,我对他一无所知……马文希望了解巴里·迪勒,并考虑让他担任福克斯公司主席。我当然告诉他,迪勒从各方面看都是一位杰出的执行官,会是经营福克斯的理想人选。"

迪勒和马文·戴维斯最终达成的协议缺乏稳固的基础,建立在错误假设和不切实际的期望上。迪勒故意装出不容易被打动的样子,表面不动声色,内心却渴盼离开派拉蒙。戴维斯也一样,尽管他精心隐藏自己的感觉,却一心想挖到巴里·迪勒这样的精英,帮助他挽救债务缠身的制片厂。

10月1日,迪勒签订了一份5年合约,这等于一笔极为丰厚的财务收益。迪勒将获得300万美元的年薪,他在任期内可获得制片厂25%的股权升值收益,离开制片厂后的3年内仍可获得福克斯17.5%的资产升值收益。150万美元的无息贷款用来偿还迪勒此前在派拉蒙接受的等额贷款。他还获得一份金额任写的报销单、保险和其他各项好处。迪勒几乎可以在任何时间(例如,戴维斯出售制片厂超过20%的股份时)自由终止双方关系,福克斯却必须履行交易承诺,除非迪勒亡故或被认定犯有重罪。

合约还通过极其详尽的细则说明,限制了戴维斯日后在制片厂的活动。合约规定两人"将进行频繁常规的接触",其实却并未硬性规定他们一年见面必须超过两次。戴维斯还被禁止干预制片厂运作;他不得"以诽谤、限制或干涉迪勒的方式",与福克斯的任何雇员有任何接触。

这是一份非凡的协议。但借着平常与内尔·西蒙(Neil Simon)、斯蒂夫·马丁(Steve Martin)、约翰尼·卡森(Johnny Carson)和丹尼尔·梅尔尼克(Daniel Melnick)玩扑克牌的机会,迪勒密切注意到:不久前刚刚与福克斯联手的独立制作人梅尔尼克对戴维斯心存哀怨。他决定不让戴维斯阻碍自己经营制片厂。为了这个目的,合约按照他的要求专门定制。

"离奇二人组"是业界精英对迪勒和戴维斯的称谓。戴维斯这位深谙都市生存之道的大亨,年少时就在美国中西部的油田与一些性格极为粗野的人共事,但他并不清楚迪勒有多么冷酷无情。迪勒步步为营,却对自己驾临福克斯行政套房时发现的真相毫无准备。

"我觉得很可怕,"他后来一边说,一边回想自己刚到福克斯的情形。"我感觉好像不知怎么的,在我四十几岁时,离开一个圆形地球,不巧落到一个平面地球上。我是在仓促上阵"。

第七章　整饬内务,持家有方

"接下来的两年,巴里将在福克斯占有一席之地并接手一项艰巨的工作,但他会成功的。"大卫·格芬预言时,迪勒已经宣布:自己将离开派拉蒙,前往福克斯就任。

到任的迪勒顺便去办公室拜访了即将离任的首席执行官艾伦·赫什菲尔德,戴维斯保全体面地给了后者顾问头衔并保证在两年多的时间里支付50万美元的年薪,然后将他扫地出门。此时迪勒第一次隐隐发现自己的工作有多艰巨,实际情况有多糟糕。戴维斯曾让迪勒相信:制片厂在1984年会被关停。赫什菲尔德却挖苦似的告诉迪勒:正相反,福克斯在这个财政年度就很可能亏损将近7 000万美元。

迪勒收到更令人震惊的消息。在几周后与福克斯银行家开的一场会议上,他得知福克斯濒临破产。如他所说,"我发现……公司不仅在技术上倒闭了,而且在随后的2月11日公司真的会耗光最后的资源,公司的最后一分钱"。

他开始意识到戴维斯是多么急迫地需要他来帮助制片厂重整旗鼓。尽管迪勒在接触杠杆融资文化以前还远非一位专家,但他一定懂得:如果银行认为公司缺少合适的专业人才因而无法制作盈利的电影，就不会继续承保戴维斯当电影大亨的梦想。

凭借一系列精明的金融运作，戴维斯和马克·里奇成功赚回了此前为福克斯支付的所有资金，却几乎没有向制片厂投回一分钱。尽管制片厂的债务已经由 10 亿美元缩减到 4.3 亿美元，却仍在支付一年将近 7 000 万美元的利息。

"除了它的财务情况，"迪勒回忆，"好像是直穿脑部的电击之外，几乎没有一家真正公司的影子……既缺乏任何考虑周全的理论基础，又缺乏任何辅助的整合措施。"

刚刚于 8 月 25 日截止的 1984 财政年度中，福克斯亏损 8 900 万美元。当年，公司股票价值由 3.01 亿美元跌至 6 700 万美元。

许多已经投产的项目也没有让迪勒感觉乐观。先前团队留给他处理的烂摊子里，包括《疯狂大违规》(Moving Violations)、《烈火复仇》(Turk 182!)和《捣蛋鬼》(Mischief)，它们均于 1985 年发行而且都会赔钱。制片厂曾对自己的夏季喜剧大片——《穿一只红鞋的男人》(The Man with One Red Shoe)——寄予厚望；该片由明星汤姆·汉克斯(Tom Hanks)领衔主演，情节取自成功的法国滑稽剧——《穿黑靴的高个金发男士》(The Tall Blond Man with One Black Shoe)。但该片也遭遇失败，1 600 万美元的投资仅获得 430 万美元的毛利。

那个夏天，福克斯公司确实有一部畅销作品，一部险些被制片厂拒之门外、讲述一群老年人神奇际遇的温馨幻想喜剧。戴洛·萨奴克联合大卫·布朗(David Brown)制作的《魔茧》(Cocoon)，汇集了唐·阿米契、格温·弗登(Gwen Verdon)、休姆·克罗宁(Hume Cronyn)、杰西卡·坦迪(Jessica Tandy)和莫林·斯特普尔顿(Maureen Stapleton)等老牌演员，电影拍摄花费了 1 750 万美元并赚得了 1 亿美元的毛利。

迪勒必须当机立断。具有讽刺意味的是，他采用了马丁·戴维斯曾在派拉蒙采用的残酷手段削减成本。他解雇了许多有开发协议的内部制作人，他下令各个部门毫无例外地削减 15% 的职员。他向马文·戴维斯施

第七章
整饬内务，持家有方

压,要求解散报酬丰厚的董事会。他还从正在开发的项目中勾销了大约4 000万美元。

加上眼前的财务危机,迪勒很难说服福克斯的主要执行官留在制片厂。包括戴维斯在内的每个人都以为迪勒会拉来自己在派拉蒙的人马。但迪勒独裁和对抗式的管理风格让他徒劳无功。迈克尔·艾斯纳正与因家族间不和秩序混乱的迪士尼公司深入商谈。他在迪勒到福克斯不久后就搬进"老鼠窝",还带走了卡岑伯格和其他亲信,迪勒成为众人眼中的大输家。

让迪勒感觉尤为困难的是说服制片主任劳瑞·戈登(Larry Gordon)留在他心里原本打算让卡岑伯格担任的职位上,这是因为戈登曾由于派拉蒙的一桩丑事被艾斯纳罢黜,从此他不再相信迪勒。戈登和艾斯纳最终握手言和,但戈登仍对迪勒心存戒备并直言不讳地告诉了他。对于留在福克斯,他开出的条件是让他担任总监和首席运营官,掌管整个制片厂。迪勒别无选择,只得满足他的要求。

赫什菲尔德走后,迪勒很快调派自己的密友诺曼·利维(Norman Levy)担任福克斯副总裁兼首席运营官。他从哥伦比亚电影公司(Columbia Pictures)雇来乔纳森·杜根(Jonathan Dolgen),接替已经负责商业与管理事务的戴维斯的朋友巴迪·莫纳什(Buddy Monash)。他劝说哈里斯·凯特曼(Harris Katleman)继续担任福克斯电视台的负责人,同时命令对方赶制30分钟电视系列片而不是电影和电视连续短剧,迪勒知道后者在联播视频中的收益较少,难以带来丰厚利润。

他接下来面临的挑战是获得足够现金投入他受雇创作的作品。迪勒很快发现成本削减政策不难贯彻,难的是之后必要的创收环节,这需要用种子基金偿付创意费用。这笔钱可通过贷款人或投资者获得,福克斯的当家人戴维斯本应成为资金的主要来源。

然而,不久戴维斯和迪勒彼此不再抱有幻想。戴维斯想要组建梦之队解救福克斯的希望因艾斯纳放弃福克斯转而选择迪士尼破灭了。他更加懊恼地发现:迪勒限制自己介入制片厂事务的态度极为严肃。尽管他仍能在贝弗利山庄酒店的波罗酒廊扮演电影大亨的角色,仍能在房间入口处的1

号隔间主持会议,却再也不能像以前一样自由出入福克斯混杂着演员与导演的片场。在迪勒的统治下,戴维斯成了众人眼中另一位应该敬而远之的投资者。

于是戴维斯违反合同义务,拒绝向福克斯投入更多资金。他已经收回大部分的原始投资,所以最坏的情况是制片厂倒闭,让戴维斯拿到大部分的税收冲销。迪勒反复要求增加资金,戴维斯却反过来敦促迪勒与德崇证券(Drexel Burnham Lambert)著名的"垃圾债券之王"迈克尔·米尔肯(Michael Milken)做交易,借入 25 万美元的高息债券,为更多产品提供经费。

迪勒乐意选择垃圾债券筹资方式,但如果他要出去会见有兴趣的投资者可能承受巨大的法律和财务压力,于是他希望戴维斯卖给他福克斯的实际股票。戴维斯冷酷地拒绝了。他干脆告诉迪勒此事没得选择。迪勒被困在一艘沉船上,若想自救除了开始往外舀水别无选择。

短暂的蜜月期结束。迪勒决定不和米尔肯联手向电影制片厂注资,转而设法让戴维斯相信向自己公司投资有好处。他安排自己的财务总监琼·杜根(Jon Dolgen)和其他最高执行官汇总了一份经过详细研究的报告,报告极为简要地陈述了以下理由:如果戴维斯同意向制片厂注入部分资金,迪勒及其下属就能依靠投资制作盈利的电影,从而提升制片厂价值。他们精心绘制的图表和详尽的分析说得头头是道,但戴维斯毫不让步。他又一次回答"不"。

迪勒威胁要提起诉讼。戴维斯虽然声言并不在乎,但确实应迪勒的要求进行还盘。可是他没有宣布将哥伦比亚广播公司家庭视频合资项目中 5 000 万美元的收益汇入福克斯,而是让制片厂将这笔钱留作营运资金。他还试图为制片厂筹措 4 亿美元的信用额度。但他自己却一毛不拔。

迪勒原本可以退出,但他一直是一位冒险者,一种为迎接下一个挑战而生的人。离开福克斯等于承认戴维斯比他更聪明,迪勒可不打算尚未奋起抗争就认输。依照合约,戴维斯必须向福克斯投入更多资金。迪勒告诉他,"很简单。要么你订立协议出售公司,要么我告你欺诈"。

数月前,戴维斯与美国国内税务局达成协议,同意购买马克·里奇在福克斯的股票;里奇逃往国外、躲避漏税与诈骗的指控时,国内税务局冻结了这部分股票。戴维斯向政府支付1.16亿美元,这只占他先前伙伴实际股票价值的一小部分。他现在还不准备出售整个制片厂的股份,他和他的家人热爱好莱坞,热爱自他拥有电影制片厂以来平添的所有声望。而他还需要迪勒牵制银行家,因为他需要不断取悦银行家,为达成下一个让他中意的理想交易获得贷款。

由于和里奇有约在先,所以他遍寻愿意购买制片厂一半股权的人,好让自己安心。这时,完美候选者,或者说戴维斯认为的完美候选者,鲁珀特·默多克(Rupert Murdoch)出现。这位全方位发展的澳大利亚传媒企业家已经拥有《纽约邮报》(*New York Post*)、《纽约》杂志和其他美国报纸,外加澳大利亚的电视网以及当地与英国的各种报纸。

1995年4月10日,业界领袖兼福克斯公司主席鲁伯特·默多克(右)和前任QVC公司主席巴里·迪勒(左),在拉斯维加斯参加全美广播工作者联合大会(National Association of Broadcasters)。[AP/大千世界图片/伦诺克斯·麦克伦登(Lennox McLendon)供图。]

默多克希望购买一家能在得到他目前和未来的电视投资后制作节目的公司。另外,虽然福克斯经济萧条,他却相信迪勒有能力让制片厂复苏。尽管他更希望买下福克斯100%的股份,却也能将就戴维斯愿意提供的50%的股权。他支付了2.5亿美元,戴维斯同意用其中的大部分钱来抵偿福克斯的欠债。默多克还另外捐出8 800万美元作为盈利垫款,这样迪勒就能制作作品，从而开展正常的制片厂业务。

迪勒借此机会进行协商为自己争取到一份新合约。根据新合约，只要他愿意，就有权在次年的任何时候离开福克斯。通过附上戴维斯在福克斯各类相关费用的精确结算，通过拒绝提供对方习以为常的免费物品和好处，他进一步隔离戴维斯。

戴维斯大发雷霆，其实却已经被困在自己设置的陷阱中。他既不愿向制片厂投入自己的一分钱，又不愿失去对制片厂的控制。事实上，除了依靠迪勒，他别无选择。这意味着：现在他无法摆脱此后很快显露与马克·里奇截然不同合作风格的默多克。

默多克无意成为既沉默又无表决权的合作伙伴。此外，他将福克斯视作一尊全球娱乐巨像的基石，不仅是节目制作的源泉，还是发行渠道。迪勒没过多久便赞成默多克将20世纪福克斯定位在21世纪的构想。

1985年3月，即将与默多克签约时，迪勒在自己的福克斯公司会议室为约翰·克鲁格(John Kluge)举办了一场有默多克和戴维斯出席的鸡尾酒会。克鲁格作为媒体国际公司(Metromedia)这个多元化传播帝国70岁的主席，告诉迪勒：他在考虑出售媒体国际公司的7家电视台。他总共要价20亿美元；赫斯特国际集团(Hearst Corporation)已经对其中一家位于波士顿的电视台表示了兴趣。虽然迪勒认为价格太高，默多克却毫无疑惧。

克鲁格的电视台具有特殊的吸引力，因为它们坐落于纽约和波士顿等大城市。早在1977年迪勒就一直考虑创建第四电视网，当时他曾试图在派拉蒙落实该想法。他与克鲁格谈论过收购的可能，但查尔斯·布卢多恩最终否决了该想法。

默多克却完全赞同。当时存在两个严重问题：第一，默多克是澳大利亚公民，美国法律禁止外资拥有制；第二，他无法获得美国法律的许可，在纽约和芝加哥等拥有自己报业的城市里同时拥有电视台。然而，默多克将这桩潜在交易视为难得的良机，他很少有机会在主要市场上以同等价格买下一批独立电视台。

与克鲁格进行了数月的讨价还价之后，默多克同意以20亿美元买下全

第七章
整饬内务，持家有方

部 7 家电视台,再将波士顿电视台以 4.5 亿美元转卖给赫斯特国际集团。默多克询问当时仍在考虑是否参与交易的戴维斯:倘若决定投资,能否把电视台及制片厂一同买下? 与此同时,戴维斯却认为将近 6 亿美元的价格对他而言过于高昂。而且他尚不准备卖掉制片厂。

1985 年 6 月,即将与克鲁格签订合同时,戴维斯作出明确决定:他不愿做一揽子交易。他还意识到自己在福克斯的地位摇摇欲坠。现在,他和迪勒几乎无话可说;迪勒几乎将他与制片厂的日常事务完全隔离。戴维斯决心在告别时尽可能获得丰厚的利润。他将迪勒参与默多克新近的电视台收购作为筹码,宣称迪勒参与此类活动构成违约。

默多克另行支付 2.37 亿美元的现金,购入戴维斯剩下的 50% 的福克斯股权。(他还放弃澳大利亚国籍成为一个美国人,因此美国法律允许他拥有电视台。)戴维斯仍旧拥有圆石海岸高尔夫球场(Pebble Beach Golf Course)、一座位于阿斯彭的滑雪场,以及福克斯的其他房地产项目,他带着丰厚利润离开了福克斯。最好的估计是:戴维斯最终获得 5 亿美元,其中包括数亿美元的利润。

金钱却丝毫没有减轻他对巴里·迪勒的敌意。"我错就错在追错了派拉蒙的执行官,"他离开福克斯 2 年后告诉记者兼作家亚历克斯·本·布洛克(Alex Ben Block)。"如果我只追迈克尔·艾斯纳并让他经营制片厂……就会取得成功,我仍将拥有 20 世纪福克斯"。

戴维斯的马后炮让每个人都猜想:他若与门生合作是否比与导师合作更为顺利? 尽管艾斯纳为人温和热情,比起迪勒既保守又经常冷冰冰的举止更受戴维斯欢迎,但福克斯的经营当时却绕着盈亏平衡点上下徘徊。财源几近干涸,戴维斯坚决不肯自掏腰包回填资金。他做过石油钻探买卖,但他把四分之一的潜在利润卖给别人当作勘探回报,拖别人承担财务风险。

福克斯吸引过戴维斯,因为它代表一段好莱坞历史,一次接近绚烂的演艺圈并融入其中的机会。最重要的是,这看起来是一笔不错的买卖,只要他抱着与投身石油行业相同的态度投资制片厂:寻找合作伙伴、尽量扩大利润、尽量减少个人风险。当需要依照合约规定补充福克斯短缺的资金时,他却退缩了。

无论戴维斯选择谁来经营节目,他都只是把制片厂视为一批资产,与他的油井或房地产几乎别无二致。相反,默多克有着更广阔的投资构想,他发现迪勒是实现这一构想的最佳搭档。担负财务风险只是自己追梦过程中的另一步。

第八章　第四网络，招兵买马

鲁珀特·默多克和巴里·迪勒渴盼通过创建新的电视网向前发展。他们充分意识到：如果成功，自己将实现旁人40多年都未实现的愿望。业内各种唱反调的人甚至在电视网的名称尚未确定前，就预测它将寿终正寝。不过充斥怀疑和宿命色彩的言论并未影响迪勒和默多克。第四电视网是一次翘首以待的良机，梦想成真的极大可能让二人兴奋不已。

默多克一面作出艰难的商业决定，一面对惯例嗤之以鼻，并自行创建了一个覆盖三大洲的帝国。默多克的父亲是一位受人尊敬的记者，他本人则统领澳大利亚最大的报业连锁。默多克的事业开始于20世纪50年代初，当时他在父亲亡故后接管了两份正在亏损的阿德莱德市区小报，并将其扭亏为盈。10年临近尾声时，随着电视在澳大利亚的出现，他赢得国内第一批电视台的多数股权，还发行了一份仿效《电视指南》(*TV Guide*)、名为《电视周刊》(*TV Week*)的杂志。随着业务广度的延伸与业务范围的拓展，他成为澳大利亚著名的小报之王。他的影响力随着他收购《太阳报》(*The Sun*)和《世界新闻报》(*News of the World*)迅速扩展到英国。

1973年，他越过大西洋并买下美国得克萨斯州圣安东尼奥市的两份报纸。从那里开始,他向东迁移。同时,他创办了追寻时尚的煽情小报《星报》(*Star*),与超市收银台的最爱《国家询问者》(*The National Enquirer*)抗衡,进而维护了自己黄色新闻[1]掌门的声望。1976年,他买下《纽约邮报》并将其变成一份政见保守的小报,其标题生动,带有强烈倾向性的新闻稿件似乎经常越界成为社论。

默多克与迪勒联手时,已经收购了《纽约》杂志、《乡村之声》(*Village Voice*)和《伦敦时报》(*The Times of London*)。对于《伦敦时报》这份地位崇高的杰出报纸的社论内容,默多克明智地选择原封不动。他与迪勒的不同之处在于,他采用一种相对顺其自然的管理方式运营公司,只要确保各个团队达成自身的绩效目标,即便再小的职员也能获得极大的自主性。这让他能抽空设计更宏大的图景,其中包括利用在1985年秋瞬即被载入电视历史的机遇。

根据美国联邦通讯委员会(Federal Communications Commission,FCC)的规定,一家电视网是指,每周至少占用15小时节目时间的一组电视台,电视网不得以联播视频为目的出售节目。多亏哈里斯·凯特曼及其部门开发的各类系列片,福克斯公司才通过联播视频获得大量急需的收入。由于投产的新片不多,制片厂靠这笔钱维持运转。

另一方面,广告商为电视网节目支付的费用多过地方或联合节目。因此,迪勒和默多克面临的难题是:如何使一组联播电视台成为麦迪逊大道广告商眼中的电视网,又不被联邦通讯委员会确定为电视网呢?

解决方法比较简单。欲盖弥彰的电视网每周一晚或尽可能每周两晚,在20:00~23:00的黄金时段播放节目。迪勒的希望与目的是开发一批精彩节目,使联播台、广告商,尤其是观众相信:先前隶属于媒体国际公司的电

---

[1] 黄色新闻,或黄色新闻学,是新闻报道和媒体编辑的一种取向。得名源于19~20世纪之交纽约漫画专栏《霍根小巷》中的主人公"黄孩子"所引发的漫画专栏争夺战(普利策与赫斯特之争)。这里的"黄色"并不等于色情。而且最初的黄色新闻并没有色情成分,主要以耸人听闻著称。后来的黄色新闻则不仅限于色情一隅。在理论上,以煽情主义(sensationalism)新闻为基础;在操作层面上,注重犯罪、丑闻、流言蜚语、灾异、性等问题的报道,采取种种手段迅速吸引读者注意,同时策动社会运动。——译者注

视台改换的不只是名称。

他必须从基础开始搭建电视网,使创建的结构能够支持羽翼初长的企业。同时,经营制片厂需要担负日常职责。尽管他和默多克决定让制片厂、电视台和电视网保持为三个不同的法人实体,迪勒仍需负责整体营运。他还需要好莱坞社区的配合,为他提供适合电视网的作品。

当年秋冬时节,迪勒在自己的私人会议室举行了一系列笼络关系的午餐,招待了好莱坞顶尖的制作人、编剧和制片厂执行官。他知道宾客的职业决定了他们既怀疑又乐观的态度。总想另投明主的他们,由于项目失败遭受了太多次伤害,自然担心重蹈覆辙。迪勒要让他们不再担心福克斯电视网是另一张空头支票。他想告诉他们:与其他电视网相比,福克斯欢迎更富创意的节目制作;与之前一直遇到的情况不同,他们将获得更多的自由并远离官僚政治。

他这招非常高明。迪勒没有通过召开大型记者招待会宣布新兴电视网投入运营,而是悄然向娱乐界的精英们展开追求,既满足他们的自尊心,也让他们的钱包鼓起来。鲁珀特·默多克也出席每一次的午宴;二人其实准备经常造访洛杉矶。

全权负责各项事务的默多克,仍被包括好莱坞在内的许多圈子视为低级庸俗小报的发行者,他的《纽约邮报》曾夸耀似的将名声欠佳的"无头尸身惊现香艳酒吧"(Headless Body Found in Topless Bar)作为皇后酒馆谋杀案报道的标题。他和迪勒希望大家不再认为默多克来者不拒,只对赚钱感兴趣。他们还希望来宾相信:迪勒将经营电视网,默多克愿意为电视网的运作提供所需的经费,直至电视网通过盈利证明不再需要他的支持。

还是那年秋天,迪勒开始为新的电视网招兵买马。他打破常规地舍弃了拥有多年电视网工作经验和上佳工作业绩的从业者,青睐显现潜质、学习兴趣和进取心的参选者。无论他是否意识到这一点(他很可能并未意识到,因为迪勒以反对自我分析闻名),他寻找的人选酷似20年前被美国广播公司的伦·戈德堡雇为个人助理的年轻的巴里·迪勒。他采用相同标准雇用过迈克尔·艾斯纳和杰弗里·卡岑伯格,事实证明这项战略甚是成功。

杰米·凯尔纳（Jamie Kellner）是迪勒为电视网物色的第一人。44岁的凯尔纳是地道的纽约人，起初在哥伦比亚广播公司的管理培训计划中负责电视项目。依约为哥伦比亚广播公司的特别产品部达成一桩利润丰厚的交易后，他迁往按政府要求从哥伦比亚广播公司分离出来的维亚康姆企业（Viacom Enterprises），出售联播节目。此后他在电影之路公司（Filmways）供职，负责过《美国警花》（Cagney and Lacey）、《好莱坞广场》（Hollywood Squares）等节目的制作。

与迪勒和默多克会面后，凯尔纳断定自己喜欢迪勒所说的转变现有电视网格局的构想。尽管他从同事和朋友那里听说了为迪勒工作的风险，但想到能从零开始奋斗，让其他像远古恐龙一样因墨守传统而无法体现差异、突破平庸的电视网蒙羞，他就无比兴奋。

1986年2月，凯尔纳与福克斯签约，担任电视网总裁。此后不久，迪勒收到大卫·约翰逊（David Johnson）的一封信；由于首都传播公司（Capital Cities）买下美国广播公司，这位46岁的电视顾问最近丢了在美国广播公司电视台的饭碗。约翰逊在《华尔街日报》上看到一篇讲述福克斯新型风险投资的文章。在信中，约翰逊概述了他眼中三家老牌电视网犯的错误，并告诫迪勒切勿雇佣会重蹈覆辙的人。约翰逊的求职方式让迪勒印象深刻，迪勒封他为广告部和联播台关系部的负责人。事实上，约翰逊成为电视网相关生意上的顶梁柱，这部数字捣弄机通过估算和预测，帮助作出关键决策。

随后加入团队的斯科特·萨沙（Scott Sassa）曾在电视领域担任各类执行官，最近在花花公子有线电视频道供职。此后他成为全能型内野手[1]，不但负责财务、促销和广告事务，还要与联播台建立关系。在萨沙的引见下，迪勒又从全国广播公司雇来加思·安希尔（Garth Ancier）和凯文·温德尔（Kevin Wendle）开发节目。安希尔和萨沙一样，才25岁左右，在全国广播公司负责节目制作。作为全国广播公司电视网主任布兰登·塔奇科夫（Brandon Tartikoff）的前任助理，他曾参与开发《考斯比一家》（The Cosby

---

〔1〕内野手是棒球中的防守位置，顾名思义是指防守内野的球员。——译者注

Show)和《黄金女郎》(*The Golden Girls*)等全国广播公司的畅销大作。温德尔成为迪勒的二把手,原本担任戏剧开发导演的他来到福克斯的二号节目制作地。

3月底,迪勒召集麾下的核心制作团队经营仍未命名的电视网。一天下午,迪勒、默多克和他们的5名全新雇员参加了一场头脑风暴会议并作出一项决定,第四电视网被定名为福克斯广播公司(Fox Broadcasting Company,FBC)。

即将推出和经营福克斯广播公司的管理团队休会后来到贝弗利山一家名为曼德琳(Mandarin)的中餐馆。有些参加晚宴的人没有再参加此后多次举办的周年晚宴,但在这个欢庆的夜晚,成功的可能和彼此的友情让大家激动不已。默多克举杯祝酒时借机总结道:"环顾四周,让我们互祝成功,将今夜当作征程的起点。我们要将今夜长存于心。"随后,他公布了一条将极大影响电视网格局与发展的头号机密。

数月前,他和迪勒权衡过如何最大限度地赢得关注与信誉,帮助电视网开疆扩土。答案却向他们自动走来;1986年早些时候,喜剧女演员琼·里弗斯(Joan Rivers)的律师彼得·迪科姆(Peter Dekom)给迪勒打去电话。里弗斯及其丈夫埃德加·罗森堡(Edgar Rosenberg)希望另寻良机,超越她在约翰尼·卡森的《今夜秀》(*The Tonight Show*)中长期嘉宾主持的地位。尽管里弗斯深深感念卡森对她的提携,全国广播公司却似乎迟迟不能决定是否与她续签合同。在丈夫的敦促下,她表示:如果条件足够优厚,就愿意加盟福克斯广播公司。迪科姆希望了解迪勒是否也有兴趣。

迪勒岂止有兴趣。["没等我的律师挂上电话,他们就脚踩滑板似的冲过来,"里弗斯在1990年10月接受《名利场》的乔纳森·凡·米特(Jonathan Van Meter)采访时这样描述。]让里弗斯成名的深夜脱口秀正好能作为备受瞩目的节目,为福克斯赢得自身需要的关注与信誉。此外,从全国广播公司和卡森手中挖走里弗斯,也是新兴电视网漂亮的一击。

迪勒盘算过,雇佣里弗斯稳赚不赔。如果她在收视率上打败卡森,就将缔造一个电视奇迹。纵然无法取胜,黑夜之王(King of the Night)中里弗斯极为大胆的戏剧性攻势也能为福克斯赢得价值数百万美元的免费宣传,以及电视业的尊重。

此类节目的成本也是重点考虑因素。脱口秀是费用最低的电视制作形式。只需要在一间摄影棚里架起两到三个摄像机,邀请一位免费出场的观众和几位拿最低酬劳的嘉宾明星。开销最大的是请节目主持人的费用,但男女主持人的价格都相对较低。以约翰尼·卡森为例,当他在全国广播公司最赚钱的单人节目中一年为电视网挣得3 000多万美元时,他的年收入在500万~1 000万美元之间。

喜剧俱乐部出演单口喜剧时,里弗斯有一次在后台见过迪勒和一些他的好莱坞朋友。迪勒的魅力让她印象深刻,当迪勒邀请她和她丈夫到自己位于贝弗利山的住所商讨她是否愿意迁入福克斯的问题时,印象再次加深。里弗斯被他的温和与真诚蒙蔽,后来她才熟悉了迪勒愤怒时呈现的阴暗面。迪勒拿自己在贝弗利山成长的故事取悦他们。他在巴结里弗斯和罗森堡的同时预言约翰尼·卡森的收视率会下滑,并表示愿意在福克斯广播公司为她度身打造一档深夜电视节目。里弗斯听说迪勒是一位既强硬又热心的商界大腕,然而在那个下午他没有显露一丝与自己声名相符的痕迹。

然而,里弗斯仍不情愿背弃老东家。根据推测,她的名字已经从传说中全国广播公司准备好的一份最有希望接任卡森工作的候选人名单中消失。但当卡森最终决定退休时,她却非常希望接替他在《今夜秀》中的职务。她对卡森的忠诚也使她在感情上难以接受福克斯的聘请。迪勒在家召开了第二次会议,在接下来的讨论中她和罗森堡就合同条款动了真格,最终协议达成。

福克斯按她的要求,将合同期限定为3年。3年内,她将获得500万美元的年薪。由她负责对《琼·里弗斯晚间脱口秀》(*The Late Show Starring Joan Rivers*)进行"艺术把控",合约在措辞上还特别保证,"节目的制作质量与人员配备至少要与《今夜秀》等同"。罗森堡和里弗斯的经理比尔·萨麦斯(Bill Sammeth)被任命为执行制作人。

尽管即将成为福克斯广播公司成功代言人的里弗斯要肩负重任,生性

巴里·迪勒与波姬·小丝(Brooke Shields)出席《哈泼时尚》为阿威顿举办的正式晚宴,1994年。[全球图片公司/丽莎·罗斯(Lisa Rose)供图。]

紧张忐忑的她却无法抗拒这样一笔诱人的交易。她的新节目原定于10月首次露面,迪勒却决定在5月6日的记者招待会上公开这条消息。甚至在消息公布前,福克斯和里弗斯的关系就已开始紧张,双方对由谁实际负责和如何处理事务保持不同观点。里弗斯特别在意约翰尼·卡森的反应。就在记者招待会召开之前,她试图打电话通知对方,但没能打通。心烦意乱的她还是出现在记者招待会上,在迪勒和凯尔纳身旁异常专业地应答各类问题。

媒体和非网络电视台的反应,完全符合迪勒此前的期望。当福克斯广播公司的最高领导得知将由里弗斯主持节目时,都认为她高达1 500万美元的价码似乎绝对物有所值。她脱离全国广播公司的消息成为封面标题,非联播电视台经理争相与福克斯广播公司签约。

迪勒告诉出席记者招待会的各方人士,默多克保证支持这家尚未出世的电视网并注资"1亿美元……无论那些不归我们所有也不由我们运营的电视台是否愿意与我们签约"。几乎一夜间,迪勒不再为缺少联播台发愁。

福克斯广播公司以正面宣传手段回应卡森的质问,但《琼·里弗斯晚间脱口秀》的问题几乎从第一天起就出现了。遵照合约,福克斯有义务制作质量能与《今夜秀》媲美的节目,但迪勒现在似乎不愿花费取得同等质量所需的资金。如里弗斯所说,"抢夺控制权的争斗从第一周就开始了。合同保证我能把控节目创作的各个方面,实质上是说我有权把控摄制内容。但在头几天我就发现巴里·迪勒在心里撕毁了合同"。

里弗斯开始感到她和迪勒似乎无法就任何事情达成共识:她不能为她和她的职员争取足够的空间。迪勒付的钱不够为节目请来好编剧。她一直不停地抱怨迪勒和福克斯。围绕自己是否全权负责艺术把控,里弗斯和迪勒在极为模糊的合约措辞上各持己见。

里弗斯说,合同条款表明她有权舍弃现场直播,采用与《今夜秀》相同的录播方式制作节目。错误和无趣或平淡的部分能够在播出前从录像带里被剔除,这样里弗斯和她的嘉宾就能给观众呈现最滑稽、最逗趣的形象。录播节目还意味着:当里弗斯在恺撒宫有演出安排时,无须连夜赶乘从洛杉矶飞往拉斯维加斯的航班。相反,迪勒却希望通过直播为节目带来竞争者缺乏的自发性。他的意见得到落实,里弗斯在就艺术把控进行的第一轮战斗中告负。

冲突延伸到鸡毛小事上,譬如,福克斯应该为全体剧组人员还是只为资深员工支付午饭费用,以及制片厂应不应该支付茶点费用。福克斯摄影场里原先放了一台冰箱,里面装有软饮料和瓶装水,但迪勒最终差人搬走冰箱,留下一条投币启动式苏打水枪。

除了琐碎又恼人的杂事,更大的问题同时浮现,例如,由谁来担任节目的制作人。直到当年夏末双方才达成一致,此时距离节目闪亮登场只有几个月,之前《今夜秀》的执行制作人布鲁斯·麦凯(Bruce McKay)最终受聘。迪勒和里弗斯争论的另一大问题是:预约哪些嘉宾?以及每集节目里应该出现多少嘉宾?里弗斯希望每晚有4位嘉宾出场;迪勒希望嘉宾人数更少,这样就能利用更多访谈的机会为福克斯广播公司制造新故事和免费新闻报道。

让里弗斯始料不及的是,她的处境极为不利。由于观看该节目的观众人数有限,明星们不太愿意通过这条渠道宣传自己的新电影或新书。更吓人的是,约翰尼·卡森不但认为里弗斯背叛了他,还在对方跳槽的事被新闻媒体曝光后大为震怒。有传言称:凡是出现在里弗斯节目中的人都会被《今夜秀》封杀。崭露头角的年轻喜剧演员和已成气候的明星大多不敢为这件事触怒卡森。同时,迪勒没有履行承诺,动用他巨大的影响力吸引明星参与节目,导致她能够挑选的嘉宾十分有限。

收到过死亡威胁的里弗斯担心自己的人身安全。她要求迪勒雇佣私人保安为制作自己节目的制片厂巡查。但迪勒拒绝了,他不愿增加更多开支。

双方正式对战。每当里弗斯认为自己有权左右节目的制作和内容时,真正的权力都落在迪勒手中。这位永远的完美主义者,坚持亲自过问所有细节,甚至包括里弗斯在演员休息室的装饰,就因为嘉宾和其他重要访客要在那里坐等出镜。

里弗斯设计的一个标志恰如其分地体现了从首次公演之前开始两人就已严重恶化的关系。她在自己化妆室的一面墙上挂了一张自己与迪勒在5月份记者招待会上牵手的合照,照片的当中部分却被她撕下。两张被一分为二的图片之间的距离,暗示她每次想起这位新老板时的感受。等到节目播出,两人的嫌隙已非同小可。

此时的迪勒处境艰难,他还要设法拯救福克斯严重衰落的电影制片厂。18个月前,从迪勒进入福克斯时就主管电影制作的劳瑞·戈登,被诊断患有心脏动脉阻塞,最终需要接受外科手术。在医生的敦促下,他决定告别制片厂充满重压的环境。

1985年12月,迪勒请来曾在使馆传播公司(Embassy Communications)任职的艾伦·合恩(Alan Horn)接替戈登。两人几乎很快发现各自的工作方式迥然不同。曾认为自己是被雇来经营制片厂的合恩,时常愤愤不平地和迪勒就每个决策与项目展开争论。"我们根本不能在责任分配上取得一致,"合恩后来概括了他在福克斯时的境遇。

合恩离任时,受命只批准制作少量电影的迪勒临时接管制片厂。他现在既要决定将哪些电影剧本投入福克斯的生产流水线,又要通过与其他职员的协作将联播台和广告商吸引到福克斯广播公司。他还有一项紧迫的任务:为即将在大肆宣传中成立的电视网开发黄金时段节目。

去年秋天,他在自己举办的午宴上向一群特意邀请来的创意界人士保证:福克斯广播公司将进一步鼓励创作自由,驱策公司旗下新的电视网超越已有的三家电视网。现在他必须兑现承诺。为吸引顶尖制作人和编剧,他提出:不得在推出新电视剧前,将试播剧集作为查验和批准项目的依据。但这项举措完全有违行业惯例。

在迪勒门前大排长龙的首批业内执行官中包括迈克尔·艾斯纳和杰弗里·卡岑伯格。1986年年末,冰释前嫌的三个人在艾斯纳家中商讨如何促成迪士尼与福克斯的合作。业内传言称,美国广播公司正考虑将《迪士尼周日影院》(*Disney Sunday Movie*)从自己的周末节目单中删去。迪勒坐等着从美国广播公司手中接过这条接力棒。艾斯纳却庆幸自己保住了在美国广播公司的电影播映权而且另有打算。迪士尼1986年的畅销作品《贝弗利山奇遇记》(*Down and Out in Beverly Hills*)捧红了贝特·米德勒(Bette Midler)、理查德·德莱福斯(Richard Dreyfuss)和尼克·诺尔蒂(Nick Nolte)。艾斯纳和卡岑伯格希望根据该片,衍生式地制作一部30分钟情景喜剧。但到目前为止,演员阵容(原先的演员并不参演该剧)和剧本都没有确定,试播剧集也不会出现。迪勒相信自己以前的门生,同意制作9部剧集。

同时期迪勒批准制作的其他项目包括:与制作人兼导演詹姆斯·布鲁克斯(James Brooks)达成的一项非常自由的交易。此时布鲁克斯正在为福克斯制作一部名为《广播新闻》(*Broadcast News*)的电影。迪勒急需布鲁斯为福克斯的电视制作效力,他甚至同意设立一项电视剧开发基金,帮助布鲁克斯筹集创作试播剧集所需要的经费。布鲁克斯得到保证:由他开发的节目和他认为值得播出的节目,每部都有26集。

开发过《洛克福德档案》(*The Rockford Files*)、《通天奇兵》(*The A-Team*)和其他畅销作品的制作人斯蒂芬·J. 坎奈尔(Stephen J. Cannell),也与公司达成协议,负责创作专门针对年轻人的惊险动作片。在由他制作的每集长达一小时的电视系列剧《龙虎少年队》(*21 Jump Street*)中,一组警察潜伏在一所充斥毒品和帮派争斗等问题的中学。

此外还有迈克尔·莫伊(Michael Moye)和罗恩·莱维特(Ron Leavitt

第八章
第四网络，招兵买马

两位编剧创作的 30 分钟情景喜剧；二人曾参与《杰佛逊一家》(*The Jeffersons*)和《银匙》(*Silver Spoons*)的工作。他们创意的基础是一户蓝领家庭，这与由比尔·考斯比(Bill Cosby)推出并且深受欢迎的赫克斯塔布尔家族形成反差。

莫伊和莱维特在全国广播公司开发《银匙》以及多部试播剧集时，就结识了加思·安希尔。安希尔邀请二人加盟福克斯广播公司，因为他们似乎完美体现了电视网的宗旨，即突破传统节目制作边界。莫伊和莱维特为可能尝试到新事物欢欣鼓舞。"我们希望找到一家不同的电视网，"莫伊在 1995 年的采访中说，"我们希望向观众呈现他们无法在任何其他电视网看到的东西。"

在北卡罗来纳州土生土长的莫伊称自己"不是一位来自纽约又登上哈佛快车的杰出人物，"他与莱维特在《杰佛逊一家》的合作中相识。具有讽刺意味的是，靠写电视剧本营生的两个人却因为彼此憎恶索然无味且过于千篇一律的情景喜剧走到一起。

早在莫伊和莱维特得知福克斯计划进行"不同节目制作"之前，二人就有了他们的节目构想。他们认为：喜剧大王萨姆·肯尼森(Sam Kennison)塑造的恼人的舞台角色，如果能和吕珊·巴尔(Rosanne Barr)出演的同样刻薄的舞台角色联姻，会很有趣。他们当然知道向任何一家电视网兜售这项创意都显得太过激进，但他们非常喜欢这个构想，用莫伊自己的话说，"只是为了让我们在制作其他各类可怕的情景喜剧时，保持清醒……所有人都紧跟考斯比的风潮，毛衣加干净牙齿"。当安希尔告诉他们福克斯广播公司正在寻找其他电视网不愿播放的素材时，两人说，"试试这个"。

"这是一项长期投资，"迪勒曾谈及福克斯的电视网概念，"即使我们无法在 6 个月里创造利润，也不必从任何一扇窗户跳出去"。

尽管他出言谨慎，福克斯广播公司也在第一年不出所料地损失了 5 000 万美元，福克斯的制片厂却于 1986 年制作了多部相当成功的叫座影片，包括：赚得 1 亿美元毛利的《尼罗河宝石》(*The Jewel of the Nile*)，以及《异形 2》(*Aliens*)和《变蝇人》(*The Fly*)。迪勒还找到一位他相信能够代替合恩担任总裁兼首席运营官的人选。他的朋友和以前美国广播公司的老板伦纳德·戈德堡近期担任过独立电视制作人,现在负责福克斯的电视和电影制作。

原本待价而沽的新生电视网签下将近100家电视台,拥有1亿美元资金来制作富有想象力的节目。1986年秋,当《琼·里弗斯晚间脱口秀》在10月份的第二周播出时,迪勒完全有理由感觉乐观。然而上映后的两周内,它的收视率由最初的3%~4%下滑到2%,观众不及收看《今夜秀》人数的一半。

在独立电视台播出里弗斯的节目之前,相同时段的观众人数较多,只是收视率较低。但迪勒的担心不无道理,因为收视率决定联播电视台对节目的接受度,这个概念在业内被称为"清仓",即愿意承接节目并花时间播出的电视台数量。

打个比方,如果全国所有100个主要市场里都有一家电视台与约翰尼·卡森一样在晚上23:30播出节目,福克斯就具备了竞争优势,因为它能够向广告商提供大批观众。相反,如果只有为数不多的电视台负责节目清仓,或者没有在凌晨3:00以前完成清仓,广告商俘获的观众会非常有限,福克斯获得的广告收入也就不高。

通过A. C. 尼尔森市场研究有限公司(A. C. Nielsen Company)等受众调查公司呈报的收视点数据,就能判断节目观众的规模,或称电视网向广告商提供的观众人数。福克斯广播公司的数字捣弄员希望琼·里弗斯的节目获得6点,即在那个时段6%的用户打开电视机是为了收看《晚间脱口秀》(*The Late Show*)。

事实上,1986年秋季到初冬这段时间,一直反响平平的节目在赚钱方面不成问题。但迪勒认为这个排名不够好,他曾幻想节目取得6点——作出这项预期似乎并不明智。当节目没有满足这些期望时,迪勒失望至极。

他曾抓住机会将琼·里弗斯带入福克斯,曾向她和罗森堡大献殷勤,即使里弗斯在离开全国广播公司的问题上摇摆不定他仍穷追不舍。他曾向默多克举荐过她,还担保默多克不会为支付1 500万美元的薪酬感到后悔。尽

第八章
第四网络，招兵买马

管在节目成形的过去 5 个月里，迪勒对里弗斯的信任因为二人在创意把控上的分歧动摇了，他还是希望里弗斯能够为电视网实现开门红。

迪勒丧失了原本在危急时刻能够帮助他化险为夷的耐心与远见。他之前从未遭遇如此明显的失败。当然，在美国广播公司和派拉蒙时，他也尝过电视节目和电影反响欠佳的苦果。但那些都是小挫折，是大丰收里偶尔混入的一两个烂苹果。被马丁·戴维斯斗败之后，他选择离开，又喜获 20 世纪福克斯公司的主席职位和一份首开先河的合约。在紧闭的门后，他和马文·戴维斯时常发生冲突，两人都有充分理由尽量隐瞒相互间的口角。

然而，《今夜秀》的问题迅速成为既明显又公开的事情。为了哗众取宠，业内的谣言工厂加班加点地运转，围绕里弗斯、罗森堡和迪勒三位当事人的反应大造舆论。迪勒作为好莱坞最注重隐私的人，不可避免地失去庇护并受到伤害，里弗斯则在努力适应新的深夜节目。

她和罗森堡整个夏天都在辛苦筹备第一季节目，但节目仍然不可避免地陷入困境，虽然这只是时间问题。传说中无法容忍瑕疵的迪勒，不允许福克斯广播公司的金牌制片厂受到一丝玷污。他希望赶在排名再次跌落、损失无法控制前，及时弥补不足。

不出所料，迪勒对里弗斯和罗森堡采取行动并且严厉斥责了他们。他聘用里弗斯是因为她不但蛮横而且与众不同。现在他却让她收敛锋芒、锉平由她扮演的舞台角色固有的棱角。

他延续了在美国广播公司时形成的风格，撇清自己和问题的关系。双方再也不相互登门拜访，更不假装热络。关系急转直下，以至于迪勒拒绝接听里弗斯的来电，拒绝亲自与她接触。迪勒的手下为了"修整"节目与她和罗森堡见面讨论更多调整内容时，双方的律师总是陪同前往。《晚间脱口秀》摄影场后台剑拔弩张的紧张气氛是福克斯广播公司在开发其他节目时都未曾出现的。事件将以谁都没有料到的悲剧收场。

第九章 内情真相，各执一词

"我觉得自己像一个小孩，被亲吻的同时又在挨耳光；我受雇来突破电视的限制，现在却有人告诫我，'不要惹是生非'。"琼·里弗斯回顾自己在福克斯当深夜女王的那段既短暂又不愉快的执政岁月时这样说。

为了进一步控制里弗斯的节目，迪勒接连调派下属同里弗斯以及如影随形般为妻子充当顾问、卫兵与发言人的罗森堡沟通。在片场能明显感觉他们的存在，大家都知道他们在向迪勒报告一切事情的进展。

迪勒甚至执意要求在每集节目播出之前将剧本呈送给他和他的直属工作人员，让他能够编辑内容。迪勒曾这样描述自己，"这是我的谋生方式。我把别人的创想拿来并加以雕琢，"他认为自己只是在负责电视网的业务。里弗斯和罗森堡面对他近乎审查的干涉火冒三丈。

福克斯告诉他们以及其他与福克斯广播公司签署工作合约的创意团队：与其他电视网不同，没有审查员站在他们肩头判断节目的内容是否符合美国公众的口味。他们甚至夸口保证：为开发中的情景喜剧和戏剧设计的剧集试播，不会依循新连续剧的标准操作流程接受市场测试。

迈克尔·莫伊特别开心地得知他和罗恩·莱维特编写的试播剧集（该

节目一度被这二人和福克斯戏谑为"考斯比一家的对头")不会借由预审了解试映反响。他认为,这类筛检"最浪费时间"。然而,剧集试播刚刚准备就绪,福克斯就改变心意,进行测试。当时有人传召莫伊与莱维特同迪勒和福克斯的其他执行官参加一轮会议。席间,一位业内专家在黑板架上附了一叠图表,一边解构《憔悴潘郎》中每个角色对收视人群的吸引力所在,一边教导其他人。

莫伊与莱维特终于明白:在福克斯他们唯一必须遵守的原则就是制作其他电视网都没有的节目。但现在专家的结论居然是:他们只有让丈夫阿尔和妻子佩格更加相亲相爱,让孩子们更尊重他们的父母,节目才可能成功。对莫伊而言,这等于告诉他,"让它变得像电视上的其他情景喜剧"。他和莱维特起身,大步迈出会议室,莱维特临走时还不忘告诉这位专家,"先生,您,是让电视变烂的元凶"。

争吵很快平息。两位编剧得到保证:他们可以忽视测试结果,节目被拿去做成13集。莫伊和莱维特欢欣鼓舞。没人知道福克斯能否成为一家电视网,但"即便福克斯默默无闻地死去,"莫伊后来说,"也不错,因为它帮助我在半年里远离其他电视网……我们没想到这家电视网会在这么长的时间里受到欢迎,只是觉得至少我们确实在做一档自己真正想做的节目。我们既不必制作有关艾滋病的极为特殊的剧集,也不必制作涉及功能性文盲[1]、帮会暴力或动物权利的极为特殊的剧集……我们乐翻了。"

莫伊的印象是:尽管大家一直紧张《晚间脱口秀》的前途,福克斯那段时期的情绪整体乐观。他的感觉是,"在福克斯的初期,尽管迪勒和我在创意方面可能存在一些分歧,但可以说福克斯高管似乎拥有自己的方向和哲学……我认为福克斯清楚重点。他们有点强横"。

"强横"肯定是琼·里弗斯和埃德加·罗森堡曾用来描述迪勒和福克斯执行官的词,却与莫伊心中的感受有着截然不同的含义。随着冲突升级,同

---

[1] 功能性文盲是指具有阅读、书写或计算能力,但是无法利用这些能力来处理某些日常生活事务的人。——译者注

时还遭受电视批评家苛责的里弗斯，连同罗森堡，觉得被迪勒掀起的批评攻势包围。迪勒认为她过于粗俗，里弗斯则认为她所做的正是福克斯聘用她的目的所在，与过去一样无可挑剔。

担任里弗斯执行制作人的罗森堡，替她扫除障碍并确保她的利益受到合理维护。但罗森堡和迪勒的关系基调在早前的一次会议上就定了。当时气急败坏的迪勒当着满屋人的面隔着会议桌冲罗森堡高叫"闭嘴！"罗森堡一心想要证明自己与迪勒在各方面都不相上下。

福克斯没有提供罗森堡所认为的必需的节目支持时，他就夸张地施加更大压力，要求对方完全依照合同办事。夫妇二人开始觉得福克斯似乎正故意发起一场战争，诱使他们构成违约。沟通很快降格为双方律师间一连串威胁性的口信。

罗森堡两年前接受过心内直视手术，身体欠佳，难以承受与福克斯之间大小战役带来的压力。里弗斯很怕经常性的羞辱与对抗对自己的丈夫不利。

她还担心敌对的环境会让她无法每周5个晚上抵达摄影场，破坏她在镜头前迷人风趣的形象。她和罗森堡心力交瘁，他们精心筹备节目，希望满足自己的高标准、批评家的品味和迪勒的苛求。她还坚持按密集的演出计划，定期在拉斯维加斯和美国其他地区演出。

他们几乎不可避免地开始将紧张情绪宣泄给对方。罗森堡似乎将里弗斯作为与迪勒作战时的杠杆。里弗斯转而开始担心丈夫是否负担过重。有一天恰逢她在摄影场，他打电话说感觉自己中风了。里弗斯冲向医院来到他的身边，几乎误了节目。中风结果被证明是虚惊一场。此后她的担心却加剧了。

问题或许可归结为一类气氛的作用。人人都说迪勒难以取悦。但一些人比其他人更能接受他的直爽方式，以及直率到平常极其粗鲁的言辞。

为《特蕾西·厄尔曼秀》(*The Tracey Ullman Show*)配制2分钟《辛普森一家》动画短片的马特·格勒宁(Matt Groening)在初识迪勒前，就听说过他"出名的凶暴"。他却从未实际见识过，也从未沦为迪勒泄怒的对象。

他感觉迪勒"极其直率",他也欣赏迪勒时常表现出的专注。

波利·普拉特(Polly Platt)是另一位知晓迪勒声誉的好莱坞创意社成员。见到迪勒之前,她就听说他"直言不讳、坦率,有时还很野蛮"。迪勒的朋友路易·马卢(Louis Malle)曾告诉普拉特,"迪勒不是特别喜欢《艳娃传》(*Pretty Baby*)——这部1978年的派拉蒙影片由普拉特编写剧本、马卢导演"。她和迪勒的初次邂逅是在派拉蒙制片厂为该片召开的会议上。

"炎炎夏日里,这位圆头圆脑,在我眼中魅力无穷还嵌着一对蓝眼睛的男人走进来。他身穿一件衬衫,衣领和袖口笔挺,衬衫的其余部分却是透明的。它可能用了最上等的棉料,薄得能够看清他的皮肤,还能知道他没有穿汗衫。他的腋下留着两块新月形的汗迹……这很性感,这让他看着很性感……他和我以前见过的所有人都不一样……他没敲门。他径直走入办公室。他站在那里听我们谈话的内容。然后他穿过房间,出去时丢下一句话:'我讨厌这个标题。'他根本没有打招呼或者介绍自己。他离去时,我们都耸了耸肩"。

1987年,普拉特参加合拍了由詹姆斯·布鲁克斯编写并指导的圣诞节畅销电影《广播新闻》。借此,她对执掌福克斯的迪勒有了更深的了解。"看得出他头脑敏捷,"她说。"我们还没有(给电影)起名。拍摄时我们给它取名为'无题'。拍摄结束时,我拿到的纪念夹克[1]背后就写着'无题'。吉姆·布鲁克斯说,'我们打算给它取名为《新闻摘要》。'迪勒却立刻回应,'不,别叫《新闻摘要》。改叫《广播新闻》吧。就这样。'换成其他制片厂执行官会说,'噢,这个名字有趣。让我想想,'因为他们不敢直接顶撞吉姆这样一位权威电影制作人……迪勒却说'不',而吉姆也接受了。"

被里弗斯和罗森堡认为至少难以共事的这个男人,却被普拉特称为"明察秋毫的决策者。他做过一些非常有趣的决策。我不是说他能未卜先知或了解最优秀的电影。我只是说他似乎善于发现与众不同的事物"。

回想在迪勒家参加派对的普拉特,称这些活动"装点华丽。我们开来了

---

[1] 电影制作公司为影片工作人员特制的纪念夹克。——译者注

大轿车,他则提供周到的代客停车服务。大家完全不用等待"。

她特别提及并欣赏"他对花的迷恋。当我走进他在福克斯的办公室时,就会见到咖啡茶几上摆放着异国鲜花,那不是平常的康乃馨或者玫瑰。他的技艺远胜时下搭配异国花卉的花匠"。

"我觉得很有趣,这样一位权威人士喜欢让如此娇艳的花朵漂浮在自己办公室内美丽的玻璃容器里。他的办公室总是布置得相当干净、井井有条,桌上没有纸。他的办公室趋近日本风格"。

"他的住宅更加传统。更多的色彩调控,红色和白色的花交相辉映。从来没有五花八门的布置。他的餐桌很漂亮,食物也精致"。

普拉特对迪勒总评如下:"巴里会告诉你他的想法。我喜欢巴里·迪勒,因为他从不掩饰。他非常直接。离开巴里时,你既不用担心他是否在对你说实话,也不用担心他能否正确评价你的作为。感觉很爽快。他与众不同。"

马特·格勒宁和波利·普拉特将极度坦诚和专注视作迪勒的优点,同样是这些品质却成为里弗斯和罗森堡眼前的绊脚石。琼·里弗斯,用她自己的话说,是"……一位神情紧张的犹太妇女……总是心神不定"。她需要受到恭维、需要有人哄、需要沐浴在赞扬中。但迪勒吝于褒奖,罗森堡的不知变通与固执同迪勒不相上下。他们过度自我的意识相互冲撞,搞得里弗斯左右为难。她一面努力让丈夫身心健康和愉悦,一面希望有办法取悦执拗的迪勒。

这是一项不可能完成的任务。双方相互指责对方不听自己的意见。双方既不愿妥协立场,也不愿合作改进节目。占据上风的迪勒无法忽视当前收视率不佳的问题,为此指责里弗斯和罗森堡。1987年2月初,节目首映式之后不到4个月,迪勒就断定它失败了。

前全国广播公司执行官艾伦·斯腾菲尔德(Alan Sternfeld)于1987年4月加入电视网,他对迪勒在评级游戏中的表现作出如下评价:

"20多年来,巴里的焦点都围绕成败取决于首映当周周末的电影世界。他喜欢妄下结论、试图曲解事实,或者单凭一堆数字了解总体情况。电视收

第九章
内情真相,各执一词

视率很少在一次播出后就达到高潮。模式的形成需要一段时间。理解力和观察力的形成需要一段时间。"

2月,在由福克斯公司执行层、里弗斯、罗森堡和双方律师参加的会议上,迪勒明确表示他已经对里弗斯和罗森堡丧失信心。收视率仍盘旋下滑。他别无选择,只得坚持让福克斯接管节目,决定即刻生效。节目的风格与内容必须修改;否则,他们可能会失去广告商和联播台本已日渐减弱的支持。节目不再属于琼·里弗斯,也不再由她和罗森堡进行创意把控。他们的制作人布鲁斯·麦凯将被解雇,由福克斯选择的一位尚未透露姓名的执行官接替。里弗斯现在只是另一名雇员,这名受雇的表演者别无选择只得听候福克斯的差遣。罗森堡被解除一切职责和职权。

"你这个自命不凡的独裁者!"罗森堡冲着迪勒高叫道,"我不需要这些。我有钱。"迪勒也有失风度且语出惊人地予以还击,"操你的!"

里弗斯和罗森堡痛苦地离开会场;里弗斯认为这辱没了她和她丈夫的信誉和职业精神,因此意志十分消沉,以致这位当家主持人无法接手晚间节目。

3月初,公司雇来乔安妮·戈德堡(Joanne Goldberg)。与此同时,节目收视率在里弗斯休假期间略有攀升,这没有逃过迪勒及其手下的注意。里弗斯刚回到摄影场,收视率却又继续下滑。收视人群也在与她作对。节目在年轻观众中的受欢迎程度不断降低,这些观众却是节目争取的目标,公司曾向广告商特别保证能够吸引他们。

联播台通过里弗斯取得了比之前更高的收视数字。但迪勒认为至关重要的5月电视狂潮就快来临。在这段竞争最激烈的时间里,电视网展现各自最优秀的节目以取得突出的收视数字,进而决定以后6个月的广告费。

新电视网(现更名为福克斯)4月份的上映日期也很快临近。除了始终监督《晚间脱口秀》的情况,迪勒和平常一样,过问着进程中的每个环节。

不满意《龙虎少年队》中男主角表现的迪勒坚持让斯蒂芬·坎内尔(Stephen Cannell)停止制作,直到换用新演员。人选最终落在乔什·布洛林(Josh Brolin)和约翰尼·德普(Johnny Depp)这两位性感小伙子身上。迪勒说,他一见到试演录像带就有了明确的选择:约翰尼·德普被选中出演汉森(Hanson)一角。

迪勒参与的角色远不只包含新任的选角指导。他紧贴公共宣传与广告,摆弄并重塑平面广告和电视预告片。他经常在最后关头提出诸多修改要求,弄得促销部为了按时完工只得全天候工作。

总部位于洛杉矶的恰特黛丝(Chiat Days)广告公司很快被福克斯公司聘请,为4月份电视网的节目上映助阵。这家广告公司功不可没地建议福克斯公司在节目上映当周租下好莱坞山著名的"好莱坞"标志并在上方叠印"福克斯"字样。这项策略引来一些重要地方新闻报道,甚至在全国引起了一定反响。然而恰特黛丝与福克斯的合作非常短促,这主要归结于迪勒事必躬亲惹来的麻烦。

1986年4月11日,福克斯进军黄金时段。星期日晚上节目的首发阵容包括:《龙虎少年队》、《特蕾西·厄尔曼秀》——这部由詹姆斯·布鲁克斯制作的30分钟综艺节目推出了英国的天才喜剧女演员厄尔曼和一批演员,以及《憔悴潘郎》。迪勒同时继续重点关注《晚间脱口秀》的收视率。

他特别担心如果节目5月的收视率继续走低,联播台可能叛逃。得知里弗斯在许多场合无视福克斯之前对她的警告,表现出公司认为无法接受的行为,公然违约时,迪勒终于狠下心肠。

4月底,里弗斯的律师彼得·迪科姆(Peter Dekom)告诉她,福克斯决定终止与她的合约。《琼·里弗斯晚间脱口秀》被取消,决定即刻生效。里弗斯没有愤然起诉迪勒和福克斯公司,而是勉强接受了"大约200万美元"。她的最后一场节目被定在第二天晚上。结束时,观众起身向里弗斯鼓掌致敬。她一路悲泣着离开摄影场,在与自己的部下和同事话别并相拥亲吻时泪流不止。

虽然许多与里弗斯和罗森堡紧密合作的人员遭到解雇,《晚间脱口秀》却被保留播出,每晚由不同的嘉宾客串主持。迪勒和他的执行官却很快发现:里弗斯不像他们想的那样容易被替代。在接下来的几个月,本来人气不旺的节目进一步呈现颓势。观众已经养成了定期收看节目的习惯,因为他们喜欢里弗斯的风格。现在他们却要被迫接受当晚任何一个凑巧坐在桌子后面的主持人。缺少固定主持人很快让收视率一落千丈。

若不是在被迪勒解雇后才两个月发生了那件让自己备受打击的大悲剧,琼·里弗斯本可以对福克斯笑到最后。8月11日午夜时分,埃德加·罗森堡就着威士忌和白兰地吞下2瓶安眠药片,在费城一家旅馆的房间里自杀身亡。无论福克斯的态度在罗森堡的死亡里扮演何种角色,里弗斯对此事的态度都相当明确。一年后,接受亚历克斯·本·布洛克(Alex Ben Block)的采访时,她说,"福克斯从未兑现承诺。他们的做法毫不光彩……我丈夫被逼死。埃德加是被逼死的"。

第十章　情势复杂，盘根错节

巴里·迪勒已经开始创建一家制作另类节目的电视网。至于他能否达到目标，存在一定争议。当然，锐意进取的电视执行官，以及寻求稍稍有别于以往电视网体验的编剧和制作人，都把进入福克斯视为一项有趣的挑战。艾伦·斯腾菲尔德就是这样一位执行官，初涉福克斯的他憧憬能够发现其他地方不具备的创意机会。

斯腾菲尔德在全国广播公司任职期间，加思·安希尔打电话邀请他加盟福克斯。与安希尔见面后，两人就工作情况进行了讨论，安希尔领他走进迪勒的办公室并为二人相互引见。尽管斯腾菲尔德对迪勒的第一印象是他"为人低调、迷人而亲切"，却同时认为"他可能是一根盘绕的弹簧，情绪或许非常起伏不定"。

被迪勒问到想离开全国广播公司的理由时，斯腾菲尔德率直地承认自己在那里工作了8年，却感觉没有得到节目制作负责人布兰登·塔奇科夫的充分赏识。斯腾菲尔德后来回忆迪勒似乎非常同情他的境遇。他表示这样一位年轻才俊感觉自己的专业发展受到阻碍，势必处境艰难，困难也会加剧，因为他正在为一个将功劳统统归给自己的人工作。斯腾菲尔德不清楚迪勒是否在暗示福克斯真的全然不同。但迪勒确实说过斯腾菲尔德在福克斯一定会有许多功成名就的机会,他将这家新的电视网描绘为"一家成长中的企业……和一次冒险"。

根据会谈的情况,迪勒同意安希尔雇斯腾菲尔德来负责黄金时段电视连续剧并协助安排进度。认为自己略有几分冒险者气质的斯腾菲尔德,毫不犹豫地签下了 3 年合约,加盟第四电视网。到福克斯工作令他备感兴奋,他认为自己有机会参加一次新奇且前所未有的冒险。

与迈克尔·莫伊一样,斯腾菲尔德记得 1986 年春在福克斯的心情"非常舒畅和乐观,我们因挑战备感兴奋。我到任时,福克斯的节目已经播出而且已经出现在黄金时段……福克斯正在界定自己的风格"。

迪勒的办公间后面是他的会议室,例会经常在那里召开。大家最常讨论的问题有:"我们想成为行业先锋吗?我们走主流还是另类路线?"由大多数高层执行官参加的会议长达 6 小时乃至更长时间。斯腾菲尔德说,他们"没有议程,焦点散乱,[他们]从未得出任何明确的行动计划。他们经常从一件事扯到另一件事。接下来我们知道,"斯腾菲尔德回忆,"我们会在迪勒的餐厅里吃午餐,然后继续交谈。"

斯腾菲尔德一直不清楚迪勒是在"和团队玩激发观点的游戏呢,还是真的希望有人唱反调,还是他憎恶任何批评或分歧。在我印象里,明确问题、讨论解决办法、想出行动计划的例子不多。我认为很多都是乱七八糟的散漫谈话"。

"我一度认为:起先不把这家小型电视网放在眼里的塔奇科夫现在会高看它几分,因为这家电视网挖走了他的一些执行官。但如果他知道我和加思作为他以前的同事就是在听迪勒继续这样的长篇大论,我想他会非常乐于让对手自行瓦解。这类会议肯定不会在全国广播公司召开,我敢说也不会在哥伦比亚广播公司甚至美国广播公司召开,20 世纪 80 年代后期,美国广播公司在业内明显不堪一击"。

除了参加迪勒的马拉松座谈会,斯腾菲尔德和其他负责黄金时段电视连续剧的执行官有数周都工作 60 小时。大家读剧本、灌录音带、排练,还必须出席其他会议。对斯腾菲尔德来说,临晨1:00回家并不稀奇。很快,"乐观和艳阳般迎接挑战的情绪让位给'我很疲惫'……让位给'这真的很难而且……这个过程如此耗时'"。

除了时间冗长的问题,还出现了浓重的幻灭感,团队精神演变为斯腾菲尔德描述的"中伤、诽谤、政治借口和诡计……事态无疑向着更黑暗和不择手段的方向发展。派系林立"。

与安希尔一同安排进度的斯腾菲尔德感觉:安希尔和迪勒开始时犯了许多关键性错误,从而影响了福克斯的效率。迪勒向广告商兜售电视网时,标榜过电视网别具一格的节目制作和它对于城市里25~54岁中上阶层观众的特殊吸引力。但除了偶尔闪现的几部名作,大多数早期连续剧只是反响平平。《贝弗利山奇遇记》、捧红乔治·C. 斯科特(George C. Scott)和宾·巴克斯特(Bean Baxter)的《总统先生》(*Mr. President*)以及其他类似节目很难实现迪勒的保证,让福克斯的节目制作有别于其他电视网。

斯腾菲尔德本人指出:电视网缺乏让观众能够轻易识别的特性。节目被买入并且正在播出,纯粹因为福克斯拿到了它们。广告商签约是因为公司向其保证能够吸引某类收视人群,然而连续剧现在却远远不能提供目标观众。

正如斯腾菲尔德见到的,"节目制作理念没有成形,也和广告商的期许不同。星期六[晚间节目]播映的演出与其他任何电视网别无二致——除了品质真的低劣之外……[这是]缺乏设计的节目制作"。

迪勒却曾标榜这家电视网是寻求更大创作自由的编剧和制作人的家园、是突破电视情景喜剧通常惯例的良机、不存在电视网执行官典型的干涉。他曾吹嘘为了鼓励电视节目制作要竖立一扇设计师橱窗。"事实上,"斯腾菲尔德说,"……没有条理清楚的播映计划。"

曾任职于全国广播公司的安希尔和斯腾菲尔德,在布兰登·塔奇科夫和格兰特·廷克的教导下形成了相似的节目制作理念。"想让每周推出的连续剧大获成功,尤其需要,"斯腾菲尔德解释道,"能够以周为单位,进行制作和执行的人员。缺少执行的连续剧一文不值。"迪勒,却"……购买概

第十章
情势复杂,盘根错节

念……巴里风风火火地处理一切事务。巴里和迪士尼才开过一场会就可能决定购买《贝弗利山奇遇记》,却不知道由谁编写和制作节目。甚至也不知道概念是否不错"。

他的经营模式违背了电视业的常规理念,即选择拥有上佳工作业绩的编剧或制作人,像斯腾菲尔德说的,"你愿意共事"的人。"制作人进来兜售节目,构想得到提炼和完善。这就像走进一家裁缝店说,'我想要一件套装。我们一起选一些面料再谈谈款式'。然后按你的身形定制套装。这其实才是电视网认为的开发过程。首先要挑选裁缝(如吉姆·布鲁克斯)创作节目。走到制片厂说要一起制作《贝弗利山奇遇记》的做法是错误的"。

斯腾菲尔德感觉"俨然一副节目制作大公派头的"迪勒有着不切实际的期望,这不仅是指他对节目收视率的期许,还涉及他对目标达成的时间要求。"我想他过于关注数字是 8 点还是 9 点——收视率是 2.2 还是 2.3。尼尔森数字中,20 来岁的观众群包含巨大误差,因为他们的统计可靠性不好。收视率基数是 2 时,整体收视率其实存在误差。因此既没有必要因为 2.2 或 2.4 的收视率苦恼,也不必因为上周收视率是 2.4 就担心趋势无法改变"。

尽管可能没有必要,迪勒却密切关注数字。到了 1987 年夏,这种关注更是到了无以复加的程度。7 月,福克斯将星期六晚间节目加入播出计划,也被尼尔森这家提供电视评级服务的大型公司正式划归为电视网。现在的福克斯能够征收更高的广告时段费用。但争取高收视率的需求更迫切了,因为新的电视网在报道中已经与三家老牌公司齐名,所以被拿来比较。

8 月底,电视网一周损失将近 200 万美元。鲁珀特·默多克越发急切地希望看到自己投资的回报。默多克正在将自己的帝国扩张至先前规模的 4 倍。在近期的其他收购中包括澳大利亚最大的报业连锁,几个月前他斥资 3 亿美元买下哈珀与罗(Harper & Row)出版公司。另外,他在对天空频道(Sky Channel)这家欧洲的英语类卫星直播电视系统投资时蒙受巨额损失。

默多克麾下新闻集团(News Corporation)的债务自 1985 年后上涨超过

3亿美元,升至4亿美元。他逐渐厌倦了宣称前景辉煌的承诺。他和迪勒一样,焦急盼望节目播出后能在尼尔森的榜单上取得骄人的收视率。

迪勒在这种高压环境下抛出适者生存的法则。他允许(有些人会说鼓励)自己的执行官相互对抗和摩擦,借此不动声色地暗中挑起双方的争斗。"如果他对结果不满意,就马上抛弃某个人,他会找其他人承担同样的责任并且等着看谁能最终胜出,"斯腾菲尔德回忆。

在电视网推出时负责宣扬和促销的斯科特·萨沙,因为堆积如山的工作以及同事的不支持,感觉心力交瘁。1987年2月,他被免去促销职务转而负责营运,顶替他原先工作的是曾经在派拉蒙和迪勒共事的公关执行官布伦达·马奇尼克·法里尔(Brenda Mutchnick Farrier)。从那时起,迪勒开始冷落斯科特,数月后,斯科特离开福克斯。

频繁的吹毛求疵与指责影响了福克斯的高层员工。斯腾菲尔德说,"我记得我感冒了将近两个月,很可能是压力和疲惫引起的"。

加思·安希尔和他的朋友与亲信凯文·温德尔展开了一场不光彩的权力争夺。起初,正是温德尔建议杰米·凯尔纳聘请安希尔负责节目制作的。安希尔决定接受这项职务后,温德尔也与福克斯签约,因为他相信自己极为尊敬的安希尔会成为出色的老师和指导者。

"接下来大家都知道,"斯腾菲尔德回忆,"这两位曾经的朋友和同事互相攻击。凯文经常贴着巴里的耳朵嘀咕,'他的做法一无是处。我做得远比这好'。这让从旁走过的加思深感狼狈……所有这些肆意的抨击让加思既郁闷又沮丧。"

福克斯的人都知道安希尔经历着一个特别困难的时期。大家还知道:温德尔在迪勒的鼓动下,给此前向安希尔汇报节目播出与开发情况的制作人打电话,让自己介入节目进程。其实,少了迪勒的快速批准,安希尔很难支配项目和经费。他必须向迪勒请示其他电视网娱乐部的同僚能够自由拿捏的事项。

艾伦·斯腾菲尔德的印象是,"巴里跟加思耍花招。我特别记得加思有好几次说:'我做了这样的保证,所以明天下午16:00我要答复他们。你有什么想法吗？16：00临近时，巴里却不见踪影，急得加思直拽头发，因为他曾保证到时候会得出某项结论。'"

"然后第二天迪勒会问，'你怎么处理那些事情的？'加思会说，'我根本没法处理，因为我无权做这项决定而你也不回我的电话'。接着迪勒会斥责对方办事不力，没有摆平等待决定的人员"。

"我不明白巴里耍这些花招的用意。其他人看到这种情况或许会说，'你第一次这样对我，第二次还这样对我，第三次我就自己负责、做我认为正确的事，随你满不满意。就这么办'。但这不是加思的风格。他会让大家等着"。

安希尔不是唯一被迪勒严加管束的执行官。"凯文·温德尔做的每一个预告片、每一则广告、每一件事，"斯腾菲尔德说，"同样接受巴里的评审。"

尽管安希尔"不是极具领袖风范的执行官"，迪勒还是雇佣了他，因为业内的有识之士极力举荐过他。安希尔是全国广播公司集团的核心成员。20世纪80年代中期，全国广播公司的执行官非常抢手；同样，来自全国广播公司的斯腾菲尔德把这家公司比作"业内人才库"。安希尔之前从未做过开发，却是一位声名卓著的连续剧节目制作人，尤其擅长制作喜剧。

迈克尔·莫伊觉得：安希尔功不可没地帮助福克斯明确了自身方向。"因为加思是为数不多真正有胆识的执行官。他的确在意对自己的统计评价，但如果某件事激起他的兴趣，他会为此全力争取而不是说，'好吧，这件事以前从来没做过，我就随它去吧'。那是大多数执行官的做法"。

迪勒当然需要安希尔这样的执行官，这类人愿意听从自己的直觉并为自己的信念而战。《憔悴潘郎》的成功与安希尔息息相关，也进一步扩大了他的声望。试播剧集在福克斯第一个星期日的晚间播出，却并未立即走红。

"我们刚刚起步时，无人知晓，"莫伊说，"收视率只是拿来唬人的。加思会在收视率很低时给我们打电话，努力宽慰我们并让我们知道节目仍有很大的覆盖潜力。改变美国广播公司或全国广播公司观众的收视习惯并不容易。"

无论迪勒怎样敦促安希尔提高收视率，安希尔都很好地让莫伊和莱维特稳定了情绪。之前在电视网的经历告诉莫伊"由于所有人的急功近利,你必须刚上映就走红。所以你拿到的一堆试播剧集都拼命在大约 22 分钟内让所有人满意。他们唱呀,跳呀。'请喜欢我们。看,我们拥抱,我们搞笑。看,我举止粗鲁,却有一颗金子般的善心,我的老婆工作家庭两不误。请喜欢我们!'"相反,福克斯却说,"允许我们把节奏放慢"。

莫伊觉得"我们相当于他们有更好作品前的替补",这也许是迪勒不干涉他们的另一个原因;不过节目反倒能随着时间发展并流行。迪勒让安希尔监督《憔悴潘郎》,他则更多地介入由业内两位大牌制作人斯蒂芬·坎奈尔和詹姆斯·布鲁克斯分别负责的《龙虎少年队》与《特蕾西·厄尔曼秀》。

"要记得,我和罗恩进入福克斯时,毫无名气,"莫伊说,"事实上,我还保存着《洛杉矶杂志》(LA Magazine)上的一篇文章,里面把我们称为'及其他人'。福克斯非常自豪于能够获得温伯格、坎奈尔和所有这些人的协助。然后是我们:'及其他人'。即便遵循电视网的理念,我也不确信《憔悴潘郎》是福克斯认为的另类节目。"

起初《憔悴潘郎》的收视率欠佳。观众不知道如何理解佩格(Peg)和阿尔·邦迪(Al Bundy)。正如莫伊所说,"刚开始看节目时,你会想,'这些人很粗野。他在侮辱他老婆,他不想跟她睡觉。他满不在乎'。但接着你会想,'噢,我明白了。他们口角不断,但当外力介入时,他们就联合起来'。大家想道:嘿,他们就像我的家人。他们确实相亲相爱。6~7集之后,你就明白了。剧情逐渐铺展,没有强烈的冲击"。

节目有别于大多数情景喜剧;对于后者,莫伊说,"……试图填塞所有事情,因为它们必须一鸣惊人……但看看一些伟大的经典作品。它们构建情节,因为出色的节目往往与众不同。而且它们开始的节奏缓慢"。

《憔悴潘郎》同样如此。节目到了第二季的中期才开始走红。"报纸和电视没有大肆宣传这部节目,它是被冷水机旁闲谈的人炒起来的。他们聚在一起说,'你看了《憔悴潘郎》里的表演吗?'我们的观众就这样多起来。办公室里、加油站旁、战舰上,人们都在谈论。我们的节目在监狱、大学和军队也取得了良好的反响。有电视的地方,人们都会收看,我们干得特漂亮。它

第十章
情势复杂,盘根错节

在大学受到狂热推崇"。

到了第三季,《憔悴潘郎》开始在竞争中脱颖而出,这部分归功于密歇根州家庭主妇特里·拉科尔塔(Terry Rakolta)对节目的关注,她公开表示自己认为节目存在露骨的性内容。节目极高的收视率超出了所有人最大胆的预想,就连莫伊和莱维特也始料未及。

然而,与拉科尔塔粗暴的反对引发的公众反响相比,了解《憔悴潘郎》取得巨大成功的全部经过更为重要。这部节目给予电视观众全新且不同的东西——一部转变人们对风格预期的情景喜剧,酷似诺曼·李尔(Norman Lear)于20世纪70年代完成的《全家福》(*All in the Family*)。

共同创作者莫伊还阐释了影响这部节目知名度的其他原因。"我想人们能够认同这些和他们一样卡通式的角色……我想他们喜欢节目的坦率。阿尔·邦迪说着电视里其他丈夫可能从没说过的话。阿尔·邦迪的孩子是第一批不太愿意效仿自己父亲的孩子。他们为什么要学呢?爸爸是一个卖鞋的。人们认可许多角色,你从没在电视上见过这类角色"。

"我真的认为我们的观众不会闲在一旁还感觉自己被骗了。有时候,你看的情景喜剧结束时,你突然觉得节目腻歪……你觉得龌龊。有人向你填塞这类信息,但你没有准备,这让你厌恶,也让人崩溃。你却不必担心《憔悴潘郎》会这样。人们知道他们能对我们完全卸下心理防线"。

"我认为帮助节目长盛不衰的另一个原因是……有蓝领观众的支持,我为自己是其中的一员而自豪。他们在想,'我们也可以得到一些娱乐吗?'针对他们的节目不多。我想总有观众不太喜欢情景喜剧里出现一位身穿干净毛衣、机智应对孩子的产科医生。甚至今天,我想总有观众并不……太在乎X一代[1]的牢骚和呻吟……人们只想回家开怀一笑"。

莫伊认为福克斯大多数成功的喜剧都最接近自己制作另类节目的初衷。不过他也怀疑《憔悴潘郎》特定的幽默类型反倒让迪勒和其他福克斯执

---

[1] X一代出生在1964~1976年之间。目前这批人构成了美国的青年成人族群,也是各行各业的一支朝气蓬勃的生力军。——译者注

行官更希望别的节目成为遥遥领先的畅销巨作。

"我想福克斯被定型为制造厕所笑话的电视网,品位低俗的电视网,只配在家收看的电视网。我想这不是他们喜欢的。他们喜欢《特蕾西·厄尔曼》这样古里古怪的另类,而不是他们眼中的浴室幽默。我想拉科尔塔事件爆发后……他们就对我们敬而远之。我从不认为我们得到过福克斯应该给予的保护……[我们]会从报上读到福克斯发言人说,'我们将支持我们的编剧'……但却一直接到福克斯的电话,告诫我们别让气氛太过热烈"。

不出所料,莫伊和莱维特无视福克斯希望他们创作更安全、更少挑衅的剧本与节目的要求。他们觉得公众反响都不错,拉科尔塔不足以代表多数公众的观点。正如莫伊所说:"喜欢节目的人不会来信……你得到一部自己喜欢的汽车时,不会写,'亲爱的福特,我爱这部汽车。这部车毫无缺陷。我让它停,它就停。'"

莫伊希望和拉科尔塔一同参加电视脱口秀巡演,亲自驳斥她的控诉。但福克斯不准他这样做,为此莫伊深感痛苦。"这部节目把美好的家园和精致的事物呈现给千家万户,我们不过需要一点支持"。

他认为他们拒绝自己反驳拉科尔塔是因为"他们可能觉得[节目]有点丢脸。这部节目提供了许多职位,但他们公开对它敬而远之,因为它不是一部导向正确的节目。它不是《考斯比》,它不是《风云女郎》(Murphy Brown)或者《欢乐一家亲》(Frasier)。它不是摘走艾美奖的那种在音带灌录后大家聚在莫顿餐厅相互轻拍后背的节目类型。所以他们很难和我们并肩而站并且保护我们……我想拉科尔塔事件给[电视网]招来恶名,他们不喜欢那种恶名"。

作为福克斯第一部荣登《电视指南》封面的节目,《憔悴潘郎》的成功是否影响了福克斯日后制作的节目内容?莫伊认为答案是肯定的;电视网的理念自《憔悴潘郎》剧在收视率游戏中崭露头角就改变了。"他们自己的成功让他们害怕起来。这之后我很少在节目开发中见到不同的类型。我想……一项修正案被加进来:我们需要大家在其他电视网看不到的其他节目,但它们要符合某些限制……我们需要与众不同的节目,但不是给我们惹

第十章
情势复杂，盘根错节

来麻烦的那种"。

他甚至相信"我们适逢其时"。电视网体制更成熟之后，他和莱维特再不能像1986年向安希尔和迪勒提议时那样，把相同概念兜售给福克斯。"我想如果有人让我简述福克斯的问题，我会说他们成功之后开始畏首畏尾"。

作为一名细心而老练的电视游戏观察员，莫伊举出数部可信的节目例证，它们似乎符合另类节目制作定义，却均未在福克斯电视网首映。其中包括：HBO(Home Box Office，即家庭票房)公司出品已经在福克斯联播(无裸露镜头)的《继续梦寻》(*Dream On*)、另一部出自HBO公司的节目《幕前幕后》(*The Larry Sanders Show*)和全球音乐电视台(MTV)[1]的《瘪四与大头蛋》(*Beavis and Butthead*)。

"这些节目本应该归福克斯所有。我真的认为如果《憔悴潘郎》剧是一块石板，他们应该沿着它坚持到底并且改写电视历史"。

尽管莫伊对福克斯表示批评，却仍相信巴里·迪勒可能最适合领导崛起中的电视网。"他在我眼里是唯一清楚方向的人。我总喜欢加入一个不被看好的团队。这部节目刚刚播出时……我们穿着《憔悴潘郎》的T恤衫游走在城里，人们会来到我们跟前说，'真新鲜！居然有人为了家人骄傲地穿起T恤衫！'骄傲背后藏着兴奋。我们甩掉了一长串尾巴"。

或许正如迈克尔·莫伊所说，《特蕾西·厄尔曼秀》是福克斯找寻的"优秀"另类节目类型，但它在各个方面都未取得媲美《憔悴潘郎》的成绩。欣赏厄尔曼非凡才华以及其他演员得力工作的艾伦·斯腾菲尔德认为那是"填补空缺的节目"，因此他未必希望节目出现在福克斯星期六晚间的节目表里。

《厄尔曼秀》由斯腾菲尔德所说的"福克斯池塘里的大鱼"詹姆斯·布鲁克斯发掘和制作。1988年《打工女郎》(*Working Girl*)成为福克斯的畅销作

---

[1] 全球音乐电视台，也称音乐电视网(Music Television, MTV)，是一个原本专门播放音乐录像带，尤其是摇滚乐的有线电视网。——译者注

品;该片由迈克·尼科尔斯(Mike Nichols)指导,还捧红了西格妮·韦弗(Sigourney Weaver)、哈里森·福特(Harrison Ford)和梅兰尼·格里菲斯(Melanie Griffith)。作为该片制作人之一的道格·威克(Doug Wick)曾在布鲁克斯安排的午宴上见过迪勒。威克说布鲁克斯和迪勒的关系"很有意思……迪勒才华横溢,吉姆·布鲁克斯是我见过的一位最优秀的人才"。

布鲁克斯的电影《飞跃未来》和《广播新闻》为制片厂挣得丰厚的收入,他被奉为电视网的创作红人。尽管《特蕾西·厄尔曼秀》在尼尔森的数字排名中成绩一直不好,斯腾菲尔德却认为"它昭示了电视网和一群几乎无与伦比的演员的未来"。

电视网还获得如潮的好评和艾美奖提名,为急需某种正面关注的电视网适时带来良好的声望。原因是此时的电视网迎来了唯一的畅销大作——一部与《憔悴潘郎》齐名、活灵活现的 30 分钟卡通系列片,它讽喻并颂扬了一户后现代时期既典型又失常的核心家庭[1]。

---

[1] 由一对夫妻及其未婚子女组成的家庭。这种家庭仅由两代人组成,只有一个权力中心,关系较为简单。——译者注

第十一章　卡通制作,出人意料

马特·格勒宁和巴里·迪勒的初次见面是在《特蕾西·厄尔曼秀》的摄影场。格勒宁到那里并无实际理由,他习惯在节目向现场观众播映的星期五晚上出现。

格勒宁回忆,"迪勒和福克斯的其他执行官站在旁边监看着进程,喜剧小品之间为观众插播了《辛普森一家》的短片片段。我觉得迪勒和其他执行官笑得很厉害"。格勒宁记得迪勒是"穿戴整洁、身着昂贵套装的……阿尔法男人"。[1] 他却相反,"我去那里好多次了,却总是穿得很寒酸。我觉得电视编剧的时装触觉还不如货车司机。所以我无法想象巴里会对我印象深刻。以后我有时会碰到他,他都很友好"。

格勒宁到福克斯之前,波利·普拉特看过他的连环漫画并交给詹姆斯·布鲁克斯过目。普拉特打电话给格勒宁说她喜欢他的作品并希望设法加以应用。这种"设法"成为了穿插在《特蕾西·厄尔曼秀》喜剧小品之间的

---

[1] 阿尔法男人(Alpha Male 或 Alpha Man)代表社会精英、财富人群、电影明星、摇滚乐人等外表俊朗的性感男性。——译者注

《辛普森一家》短片。

动画短片起初要求有 2 分钟的长度，却逐渐被缩减到 1 分钟，然后被缩减到 4 个 15 秒的片段。格勒宁通过这次经历了解了动画，了解到"15 秒能传达多少信息"。他发现开发角色相当困难，但"令人吃惊的是，人们记住了栩栩如生的角色。所以他们流行起来"。

不久，福克斯找到格勒宁，邀他制作一部"辛普森一家"的特别节目或是一系列特别节目。但格勒宁说："我把《辛普森一家》设计成一部电视系列片。那一直是我的秘密计划。把动画角色放在黄金时段被认为是一个极具争议的想法。《摩登石头人》(The Flintstones)和《摩登家族》(The Jetsons)是人们唯一记住的"黄金时段卡通系列片"。其他几部都中途失败了，20 世纪 60 年代以后确实没有再做过这类节目。"格勒宁告诉吉姆·布鲁克斯，自己"非要大家制作电视系列片。我担心只拍一集引人注意的节目收效不大。我总觉得做一系列的节目会让人们理解其中的幽默"。

格勒宁担心：如果只拍一集特别节目，观众可能没机会了解《辛普森一家》的思想。他肯定孩子们会喜欢节目，"就因为我见过电视上可怕的卡通片。我想《辛普森一家》好过大多数同类节目"。他担心的是成年人未必能很快理解幽默。"我想如果节目播出得够多，成年人就会明白，接着他们会开始收看"。

在迪勒、安希尔、布鲁克斯以及其他福克斯执行官参加的比稿会上，格勒宁得到制作 13 部剧集的项目机会。当他阐释自己对《辛普森一家》的构想时，"非常紧张，因为我觉得自己的电视笑料全都是稀奇古怪的构想。故事围绕住在美国中西部神秘城市斯普林菲尔德的一户人家，斯普林菲尔德是美国最时兴的名字。他们是把彼此逼疯的一家人"。他用迪勒喜欢的高概念式警句漂亮地概括了这部系列片："美国家庭的一场最疯狂的庆祝。"

他从父亲开始简述角色。"霍默·辛普森真是一个沉默的家伙，他爱他的家人却想宰了他们，因为他们快把他逼疯了。我想他们一直苦恼的症结是……我说，瞧，这个家伙闷声不响，猜猜他在哪里工作呢？一家核电站。我想，如果我的构想获得通过，这一家子就要搬去那里……他们都笑了"。

第十一章
卡通制作，出人意料

格勒宁想起迪勒曾问他，"你说他们住在哪里？"格勒宁重述这家人住在中西部地区，于是迪勒表示，"不知怎么，我觉得他们住在圣费尔南多谷。"格勒宁说，"嗯，可以。但我更喜欢这座虚构的中西部城市。"迪勒说，"我倾向于你的看法，但能说说理由吗？"

格勒宁说："关于这一点我想了几年，我不知道它代表什么。我想它说着很带劲。"

他的回答显然让迪勒满意。"我们的构想通过了。"福克斯同意制作13集、每集30分钟的《辛普森一家》。还是在那场比稿会上，迪勒问格勒宁存不存在"吸引所有家庭成员的家庭娱乐"，"你会不会讲5岁小孩未必理解但15岁少年可能领会的笑话呢？"

他似乎"有点犹疑"，格勒宁说，不过"那是我坚持的用最佳手段利用电视的理念。与其费心做既不让年轻人困惑又不冒犯老年人的东西，不如为每个人做东西。通常动画确实能帮助我们利用电视，因为可以把如此丰富的信息塞进节目的每一秒里"。

格勒宁期待福克斯能购买系列片。格勒宁说，他自己"心怀忐忑，但我不认为，'如果不做这部剧集，我就完了'。如果他们不想按我认为的方式制作，我宁可不拍一部蹩脚的剧集……[它]不是一次绝望的比稿。我真的认为节目有趣……角色有趣。我知道节目如果播出一定会很火。从开始到节目流行的整个过程里，我碰到的人都觉得它有趣"。

至今，格勒宁仍不知道节目是否像《憔悴潘郎》一样接受过观众测试。也没有人告诉他角色开发或剧情设计上的各项注意事项。但节目确实通过了福克斯的某类测试。系列片首映前，原先为《特蕾西·厄尔曼秀》制作的几部短片作为片头，在《老板度假去》(Weekend at Bernie's)和《错对冤家》(War of the Roses)等福克斯电影放映前播出。

《辛普森一家》短片作为《老板度假去》播出前的节目在玛丽娜德尔瑞电影院上映时，格勒宁有幸出席。《辛普森一家》的标题刚出现在银屏上，观众就报以掌声。这是格勒宁第一次见到这么多人对他的作品作出回应；他想，"这部节目会很火"。福克斯的人可能反应相似。

格勒宁认为,《辛普森一家》与其他动画节目的区别在于它"强调剧本创作。会写剧本的人通常不关心动画的错综复杂。制作动画的人也不在乎角色或故事。如果你长大想干漫画制作,你的抱负就太小了,因为这一行垃圾成堆。我一直想做的各种另类作品是滑稽、精致的动画"。

格勒宁对自己的构想信心十足。从小看电视长大的他相信,"如果小孩看到这样东西,他们会爱得发疯。我想成人可能也会理解"。像莫伊和莱维特一样,他毫不犹豫地同当时遭人嘲弄的第四电视网签约,因为他知道其他电视网根本不会考虑他的建议。但福克斯提倡的另类节目制作也没有特别打动他。

福克斯创作人员在制作节目时的选择让格勒宁觉得他们时常"冒进、愚钝……我认为他们聪明地选择做另类的东西,但……制作电视时确实容易忘记这一点"。像他说的,"福克斯有许多糟糕透顶的节目"。

他听见福克斯执行官讨论即将来临的上映期,吹捧最终让电视网惨败的《巴克斯特》(Baxter)或《总统先生》。与《贝弗利山奇遇记》一样,这些节目都没有最好地呈现或者根本没有呈现另类节目制作的风采,不过它们唾手可得,福克斯急需作品。

格勒宁记得福克斯还曾推出《宝贝》(Babes)这部谈及超重妇女的节目。格勒宁认为构想不错,但编剧不应该加入打趣胖子的笑话,他向负责该节目的一位执行官转达过看法。"结果等我看片时发现全是打趣胖子的笑话"。

关键在于,如他所见,"他们没有在《罗赞》(Rosanne)中加入打趣胖子的笑话"。福克斯的开发执行官嘴上说要开发更超群的电视,却在播出新的情景喜剧时选择低端(和非常大众化的)路线。

相反,《辛普森一家》几乎没有就如何开发动画系列片做一次重大实验。格勒宁此前从未做过动画,福克斯准许他将最初的 13 个剧本同时投入开发。这就意味着:他和副手在真正看到节目之前,已经凑齐了 13 集节目。

《辛普森一家》的创作一波三折。漫画制作者是全无电视系列片制作经验的业内新手。确实有电视动画制作经验的导演自认为第一集的剧本缺乏幽默,于是加入自己的视觉笑话。

第十一章
卡通制作,出人意料

格勒宁说:"每部卡通片构成并且遵循一系列的运动规则——面部表情、口型表以及我们在《辛普森一家》里学到的所有这些内容。导演抛弃了我的构想,加入了他自己的怪异诠释。例如,他在背景里放了一张马的图片,马露出半个屁股,尾巴竖起,拖着几行令人生厌的线条。在他的设计下,两个角色对话时,这张图片就夹在他们当中。"

修改前,导演既没有请示格勒宁以及其他任何与节目相关的人员,也根本没有提醒他们自己做了调整。迪勒和福克斯的其他最高负责人按计划收看第一集的前一天,格勒宁才对内容的改动略知一二。甄选工作在格雷西电影公司(Gracie Films)进行,那里是福克斯电影制片厂旗下布鲁克斯制作公司的所在,参与者包括格勒宁、布鲁克斯,以及编剧和漫画制作者等所有节目工作人员。

"整个过程中大家极其安静,"格勒宁说,"他[导演]抽空了节目和角色的全部魅力。搞砸一部动画片确实容易。这是一次可怕至极的体验。带子放完,我们全都静静坐了片刻。大家一言不发……然后,吉姆说,'这是一堆狗屎。'"

格勒宁为导演的失算自责,也肯定自己电视情景喜剧创作者的职业还没起步就已夭折。迪勒甄选的日程被推迟。当时格勒宁踱着步,等待节目接受第二轮甄选的结果;这回节目由曾经制作《特蕾西·厄尔曼秀》动画短片的大卫·斯沃曼(David Silverman)重新指导。

经历了自己描述的"我生命中最愁苦的一周",当格勒宁见到由斯沃曼创造的"全然不同的世界"时,感觉非常放心和欣慰。第一位导演被炒了,他制作的4集节目必须进行彻底重塑。

迪勒和他的团队在重新甄选时似乎"略显开心"。声称第一集出现"技术问题"的格勒宁,给他们看了斯沃曼重新指导后的剧集。随后,迪勒表示《辛普森一家》或许应该在星期日晚间21:30播出。格勒宁认为晚间20:00是一个更好的时间空档,因此表示关注。但迪勒很快改变心意。格勒宁感觉"他在沉思中大声说着什么",像平时一样。事件的结局是:节目制作遭到严重干扰,《辛普森一家》的首集播出只得从1989年秋延迟到12月中旬。

具有讽刺意味的是,尽管福克斯向编剧保证他们对节目有更大的发挥余地,有人却打着"标准和惯例"旗号在《辛普森一家》筹备初期表明自己的存在。格勒宁说,审查员很担心节目里的性内容,因为他们说,卡通片是联络米老鼠的媒介,不能沾染涉及性的笑话。

格勒宁认为《辛普森一家》里的性幽默有如蜻蜓点水而且以玩笑为主。双方的首轮对决围绕试播剧集展开,剧中的霍默(Homer)和马吉(Marge)曾去一家汽车旅馆过夜。审查员感觉不舒服,因为格勒宁让霍默对马吉说,"戴上有那东西的粉红色玩意,"他们怕知道"有那东西的粉红色玩意"的潜台词。

格勒宁听到过其他很多裹挟"标准和惯例"的异议,他和往常一样坚持立场并赢得战斗。但他输了一场关键性战役——福克斯决定把《辛普森一家》从保证节目排名位居前十的星期日晚间 20:00 移至星期四晚间 20:00,让它和全国广播公司的头牌节目《考斯比》一争高下。迪勒打电话给格勒宁告诉他时间调整的事,还说,"我们准备这么做。"格勒宁和他争辩过,"他显得彬彬有礼,但态度十分坚决。只能那样"。

有传言称:在霍默·辛普森工作的核电站里发号施令的伯恩斯先生一角以巴里·迪勒为原型,格勒宁对此表示否认。他说他喜欢迪勒,还说迪勒是福克斯少数理解节目、清楚如何把节目推向市场的执行官。

的确,由于《辛普森一家》的巨大成功,市场营销很快成为节目的重要组成部分。"与这些兴高采烈想靠这玩意赚钱的福克斯执行官见面时,你得擦干会议桌上的唾沫,"格勒宁说,"人们想尽办法尽快地赚钱。但迪勒似乎预感节目能够长寿,他想让节目长盛不衰。他认为有许多事节目不应该做,我想他是对的。"

尽管(或者可能是因为)辛普森家庭不正常,不久它就成为一种流行文化现象。市场上很快充斥着千百万件批量生产的廉价辛普森 T 恤衫和其他商品。等到福克斯着手销售高级商品时,大多数人已经得到满足,市场已经枯竭了。

格勒宁的印象是,尽管《辛普森一家》的成功让福克斯异常欣喜和骄傲,

第十一章
卡通制作，出人意料

公司里的很多人却把节目视作"平底锅里转瞬即逝的火光"，还想趁节目流行之际尽快大捞一票。在会上发现这个问题的格勒宁说："你们这些家伙想多贪都行，但如果贪得无厌，如果一次又一次表现出极度的贪欲，你们就赚不到自己要的那么多钱。"

福克斯的一些人觉得接下来最好能编一部幕后特别节目，公布节目形成的全过程。但迪勒不同意，格勒宁认为他的决定是"一项英明的选择"，"我觉得展现幕后人员不一定有趣"。他解释说，"另外，观众不需要真正了解节目制作者中的许多消极人物"。

他没有把迪勒归入那些"消极人物"。相反，他觉得这位福克斯的主席是"一位活力四射的人物，的确非常果断"。格勒宁觉得迪勒"尤其在意手头的任务。他心无旁骛。他一心扑在节目上"。

1995年，迪勒离开福克斯继续另一场冒险的3年后，这位漫画家说他能感受到迪勒离开制片厂的影响。"他离开以后，来了许多人，但我认为没有一个拥有超群的计划或眼光。他们都缺乏鲜明的性格。你在制片厂的杂货商店都能察觉迪勒的存在。其他任何人，包括鲁伯特·默多克，都不会让我这么说"。

第十二章 管控重任，力不从心

福克斯被巴里·迪勒和鲁伯特·默多克倾力扶植了整整3年才成为观众和广告商心目中一支不容忽视的力量。这段时期，默多克正在将自己的帝国扩充至原有规模的4倍。他还和马萨诸塞州呼风唤雨的爱德华·肯尼迪（Edward Kennedy）参议员展开了一场意义深远的争论，因为政治上保守的默多克曾将麾下的《波士顿先锋报》（*Boston Herald*）作为绝妙的讲道坛来抨击肯尼迪。1987年的最后数周，肯尼迪参议员试图暗中让美国国会通过一项法案，认定默多克同时拥有《波士顿先锋报》和波士顿电视（Boston TV）联播台属非法行为。默多克后来在联邦法院的战役中取胜，却最终输掉整场战争，只得出售波士顿电视台。

几个月后的1988年，默多克震惊行业媒体：他以30亿美元的天价购下沃尔特·安嫩伯格（Walter Annenberg）的三角出版社（Triangle Publications）。默多克现在成为《每日赛马快报》（*Daily Racing Form*）以及《电视指南》的发行人。《电视指南》不仅在电视业影响巨大，还是美国销量最大的周刊。1989年，默多克在英格兰推出包括迪士尼频道（Disney Channel）在内、共计4个节目频道的天空电视台（Sky Television）。然而，当项目陷入困境时,迈克尔·艾斯纳无视以前导师的请求,撤回迪士尼的节目。诉讼于1989年春获得庭外和解。

迪勒除了事无巨细地过问电视网的发展,还继续监督福克斯电影制片厂。与迪勒对自己管理风格的描述一样,他擅长起步和收尾时的督导,却对中间环节不是很感兴趣。他在项目开始时亲自监管,然后退到一旁,直到项目临近完成时再次亲自过问细节。

他对细节的苛求甚至发展到挑选适合节目演职员名单的图片以及布景配色方案。波利·普拉特记得迪勒出人意料地来到她在福克斯电影制片厂的办公室,这是他们第一次在那里会面。迪勒坐下来开始和普拉特讨论福克斯新闻广播。"我想让你看看我们拍新闻用的新布景,"迪勒告诉她,"我想请你对它全部翻修。我想请你重做布景。我会付钱给你。"

尽管任务超出自己通常的制作职责范围,普拉特还是欣然领命,"因为我爱新闻"。当晚,迪勒邀她来到摄影场。"他比我之前见到他时更热忱,并且活泼很多。他说着一些自己的事。那时我开始理解他对占有的骄傲。对创作的骄傲。我见到一个不同的人。我见到的不是一个倾听创作人员意见的男人,他们找他是为自己赚钱或是拍电影,带着这样或那样的目的。我见到一个真正为自己做的事激动的男人"。

迪勒的激动让普拉特印象深刻,"我到了那里。他用胳膊搂着我,把我介绍给所有新闻工作人员、新闻部负责人、KFOX电台总裁。他一直夸我是多么杰出……我喜欢这样"。

普拉特在摄影场里绕了一圈,向迪勒提出自己的意见。她先提到"这些电话,只是被漆成红色、绿色和黄色。它们看着简直不像真的,就和那些挂在汽车出租场所墙上的愚蠢电话一样,连号码盘都没有。所以我告诉他电话看上去傻乎乎的,他说,'噢,真的,你这么想? 我也一样'。我说'低俗',而他欣然接受建议。"

普拉特认为迪勒找她负责这件事是因为她制作过《广播新闻》,也是一位声名卓著的美工设计师。"但在我印象里这是他第一次对我表现出一丝尊重。他极力奉承。我最后什么都没做,因为我要过一大笔钱。他说,'我不能付你钱,因为作为电视网总裁我得履行财务职责……我不能一手捂紧钱袋,再花那么多钱翻新新闻布景'。当然,他还是拿走了我的全部点子"。

"这种事必躬亲的方式,"亚历克斯·本·布洛克说,"甚至用在芝麻细节上,这是迪勒最大的长处也是他最大的短处。这让迪勒没法关注更大的问题,有时还阻碍了决策过程。为迪勒工作的所有人很快意识到实权集中在最高层。"

迪勒明确表示要控制经营的各个环节,但这丝毫没有减弱他尖刻的批评和无尽的需求。他的一位同事说,为迪勒工作好比试图扑灭阿拉斯加州输油管的大火:靠得太近,你势必被灼伤;离得太远,又会冻僵。

谈到巴里·迪勒,人们经常用"横行"一词。接替斯科特·萨沙担任福克斯公司公关部负责人的布伦达·法里尔说起从派拉蒙公司开始领导自己的迪勒时表示,"瞧见他的名字,你的心脏都要停止跳动了"。

迪勒在福克斯时的一位亲信说迪勒的台式电话有10条"热线"直接连通10位最高执行官。1993年11月1日,《纽约》杂志援引另一位亲信的发言称,由于迪勒怒吼着给他打了太多电话,不久之后他就不敢应答对方的热线了。

面对虐待雇员的指责,迪勒辩解那其实是真诚、坦率的争论。"人们不理解我而且我认为默多克先生也这样,我们都把事情摆到台面上办,"他说,"有时会争吵,但没有诡计而且非常直接。这很清楚。没有后门、第二议程或是很多微妙关系。"

痛苦地接受迪勒管理风格测试的福克斯电视台的战略,是一面逐步介绍电视网,一面避免联邦通讯委员会将其划归为电视网直至它获得确保最终成功的滚滚而来的充足收入。如前所述,这意味着:让黄金时段节目时长少于每周15小时;为吸引广告商集中精力开发黄金时段的节目。

推出播放深夜节目的电视网意味着:由于节目对外播出时间不属于晚上20:00～23:00的黄金时段,所以不算电视网节目。这不但让福克斯能够在星期一到星期五亮相,确保了节目可见度,还具有制作成本低的优势。福克斯第二部分的战略是选择传统上被视作电视收看最佳夜晚的星期日晚间播放节目,以此吸引最多的潜在观众。

福克斯执行官接着决定将星期六晚间也纳入播出计划,让电视网在整个周末均有节目播映。这个逻辑的错误在于:福克斯已经保证让自己的电视网有别于其余三家,也保证将精力集中在广告商喜爱的收视细分人群:18～35岁的年轻人。迪勒和他的执行官没有预见到的问题是,福克斯希望用青春型节目吸引来的那些年轻人星期六晚间不在家里看电视。从某种意义上说,福克斯在为错误的观众制作正确的节目。

福克斯的第三步战略是为仍被视作黄金时段、晚上19:30～20:00这段时间创作节目,但根据联邦通讯委员会的规定:该时段不得被电视网节目填充。联邦通讯委员会希望让电视网挪出半小时,给独立制片人创作PBS[1]节目的机会。可惜,观众从未像联邦通讯委员会委员预想的那样对莎士比亚、诗歌和古希腊文化进行过讨论。这个时段反倒成为接纳游戏竞赛节目的污水坑。不过它也给了福克斯一次机会:只要它保持非电视网的地位,就能凭借情景喜剧和戏剧填充这个时段,继而帮助他们吸引黄金时段的观众。

1986年夏,随着琼·里弗斯离开深夜时段,福克斯电视台执行官决定每晚安插一位不同的主持人接替她的位置;他们想通过这种轮流主持的现场试播,找到合适人选担任固定主持人。该方案很快被证明是一个馊点子。迪勒及其副手制定的这项方案忽略了广播的两个现实问题,错误很可能源自迪勒溢于言表的偏好——他喜欢雇佣自己能够按照心意培养的年轻新人,而不是已有建树的明星。因此,新秀在作很多决定时必须经历尝试与犯错的过程,无法借鉴先前成功与错误积累起来的经验。欠缺经验的福克斯职员阻碍并延误电视网取得成功的情况,在应该拿《晚间脱口秀》怎么办的问题上得到了绝佳展现。

广播的一块基石(就此而言,可以推广到其他媒体)是相依性。报纸读者期望并要求每天在相同的位置见到纵横填字游戏、金融版、体育专栏和连

---

〔1〕公共电视网(Public Broadcasting Service,简称PBS,也称公共广播协会或美国公共电视台),是美国的一个公共电视机构,由354个加盟电视台组成,成立于1969年,总部位于弗吉尼亚州阿灵顿县,主要制作和播放教育与儿童节目。——译者注

环漫画栏。为某一个或者某一类节目培养观众的电台或电视台同样必须保证相依性。特定节目必须在每个星期二晚上 21:00 播出；否则，观众会困惑、恼怒，最终舍弃媒体。

缺乏相依性不可能培养出忠实观众，福克斯却违背这项原则，每晚让呈现不同风格的各色面孔主持《晚间脱口秀》。收看福克斯节目的观众发现前一晚介绍音乐嘉宾的女演员后一晚却变成了一位男主持人，领着一帮钟情于《麦克尼尔—莱勒新闻时间》(McNeil-Lehrer News Hour)的受访者。由于职员已经接管《晚间脱口秀》并且开始按自己的方式运营，问题恶化，致使节目无法反映特定的个性或风格。

传播的第二项原则是媒体必须了解自己的受众。由杰克·帕尔(Jack Paar)和约翰尼·卡森首倡并改进为确保良好收视点的公式是基于这样的认识：大多数收看深夜电视的观众不是已经躺在床上，就是正要就寝。他们不想在这段时间里接收任何重大信息或复杂公式。他们希望在渐入梦乡之前获得片刻的轻松和慰藉。

1987 年 8 月，迪勒雇佣《大卫·莱特曼秀》(The David Letterman Show)的制作人巴里·山德(Barry Sand)打造一部新型晚间节目，对方不但拿到 100 万美元的合约还有权享受完全的自由；山德想到的任何点子或样式都保证能在节目中展现。整个夏季和秋季，各色主持人继续按日轮番登场，其中有一位颇具天赋的年轻黑人喜剧男演员凭借嬉皮、滑稽的风格似乎很能与观众互动，他就是阿赛尼奥·霍尔(Arsenio Hall)。这位日后凭借联播的深夜脱口秀节目为派拉蒙取得巨大成功的主持人却从福克斯的指缝中溜走，因为山德正在为福克斯开发新的深夜节目。

《北威尔顿报告》(The North Wilton Report)的节目名称源自好莱坞的一条寒酸街道，节目制作地就在那里的 KTTV 制片厂。它的初衷是糅合对每日新闻报道的幽默讽刺，同时穿插菲尔·高云斯(Phil Cowans)和保罗·罗宾斯(Paul Robins)带来的离奇喜剧和滑稽短剧；对方是两位来自萨克拉曼多的电台唱片音乐节目主持人。《北威尔顿报告》定在 11 月 30 日播放，但迪勒预审节目时发现一团乱麻似的喜剧小品既粗糙又缺乏幽默。迪勒下

第十二章
管控重任,力不从心

令节目必须全部返工,但真正的问题出在编剧、制作人和主持人身上,因此无药可救。

《北威尔顿报告》于1987年12月11日首播。节目立刻成为一部电视经典——一部化作电视历史传奇的经典灾难。它满足了福克斯执行官此前的一个希望——成为万众瞩目的焦点,但新闻报道对它的评述却让迪勒、山德和福克斯团队的其他成员始料不及。节目恶评如潮,观众坚决转到竞争者的频道看电视。

福克斯竭力维系的观众大多通过独立电视台收看节目。很明显,福克斯电视台不准备和其他三家电视网的联播台挂钩。因此,依照定义,福克斯的联播台是一类观众群体有别于电视网电视台的独立电视台。其中,爱荷华州达文波特市18频道(Channel 18)的KLJB-TV电视台(KLJB-TV)曾是福克斯联播台,后来它的所有者加里·勃兰特(Gary Brandt)意识到:重播老电影比播出福克斯的节目更能吸引观众。勃兰特于是决定在周末晚间时段播放电影,而将福克斯的节目推迟到午夜之后播出。

这准确反映了时间变更对福克斯电视台造成怎样严重的影响,如果其他联播台决定效仿影响更甚,因为它将无法为全国广告商提供其保证过的观众数量。而勃兰特作为电视行业务实的老将,拒绝让一帮缺乏经验的好莱坞新秀搞乱自己的电视台。"他们提的都是这些宏大计划,却错误分析了市场。他们全来自电视网。都没有在独立电视台干过。他们根据电视网模式作的决定在我看来不适合独立电视台"。

问题来了。迪勒的管理方式(特别是他极力鼓吹的管理体系)在福克斯电视台成立的头两年有多奏效?如前所述,他不喜欢雇佣有经验的执行官,后者本可以帮助电视网规避一些代价更高、更明显的错误。人人都说迪勒暗中鼓励员工搞不光彩的办公室政治和暗箭伤人的把戏,以判定谁是赢家。

卷入权力斗争的那些人大都付出了惨痛的代价。正如亚历克斯·本·布洛克借《解密福克斯》(Outfoxed)披露自己在福克斯的往事时所说的,迪勒自己也说福克斯的政治环境对加思·安希尔太严酷。"他的内心正逐渐被瓦解。这对他太残酷。环境相当严苛、相当恶劣"。

然而迪勒似乎矢志创建一种交织冲突与对抗的氛围。他似乎需要借助这样的氛围来取得最佳结果。马特·格勒宁这位创意天才对迪勒褒扬有加,将对方非凡的驱策力与创造力联系起来。格勒宁觉得:迪勒创造性地设计着商业操作形式,他的"见地"把他与其他制片厂执行官区分开来。马特认为迪勒的果决"让人感觉舒服。他们或许不赞同他,但至少他似乎确实有自己的见解"。

舒服当然是很主观的状态。许多人(包括一些迪勒过去和现在的亲信)都不敢苟同迪勒通过果断、坚定的选择让员工身心舒畅的描述。

艾伦·斯腾菲尔德个人对迪勒就有迥然不同的看法。必须频繁接触迪勒的斯腾菲尔德认为,他很难共事也极为苛刻。"巴里特别任性,特别急功近利,"斯腾菲尔德说,"我认为他在追求目标的过程中,丢失了许多人情味。他不在乎要牺牲多少自己培养的追随者。"

斯腾菲尔德觉得:恐惧、竞争和嫉妒的力量主宰着"杀手迪勒"的世界。迪勒偏心眼。似乎很明显的是,他一旦对人作出判断就很难被劝服。但他的偏心眼似乎不是出于私怨或报复心,而是为了实现计划。正如斯腾菲尔德所说,迪勒胸怀"鸿鹄之志"。他不想让人害怕他,他是在追寻那些高远的志向,"他责骂别人,然后满不在乎地把他们抛在路边"。

迪勒通过胁迫进行统治的方式有违优秀领导的所有传统定义。他很少支持或鼓励他的部下,他并不着力营造良好氛围以让雇员感觉他们是为了实现某个目标共同奋斗的整体。他未能激发员工的忠诚度或奉献精神;相反,斯腾菲尔德说,他不仅"不能很好地描述目标与战略",还"利用别人极度害怕的心理并摆出恃强凌弱的架势"。

斯腾菲尔德将迪勒视作"负责细节以及正片而且谁都不信任的微观管理者",他对自己在福克斯的工作有着与众不同的看法。进入电视业之前,斯腾菲尔德在波士顿经营花房。他制作电视节目的方式类似于他对园艺的态度:"这很像经营花房。你希望效益最大化,就要利用每一处生长空间来种上植物。想在下个母亲节卖些东西,最好在上周就播种。"

换言之,计划、种植、等待并查看成果,而不是在一季之后就放弃。迪勒

第十二章
管控重任,力不从心

却抱有斯腾菲尔德说的"正片思维",这让他相信:节目的成败取决于首映当周周末;这类评估基本不可逆转。斯腾菲尔德赞同周末票房是正片未来成绩明确风向标的观点,也赞成电影如果首演失利往往难有起色。但他相信电视的情况全然不同。

"电视需要时间,"他说,"拍电视最大的挑战是让观众注意新的系列片。一家完整的电视网一周(包含早中晚时段)播出七个晚上,而且能在其他电视网的播出空档推销自己的电视网。"

但由于福克斯一周只播出两个晚上,问题出现了:什么时候为周六晚间播出的系列片做预告?电视网无法控制,也无从知晓联播台是否都选择星期五、星期四或星期一晚间为电视网节目做预告。电视网人员只能在星期六晚上控制播放中的促销节目,此时在电视网节目间插播的广告主要是为了宣传星期日播出的节目。

斯腾菲尔德认为:星期日的预告片几乎没有价值,因为它们宣传的节目直到下个周末才上映。他说:"基本上,电视现场促销在播出后的 72 小时里有效。此外,被大量信息轰炸的人容易忘记曾经的见闻。实际上,福克斯无法掌控自身的命运,因为它一周只有两个晚上播出节目。"

电视网开始考虑把星期五晚间加入节目计划时,斯腾菲尔德找到迪勒并告诉他星期五晚间是一个糟糕的选择。他引述了自己想到的两点原因:(1)联播台的晚间收视率和收入在星期五达到一周的顶峰;(2)电视网将不得不整整提早五天,在前一个星期日播出星期五晚间连续剧的预告片。

斯腾菲尔德觉得将星期一或星期二纳入电视网的计划更有意义,这样在星期日节目中穿插的预告片会鼓励观众在时隔仅 24~48 小时后就重返电视网。"道理很简单,"他对迪勒说,"把新增的晚间时段设在原有时段之前而不是之后。"

与往常一样,迪勒没有采纳斯腾菲尔德的建议。类似的情况在斯腾菲尔德刚到福克斯工作时就出现过。"我到了那里就说,'巴里,你现在要买 22 部剧集。一年有 52 周。那好,22 乘 2,电视首播加一轮电视重播,等于 44。其余 8 周你准备做什么呢?'他说,'我不知道。给我一份计划。'于是我交了一份计划,他说,'这会花很多钱。还是重播所有相同的节目吧'。"

斯腾菲尔德的体验是,迪勒"表面上寻求忠告",而他本人又不得不告诉迪勒:"这里不足。这就是我没有这样做的原因"。他想起一个例子,当时"我们站在停车场里谈事情,我当时说,'在这里我又一次成了少数派。这是我不愿那样做的原因'。我告诉了他全部理由,他说,'别为成为少数派而感到抱歉。我需要你这样有主见的人。永远别对我说你认为我想听的话。我付你薪水不是干那个的'。"

"大约4周后,我发现自己没有受邀参加迪勒办公室的各类会议,我觉得纳闷。或许是我刚好会错了意。他口是心非;也就是说,'我不需要另一个批评家踩在我的肩上。如果我真的需要你对一切发表看法,我就不是巴里·迪勒'。"

斯腾菲尔德想找加思·安希尔求证自己的怀疑。但当时安希尔忙着和凯文·温德尔进行权力斗争,无暇为斯腾菲尔德指点迷津。尽管斯腾菲尔德从没有直接和迪勒讨论过,他却发觉,与其他人一样,他不知怎么就被巴里冷落了。

斯腾菲尔德声称自己没有因为与迪勒产生明显分歧而感觉极为困扰。"我还有许多工作要做,所以反倒认为自己不用坐在他的办公室里浪费太多时间。除了偶遇和每个星期二的全员例会,我几乎很少见到他。周二例会就像平常的调味酱,对周末收视率和新闻舆论类问题进行回顾。音箱里播报着来自纽约的销售统计。通常这样的会议长达2小时,只有将近四五个人真的发言"。

目前在美国广播公司工作并且说自己不会"拿美国广播公司与其他电视网交换"的斯腾菲尔德于1988年离开福克斯。"我开心地走了,"他说,"我曾与福克斯签下3年合约,那次的经历让人非常不快。编剧罢工见效的那年春天,制作停止,因为没有剧本。不存在活动计划,因为没有节目安排。事情不多,情况不妙。幸好凯文·温德尔走进我的办公室说,'现在由我负责。你我过去就有分歧。我讨厌分歧,所以你走了,我会觉得舒服'。"

"我心想,'根据我的合同,我只向我的部门总监汇报,凯文不是总监。

第十二章
管控重任，力不从心

尽管没有落笔成文，这次严重违约却意味着我很可能自由了'。很快，我列出一份我认为能够让人真正开心工作的雇主名单。我把格兰特·廷克的名字放在名单最上方，于是我给他打电话还问能否过去和他见面吃午餐。午餐结束后他就给了我一份工作"。

"我去见迪勒时说，'这样不行，我找到了一份新工作'。他很有风度地说：'好的，如果你在劳工节前还不会帮格兰特工作，现在是7月30日，接下来的5周你可以不用进公司，只要告诉我们把支票寄到哪里。'于是我得到了成年人很少获得的馈赠——一张工资支票和一个假期。"

迪勒的专制和跋扈埋没了艾伦·斯腾菲尔德、斯科特·萨沙和其他极具天赋的年轻执行官的贡献。当福克斯开发那些能够在深夜和周末吸引美国观众的节目时，总显得迷惘且自相矛盾。

接到开发或制作要求的节目有很多。《狼人》(*Werewolf*)、《特蕾西·厄尔曼秀》(*The Tracey Ullman Show*)、《二重奏》(*Duet*)和《生动的颜色》(*In Living Color*)等节目最终播出；其他类似系列片《戴罪之兵》(*The Dirty Dozen*)和《贝弗利山奇遇记》的节目从未通过开发阶段；还有像《北威尔顿报告》这类节目如果从未通过剧集试播倒还好些。制作的确精良的节目却因为那些引入节目的人能力有限，未必获得成功，而《龙虎少年队》、《时事纵横》(*A Current Affair*)和《憔悴潘郎》最终吸引了观众，《憔悴潘郎》更成为一部热门剧集。

但正如迪勒自己承认的，这与各类宏大的总体规划并无必然关联。"福克斯探寻自身道路的方式与人们设想的不同。人们认为福克斯决意成为这种年轻、前卫的电视网。那不是事实。起初，我们采用和大家一样的蠢笨做法经营福克斯。也就是我们所说的，'好吧，让我们出去招募最优秀的人才，我们要制作他们的节目'。于是我们招募到某位非常优秀的人才，加里·大卫·戈德堡(Gary David Goldberg)，他确实是开创福克斯节目的伟大电视人。福克斯早期的节目与竞争者很像。慢慢地，实际上《憔悴潘郎》让我们获益匪浅，因为它是一部真正的另类节目。发现它时，我们说，"啊！关系摩擦！利用这一点能有一出好戏。这会引起关注。明天就能落实这一点。找找,点子就有了"。

久而久之,迪勒明白:美国人希望在福克斯看到与其他电视网有所不同的东西,但不要区别太大。他们希望第四电视网稍显前卫,却拒绝自己认为过于粗暴或晦涩的内容。因此,尽管《特蕾西·厄尔曼秀》每集的制作费用高达40万美元,格调却过于激进、前卫,很快落得要借助联合重播来获得重生的地步。

《憔悴潘郎》每集的成本与《特蕾西·厄尔曼》相同,却带来了收视率。《憔悴潘郎》沿用观众熟知的传统情景喜剧模式,还加入了一丝辛辣味,这让它成为福克斯的一棵摇钱树。然而,挽救福克斯的真正推动力来自一个真正出人意料的环节。这场节目制作大突破让迪勒承认,"一年后我懂得我们因为抄袭三家电视网的节目自食恶果。开始时,我们竭力抄袭他们的精华。这是一个错误。这条路行不通"。

有人认为福克斯电视网能起死回生多亏了24位观众,是他们认出了纽约市史坦顿岛医院里一名雇员的真实身份。该男子的容貌通过福克斯电视网中一档名为《全美通缉令》(America's Most Wanted)的低成本节目在全国闪现。节目开辟出电视节目的新类型,内容涉及真实犯罪。该男子很快就被认出是鲍勃·罗德(Bob Lord),一个远近闻名热心帮助无家可归者的人,《全美通缉令》却揭露他的真名是大卫·詹姆斯·罗伯茨(David James Roberts)。罗伯茨因强奸、谋杀、纵火和抢劫被捕,服刑期间越狱出逃。24个人向美国联邦调查局(FBI)致电举报。节目于1988年2月11日播出,4天后罗伯茨被捕。无处不在的媒体播报了他的再次被捕,这也让福克斯喜获实际价值达数百万美元的免费宣传。

《全美通缉令》迅速成为一种美国电视现象。正如亚历克斯·本·布洛克在讲述福克斯电视网的《解密福克斯》一书中观察的,"其实,它通过多种方式成为一种现象。该节目是缺乏经验的福克斯广播公司转变的标志,从此电视网逐步获得信誉和收益。正是这档节目改变了电视节目制作的经济理论并提出:重要的不是节目制作费用,而是节目对目标观众的吸引力"。

迪勒立即下令把该节目移到星期日晚间20:00开播,这能够让福克斯获得上佳的收视率与广告收入。《全美通缉令》每半小时节目花费福克斯125 000美元,约为福克斯情景喜剧的三分之一,这部分得益于它的制作地在华盛顿哥伦比亚特区。福克斯拥有该节目,因而能够在根据自身需要决定重播次数的同时几乎不承担额外费用,这与耗费电视网40万美元且隶属于他人的节目形成对比。电视网稳操胜券。

两年过去了,耗用的财务与人力成本远远超出各方的预期。1989年7月,迪勒却再次证明他是一位非凡的执行官和一位能够将构想化为现实(更重要的是转化为盈利现实)的梦想家。福克斯广播公司为自己在电视市场上占据一席之地,节目吸引了一大批忠诚观众。

这个阶段的20世纪福克斯电影公司因迪勒全力打造福克斯电视台而付出了代价。尽管此前损失9 000万美元的电视网终于在1990财政年度末期取得利润,福克斯电影公司的利润却在前一年基础上骤降将近40%,跌至5 500万美元。一位好莱坞王牌明星经纪人这样总结道:"巴里分心了。"

统计揭示了福克斯影院片制作部的窘境。1988年,福克斯发行了《飞跃未来》、《虎胆龙威》(Die Hard)和《打工女郎》,它们的接连成功让公司登上八大制片厂第三名的宝座。1989年12月中旬,福克斯的排名却滑到第七;福克斯1989年出品并取得超过5 000万美元毛利的唯一作品是《深渊》(The Abyss),该片反响平平,制作和发行成本却超过6 000万美元。

一些知情者透露,由于觉得合适,迪勒邀请自己以前的老板伦纳德·戈德堡经营制片部。道格·威克和其他一些人认为迪勒"有意让戈德堡拥有一席之地。这是一种复杂的关系,他们的关系从美国广播公司开始。但巴里很尊敬伦纳德·戈德堡"。

威克"在《打工女郎》中与迪勒只有几面之缘。巴里偶尔出现在摄影场。但巴里非常精明,他从不会在不需要的时候浪费精力。他基本上会在需要支持时出现在摄影场……我是说,有许多人会给出愚蠢的'贡献'、假装掌握控制权。巴里不那样"。

另一方面,"事情不像尼科尔斯说的,'我想做这个项目,'巴里就说,'好,这是1 500万。啥都没问。'看过电影首次剪辑后,巴里就有了极具建设性的想法。他会亲自查看制片人的剪辑和导演的剪辑"。

威克认为,迪勒和迈克·尼科尔斯相处融洽的原因是"尼克尔斯总能兑现承诺。即使这看似不可能,尼克尔斯也会熬通宵想出解决办法。这点与迪勒没两样"。

尽管迪勒"不参与每天的剧本讨论",但他的确负责"关键性事务,如电影海报、首映派对、各类公开代表福克斯的事务"。

威克和迪勒在吃午餐时碰过面。"我和詹姆斯[·布鲁克斯]在前一个项目中相识,他觉得我们未来还能合作……他突然得知迪勒和我都有兴趣了解对方。我基本上就是一个图腾柱下的……小屁孩……有关迪勒的故事,好的坏的,都让我感觉好奇。那次的午宴很棒"。

"迪勒,当他关注你时,会全神贯注、悉心聆听、聚精会神,他不像很多执行官那样心不在焉。他的亲切让我吃惊。如此健谈。他让我觉得自在。我们主要谈了谈生活,相互了解"。

威克的一个姐妹曾经是福克斯的市场部负责人,她也是迪勒的朋友。他们都钟爱摩托车,还经常一起骑自行车。

与多数同事不同,"我从没和迪勒对抗,"威克说。日后他通过投资迪勒掌管下的 QVC 赚了一大笔钱。"这是一种缘分,大家要么合拍,要么不是"。

然而,其他人对迪勒和戈德堡的关系颇有异议,还断言迪勒事后批评了这位给他上过第一堂电视课的人。福克斯电影公司之前的雇员说戈德堡不得不大动干戈地让迪勒相信:值得花 500 万美元请布鲁斯·威利斯(Bruce Willis)在《虎胆龙威》中领衔。这部 1988 年的惊险动作片为福克斯赚到 8 000 万美元的收入。

戈德堡还不得不通过战斗让迪勒准许在电影布景中使用钢筋和玻璃结构的福克斯广场摩天楼。戈德堡在福克斯时的一位部下说:"巴里借《虎胆龙威》需要福克斯广场布景一事折磨伦(即伦纳德)。整个洛杉矶县都比这位为电影出资的公司主席配合。"

无论戈德堡与迪勒的关系是好是坏,关系复杂是肯定的。到福克斯仅 2 年,戈德堡便于 1989 年离开福克斯,继续担任独立制片人。迪勒招来 41

第十二章
管控重任，力不从心

岁的制作人兼导演乔·罗斯(Joe Roth)顶替他的位置。罗斯此前担任摩根·克里克(Morgan Creek)制作公司的负责人，通过制作《年轻枪手》(*Young Guns*)和《大联盟》(*Major League*)等低成本畅销作品而闻名。

罗斯是迪勒在多年内为该职位雇佣的第五人。这一回，迪勒决定让自己的制片厂负责人获得更多职权和发挥余地，其中包括无需得到迪勒的首肯就签约并制作电影的权力。"乔以前，"迪勒说，"在任何一家与我有关的公司里，没人能在未经我允许前做拍电影的最终决定。我总感觉这个决定不能单方面委派。"

罗斯受命在 3 年内将福克斯影片的制作数量增至三倍，最多达到 30 部电影。他似乎并未被任务吓阻；任务中还包括他要在上任的头一年让鲁伯特·默多克和新闻集团为新增影片支付 7 000 万～1 亿美元。罗斯说，"聘我来是因为我经营的公司能在 18 个月里制作 11 部电影。福克斯只是少产。我们能把制片数量提高两倍，还不必增加人手造成影片发行时的额外开销。"

罗斯谈及制作高概念电影——迪勒的最爱，以及《年轻枪手 2》(*Young Guns II*)和《虎胆龙威 2》(*Die Hard 2*)等一系列福克斯之前畅销作品的续集。

迪勒出让这部分控制权实属不易。或许他受到制片厂惨状的触动，也可能他意识到：同时经营一家全新电视网和一家电影制片厂即便对巴里·迪勒而言，负担都明显过重。"我掌管这部分业务不是为了进行某类自私并且不再合适的操控，"他在 1990 年《福布斯》(*Forbes*)刊登的采访中说，"我为自己的改变力无比自豪。"

事实与数字不容忽视。与现在的结构不同，公司此前运营不良。迪勒这位讲究实际的执行官肯定不会为了自尊心牺牲盈利。

第十三章　挥手道别，志在四方

当巴里·迪勒于1990年运用自己的"改变力"时，很少有人（如果有人猜到的话）会猜到改变很快将触及他的生活，猜到这些改变的深远影响。迪勒可能是一位梦想家、一个控制狂、一位王子、一条口喷烈焰的恶龙——他可能同时兼具这些品质。但无论迷恋还是贬低他的人都公认这一点：迪勒喜欢竞争。他喜欢接受个人或职业上的挑战并从中汲取能量。他行事也非常出人意料。

1992年2月24日，当迪勒宣布自己将离开20世纪福克斯公司时，电影和电视行业，乃至整个商界，都为此震惊。同样惊人的可能是，他辞职不是为了接管另一家主流制片厂或是买下传言中待价而沽的全国广播公司或哥伦比亚广播公司。他既不准备创建自己的独立制作公司，也不准备与富裕的好莱坞朋友合营。

他离开福克斯时并没有立刻规划未来。19岁开始工作的"杀手迪勒"放弃自己显赫的头衔、丰厚的执行官报酬和雅致的办公间与会议室，也告别挂在墙上用来讨论各家电视网黄金时段节目的网格。

好莱坞和华尔街的每个人都在问为什么。有谣言称巴里的离任是因为

第十三章
挥手道别，志在四方

默多克逐渐介入福克斯的事务，导致他和默多克关系紧张。其他人私下揣测迪勒很早就希望默多克让福克斯公司从新闻集团里独立出来并且让他来负责。

事实更为复杂。迪勒书写了电视历史也征服了电影业。1990年，《综艺日报》(Daily Variety)封面故事的标题为"巴里·迪勒诱发的好莱坞热门运动"。该文记者发现，"目前好莱坞本地人过度使用的四个字是'巴里·迪勒'。在被老前辈们铭记的那个时代，有一个人的策划受到全行业瞩目。"

但巴里·迪勒还面临一个他很少公开承认的挑战——追赶大卫·格芬。此前的1984年，他在离开派拉蒙转投福克斯时，尝试过一次。但到了20世纪80年代末，格芬就算未必能在整个好莱坞呼风唤雨，也已摇身成为乐坛的头面人物。

格芬从未赢得"好人缘先生"的头衔，他也无意赢得任何人气比拼。无论是过去还是现在，他的精明、反复无常、慷慨、有仇必报、心思缜密和恶毒，不输迪勒半分。已故超级经纪人史威夫蒂·拉扎尔(Swifty Lazar)提起巴里·迪勒的这位密友和对手时，"5年前格芬成为核心人物。没人知道他接下来会涉足哪个领域；如果他没注意你，那是你的造化"。

格芬经营娱乐业的方式类似好莱坞早期电影大亨的做法：他对大众口味富有直觉；人际关系则帮助他利用这种直觉。他重视与自己信赖并且保持密切关系(近乎家族血亲的关系)的人合作。但这种紧密关系需要忠诚。当关系中出现冲突时，格芬的反应就像是被家族成员背叛一样。

1989年，他的帝国纳入格芬电影公司(Geffen Films)和格芬唱片公司。格芬电影公司不仅制作了《乖仔也疯狂》(Risky Business)和《甲壳虫汁》(Beetlejuice)等影片，还对百老汇音乐剧《猫》和《寻梦女郎》(Dreamgirls)进行出资与制作。他在将格芬唱片公司打造成乐坛主力的同时，曾与斯蒂夫·罗斯(Steve Ross)紧密合作；有人把他们的友情描述为类似父子的关系，但关系最终随着罗斯在没有首先通知格芬的情况下与时代华纳公司(Time-Warner)合并而恶化。不和转为痛苦。格芬感觉遭到背叛并卖掉了自己的格芬唱片公司。

他拒绝了数家公司的发盘因为他觉得缺乏同最高执行官的默契,同时,他将视线转向 MCA。1990 年,格芬将自己的唱片公司卖给 MCA 从而获得价值 5.45 亿美元的股票,成为 MCA 最大的一位单一股东,个人财富累积近 10 亿美元。此后不久,日本的松下公司(Panasonic)[1]于 1992 年收购 MCA,格芬获得滚滚财源并成为好莱坞第一位身价亿万的巨亨。

迪勒既令人欣羡、惧怕,也受人尊敬、追捧,而且他很富有。但与格芬竞逐时他却败下阵来。大权在握的他仍须听命于某些比他更富有也更有权势的人。他曾请求默多克让他担任公司的负责人。默多克的回答是,"这家公司只能有一位负责人"。至于自己未来的计划,迪勒照例讳莫如深。

"一切从无到有。我离开派拉蒙时外界一片惊讶。我离开美国广播公司时外界更是惊讶。现在大家又对我离开福克斯表示惊讶。我喜欢这样也为此自豪"。

正如《洛杉矶时报》(Los Angeles Times)报道的,"巴里·迪勒这位建起第四电视网、反复无常却勇于创新的福克斯公司主席……出人意料地于星期一辞职。牙尖嘴利外加激进式管理为迪勒赢得'杀手迪勒'的绰号,他说他计划给自己打工。许多人推测他要么抢夺现有电视网,要么开办自己的公司。迪勒的高级管理团队成员称,消息公布时他们深感震惊"。

"我想我走完了人生的一个阶段,"迪勒向新闻界宣称,"现在我想走入下一个阶段。我想让自己承担一点风险。"他还公开为突然宣布决定致歉。"我为事情戏剧性的转变抱歉。算上以前担任派拉蒙主席、离开派拉蒙转投福克斯,我宣布过三个爆炸性的决定,但一切尚未结束"。

同他讨论过个人计划的人只有格芬、他的挚友桑迪·加林和黛安·冯·芙丝汀宝。被问及对迪勒离任一事的看法时,格芬说:"他为查理·布卢多恩和鲁珀特·默多克带去滚滚财源;现在他该为自己赚大钱了。

---

[1] 以"Panasonic"品牌闻名全球的松下电器产业株式会社(Matsushita Electric Industrial Co., Ltd.)于 2008 年 1 月宣布,该公司将于 2008 年 10 月 1 日起,把公司的名字正式更改为"Panasonic Corporation",并且还要把该公司旗下所有的品牌都统一为"Panasonic",寓意为"将松下的声音传遍全球"。

他是当今娱乐业的首席娱乐执行官,他在 50 岁时做出这项决定。他不希望再替其他任何人打工。"

巴里·迪勒与黛安·冯·芙丝汀宝参加 1995 年"孩子为了孩子"(Kids for Kids)儿科艾滋病义演活动。[全球图片公司/萝丝·哈特曼 (Rose Hartman)供图。]

由于迪勒戏剧化的离任,也由于迪勒在娱乐圈备受关注,新闻界蜂拥般评述迪勒、他的管理风格及其商业功绩。

《纽约时报》(*New York Times*)就迪勒对行业及其公司的影响总结如下:"或许再没有其他好莱坞执行官能够像巴里·迪勒那样,在过去 10 年为公司留下浓墨重彩的一笔。迪勒先生不仅创建了福克斯电视网,还帮助福克斯公司成为鲁珀特·默多克拥有的新闻集团母公司的一块基石。福克斯是新闻集团的重要财源。"

《纽约时报》继续评述迪勒非同一般的离职。"此次离职在好莱坞几乎前所未有,报酬丰厚的执行官通常有两条出路:他们可以领着价值数百万的退职金离职,或者,如果他们倦怠了,也能得到几间办公室、一位职员和一项制片厂开发交易聊以自慰"。

"然而,迪勒先生在备受瞩目并且充斥流言、诽谤的好莱坞世界里选了一条极具风险的职业道路,这对一个被奉为节目业绩保证的人而言尤为如此"。

金融分析家评价迪勒不仅在娱乐创作上极具天赋,在金融方面同样如此。肯佩尔证券(Kemper Securities)的保罗·马什(Paul Marsh)说,"很少能找到一位既拥有创作声望,又能很好控制盈利状况的好莱坞执行官"。欧本海默公司(Oppenheimer & Company)的杰西卡·瑞弗(Jessica Reif)称,"有些人说他太过亲力亲为,但他总能出人意料地完成任务"。

然而,不是所有人都对迪勒的管理技术表示赞同。凯文·曼妮(Kevin Maney)这位《今日美国》(USA Today)"财金"版记者认为迪勒的管理能力并不值得称颂。

"迪勒是一位毕业于老式好莱坞学校的执行官,那里全是自负和以自我为中心的老板,他们事必躬亲地监管创意作品、当众训斥雇员、怒气冲冲地与同僚和上司争斗。迪勒在这些方面声名远播,有一次迪勒将一卷录像带砸向一名职员。职员闪躲及时,录像带却在办公室的墙上砸出一个坑。这类执行官无法构建向跨行业合作公司演变的大媒体。迪勒的风格或许在好莱坞奏效,却不适合美国电报电话公司(American Telephone & Telegraph Company, AT&T)或康柏公司(Compaq)"。

曼妮似乎属于少数派。人们没有忽视,即便在福克斯电视台的推行阶段,迪勒还亲自改进福克斯电影制片厂杂货商店的食物供应,坚持让对方提供更健康的菜谱,里面要配上相关脂肪含量与卡路里的详细标识。对于很多福克斯的雇员来说,这些利益在他们生命中远高于迪勒任何一部引起轰动的电影带来的成功。正如一位雇员所说:"迪勒亲自这样做。我们制片厂里最有权势的人关心我们的饮食!"

波利·普拉特记得,《广播新闻》完成拍摄之后,她等着看福克斯要不要和詹姆斯·布鲁克斯的制作公司格雷西电影公司续约。"巴里没有续约,这让我吃惊。我不相信巴里会让吉姆投入索尼或者其他制片厂——詹姆斯·布鲁克斯不但与马特·格勒宁创作出《辛普森一家》,还制作过《广播新闻》、《飞跃未来》和《错对冤家》"。

"我和福克斯的人一起吃饭时会问,'为什么?'我没觉得他讨厌;我只是猜不透。当然现在我们知道了原因。他要离开福克斯。他或许告诉过吉姆，但我并不肯定，因为吉姆一向大嘴巴"。

当迪勒决定离开福克斯时，布鲁克斯强调过他承担的职业风险。"他现在的行为极其大胆。我相信没有一个人会丢下和他一样的好莱坞差事，像他那样在一段时间里冒险"。

另一位制作人却相信迪勒会这么做，因为他完全相信自己的判断，也相信自己的决定是对的。"这家伙与众不同，而且是一位相当杰出的战略家。是迪勒成就了《虎胆龙威》，他和我们坐在一起、制定并设计营销策略和发行模式。有些年轻执行官嫌影片太长，想做剪辑。我们预览了一遍。迪勒出面说，'谁都不准动这部电影一帧画面'。毫无疑问，他是对的"。

《每日综艺》的彼得·巴特（Peter Bart）对迪勒的评价则更贴近对方的内心世界，许多没有像巴特一样与巴里亲密接触数年的记者无从知晓他的这些特点。

"了解迪勒，就必须清楚一个事实：他把自己看成完完全全的局外人。他迫切想成为至高无上的冒险者，让自己面对新的危险。迪勒根本不想隐遁，有一群给予理解和教导的朋友围绕、呵护着他"。

"迪勒作为执行官，将督促、争吵作为手段，还通过更好、更具原创性的方式实现目标。如果有一种'可行的'办法，迪勒就觉得有必要加以改善。他经常这样"。

迪勒刚庆祝完自己50岁的生日。他既没有家庭负担，也没有财务压力。尽管拥有诸多成就，他却还不是自己的老板，他仍在追寻弥足珍贵的独立。现在他让自己自由了；他领走默多克1.5亿美元的安置费，还买下500万美元的湾流喷气式飞机，用自己独特的方式开始了追梦旅程。

第十四章 奥德修斯,高瞻远瞩

就在迪勒宣布即将离开福克斯的数月前,他给自己买了一份礼物——一台顶级的、售价达3 900美元的苹果公司强力笔记本电脑。他聘请了一位家教为他讲解笔记本电脑的多重功能,而且无论去哪里都带着它。

"他难以置信地迷恋着他的电脑,"黛安·冯·芙丝汀宝这位迪勒最亲密的昔日红颜说。"我学它是要离开福克斯,"迪勒说。

强力笔记本电脑现在与未来蕴含的种种可能性让他浮想联翩。除了它明显的和已经存在的用途,迪勒也为自己如果掌握技术可能发掘的电脑潜能着迷。"它拓宽了他的视野,"冯·芙丝汀宝在1993年的采访中说。强力笔记本电脑让迪勒重新思考电视节目制作、电缆的功能、交互性与消费者选择、交互性与信息服务。

1992年5月,迪勒在递交辞呈3个月后,踏上一段穿越美国的探索旅程。他后来将这段人生历程喻为"奥德赛",他找寻自己未来以及媒体与通信技术未来的足迹从大陆的一端到达另一端。

荷马的《奥德赛》讲述了希腊英雄奥德修斯的故事,他是集勇敢和才干于一身、功勋卓著的勇士。奥德修斯在特洛伊一役中获胜后踏上归途,他的

第十四章
奥德修斯，高瞻远瞩

船却被吹离航道。他造访了许多陌生地区，后又一度遭遇海难和流放，最终重返希腊并赢得人们的热情礼赞。迪勒做了类似的事。

拎着强力笔记本电脑的迪勒拜访过电脑技术领域的巨擘，其中包括：微软公司身后的天才比尔·盖茨（Bill Gates）、离开与别人共同创办的苹果电脑公司（Apple Computer®）转而创建 NeXT 电脑公司（NeXT Computer®）的史蒂文·乔布斯（Steven Jobs），以及位于波士顿麻省理工学院（Massachusetts Institute of Technology）的媒体实验室（Media Lab）。

掌管多媒体与消费者系统的微软副总裁罗布·格拉泽（Rob Glaser）陪同迪勒参观了该公司位于华盛顿雷德蒙的总部。格拉泽后来表示："在所有来访人士中，迪勒最专心了解我们做的东西。"这些人士包括：鲁伯特·默多克、马丁·戴维斯，以及电信公司（Tele-Communications, Inc, TCI）这家美国最大有线电视公司的首席执行官约翰·马龙（John Malone）。

迪勒在涉及通信业合并的美国参议院司法反垄断小组委员会听证会上，与俄亥俄州参议员霍华德·梅岑鲍姆（Howard Metzenbaum）进行会谈。从左到右依次为：梅岑鲍姆、TCI 公司主席约翰·马龙、迪勒和马萨诸塞州参议员鲍勃·凯瑞（Bob Kerry）。[（AP/大千世界图片/约翰·杜里卡）供图。]

迪勒访问微软的感受被简要概括为一句话："一切让我激动不已。"

同年夏天，迪勒和黛安·冯·芙丝汀宝抵达不可思议的旅程终点——宾夕法尼亚州西切斯特的寂静小镇，这里是 QVC 购物网络（QVC Shopping

Network，QVC 分别是英语中"质量、价值和便利"的首字母）的总部所在。冯·芙丝汀宝 2 月末曾逗留在 QVC，与那里的人交流如何创建由 QVC 独家出售的服装系列。回到家后，QVC 直接面向消费者的市场营销系统的效率和对方的销售量仍让她惊异不已。

1993 年 11 月 10 日，QVC 公司主席迪勒与黛安·冯·芙丝汀宝驾临大都会艺术博物馆（Metropolitan Museum of Art）和 CBS 公司《60 分钟时事杂志》（60 Minutes）节目的 25 周年庆派对。[AP/大千世界图片/马克·列尼罕（Mark Lennihan）供图。]

现在，迪勒来西切斯特，一是亲眼看看 QVC 非凡的销售印钞机，二是与家居购物网络商谈冯·芙丝汀宝悬而未决的合约，让她能设计名为"丝织品"（Silk Assets）的时装系列。这家企业毗邻马厩和玉米地，尽管闭塞且略显古怪，却是美国各大制造商的宠儿。第五大道百货（Saks Fifth Avenue stores）、比尔·布拉斯（Bill Blass）、柯达公司（Kodak）、宾得公司（Pentax）和松下公司（Panasonic）等知名公司都在设法进驻西切斯特。柯达公司已向 QVC 提供最新 CAMEO 变焦增强版（Cameo Zoom Plus）相机为期三个月的独家零售权。9 400 台单价为 150 美元的相机仅在首日销售的 1 小时里就被抢购一空。一夜间，约翰·泰斯（John Tesh）的激光唱片销量就达 45 000 张。

迪勒和冯·芙丝汀宝一样，对操作方式大为震惊：电视、电话和电脑，

第十四章
奥德修斯,高瞻远瞩

连同迪勒见到的一类完全自动化且最具效率的销售,全天 24 小时协同运作。美国第四大有线电视公司康卡斯特®的总裁,也是该公司创始人拉尔夫·罗伯茨(Ralph Roberts)的儿子布莱恩·罗伯茨随后告诉他更多关于 QVC 的情况。康卡斯特以及约翰·马龙这位执掌 TCI 的电视业最具权势的人物是 QVC 的主要股东。迪勒与罗伯茨和马龙相识数年,当迪勒宣布从福克斯卸任时,便收到包括这两个人在内的 33 位执行官的热情来电与追求。

TCI 和康卡斯特已经在技术上接通他们心目中电视的未来。但是如果观众打开电视机却一无所获,即便电缆线能向观众提供将近无数个频道,意义也不大。他们缺乏节目制作专长,并且将迪勒视为能够提高其运作水平的节目制作天才。

1963 年,当时配送男士衣物配件的拉尔夫·罗伯茨创建了康卡斯特。从密西西比州图珀洛起家的老罗伯茨发现自己主营的皮带生意受到一种趋于毁灭性的威胁。无皮带便裤的发明和流行迫使罗伯茨决定他必须转行。

图珀洛的居民愿意付款给有线电视,以便从孟菲斯电视台获得更清晰的传输效果,罗伯茨通过安排提供该服务。取得首轮成功后,他开始向其他有线电视公司投资。商谈有线电视收购交易、银行贷款和涉及地方政客的特许权时,罗伯茨经常领着年少的儿子布莱恩。迪勒喜欢布莱恩,称赞他"总是信手拈来一个好点子,也不怕付诸实践"。小罗伯茨很快了解了业务并倾心于它带来的兴奋和金钱。之后,他做过安装电缆线的高空作业工。从宾夕法尼亚大学(University of Pennsylvania)的沃顿商学院(Wharton School of Business)毕业后,他成为父亲所在康卡斯特公司的一名执行官。

接受父亲的安排,负责康卡斯特位于密西根州弗林特的有线电视系统后,布莱恩·罗伯茨开始深信有线电视事业切实可行。麦可·摩尔(Michael Moore)的电影《大亨与我》(Roger and Me)生动而幽默地勾画了许多弗林特居民经济拮据的状况,当时通用汽车公司(General Motors)关闭了那里的工厂,致使当地失业率飙升至22%。然而大多数人还是坚持收看每月20美元的有线电视。令人吃惊的是,更多的人签约订购。罗伯茨总结:境况欠佳时人们更加需要仰赖有线电视暂时忘却财务困扰。

8月,迪勒拜会马龙,这位世外高人住在丹佛郊外面积达83公顷的牧场上。他的QVC公司合作商布莱恩·罗伯茨称他为"……我见过的最精明的商人"。帮助马龙摆脱众多敌人指责的罗伯茨又说:"但是,与所有人一样,他确实存在一些缺陷。不幸的是,人总是不在乎别人对自己的评价……这让人遗憾,也让人悲哀。他真的是一位伟大的梦想家。"

其他人谈到他时更吝于褒奖。竞争者认为他是一台"冷酷又满嘴废话的自动化设备,总想着把美国所有有线电视系统、制片厂和电话公司塞进TCI的血盆大口里"。华盛顿的一位消息灵通人士将马龙喻为"有线电视业的达斯·维德(Darth Vader)"[1],一位有线电视制作公司的首席执行官称他为"邪恶的天才",曾经的副总统阿尔·戈尔(Al Gore)指责他是"有线电视业里科萨·诺斯特拉组织"[2]的头目。他的自由传媒集团(Liberty Media)是TCI的衍生品,为同样由马龙统领的有线电视系统创作节目。该集团部分掌握着QVC、家庭频道(Family Channel)、法庭电视(Court TV)、美国经典电影有线电视台(American Movie Classics)以及其他有线电视网。

马龙成长于康涅狄格州米尔福德市,父亲是一位在通用电气公司(General Electric)任职、思想保守的工程师。获得耶鲁大学(Yale)电机工程理学学士学位后,马龙与他的挚爱莱斯利·安·埃文斯(Leslie Ann Evans)喜结连理,并追随父亲的足迹在AT&T这家大公司供职。之后他又获得两个学位,其中包括1967年由约翰·霍普金斯大学(Johns Hopkins)授予的博士学位。

为麦肯锡公司(McKinsey and Company)担任顾问期间,由于出差过多而无法满足自己和妻子的要求,马龙投奔通用仪器公司(General Instru-

---

[1] 旧译黑武士或达斯·瓦德。原名安纳金·天行者(Anakin Skywalker),是电影《星际大战》里最重要的角色之一,他的两次改变决定了光明与黑暗两股势力的消长。——译者注
[2] 美国黑手党犯罪集团的秘密代号,意为"咱们的行当"。——译者注

ment),负责构建有线电视设备。这让他与西部牧场主鲍勃·麦格尼斯(Bob Magness)成为朋友,后者因为无法通过常规传输获得良好电视图像加盟了有线电视业务。麦格尼斯的电信公司是位于丹佛近郊的一家小型有线电视公司。1972年,马龙被任命为总裁。

他的妻子同意这样的安排,因为它意味着家人有更多时光相聚;马龙不时回家和她共进午餐,他们一年花几个月流连在缅因州布斯贝的度假胜地。尽管TCI在第一年里收益欠佳、步履艰难,马龙却坚持还清设备方面的债务,还坚持购买更多有线电视系统。

他的一项很少有人提及的关键举措是在1977年说服一批保险公司相信有线电视掌握着家庭娱乐的未来,希望他们在财务上支持TCI。那时的卫星节目数量正在激增,有线电视公司的股票一路飙升,TCI、马龙和麦格尼斯成为受益人。倚仗保险公司堆积的现款,马龙吞噬着所有他能找到的有利于TCI合并的有线电视系统。20世纪80年代末,TCI成为有线电视业的金刚。马龙大权在握,频道所有者一旦失去他的赏识,就会被他逐出整个美国有线电视系统,致使频道无法获得周转资金,因为它无法为广告商提供必需的观众人数。

地方和联邦政府的政客自然成为马龙世界里被怀疑的对象,因为马龙认为他们处理的是情感事务、模糊的政治概念以及与人相关的问题,所有这些都与他格格不入。他偏爱远离人类的世界——物理与数学的王国,其中的一切都可以量化、都很确定、都能够预测。

从市民领导到美国国会成员,每个人与喞啾不休的马龙接触时都感觉愤懑。对于那些妨碍他的或勇敢或愚蠢的政客,他会公然使用彰显无情权力的必杀技予以迎头痛击。如果地方政客对他负责的任何一个地区有线电视系统表示反对,作为还击,他会封禁相关社区的有线电视系统并公布政客的家庭电话号码,让公众给他们打电话,要求对方同意马龙的要求。

马龙也不喜欢处理自己公司里与人有关的管理问题,他将这些职责交给首席幕僚布兰登·克劳斯顿(Brendan Clouston)承担,他则致力于自己擅长的战略构思、商业交往、数字捣弄和技术分析。他唯一不反感的人是他的妻子莱斯利。马龙竭力追求事业与个人生活相互分隔,就连许多马龙最亲近的商业伙伴也从未见过他的爱妻。

马龙和迪勒在马龙位于丹佛市郊的办公室会晤并探讨了未来的"媒体格局"。TCI当时已是全球最大的光缆工业用户;马龙预计通信业成员(包括电话与有线电视公司、网络广播公司和电脑公司……)将相互依存,创建一个美丽新世界,其间的信号经数字压缩系统处理后在由光缆媒质构建的500多个电视频道上传送。

马龙有两点打动了迪勒:(1)他为自己置身事外感到骄傲,迪勒也是这样看待自己的;(2)与迪勒接触的多数商界人物不同,马龙深入思考的技术领域正是迪勒最近开始思考的。身为工业工程博士的马龙对于科技的理解深深打动了迪勒,他开始相信:电脑和线缆技术将成为影响通信未来的关键因素。

与马龙以及罗伯茨父子深入讨论的同时,迪勒继续探寻各种选择,其中最诱人的是购买全国广播公司。但通用电气公司作为这家电视网的母公司要价40亿美元,远远超出迪勒的心理价位。

与全国广播公司做买卖存在其他严重缺陷,他越发开始相信有线频道的增值意味着电视网日益减少的观众;电视网仍然完全仰赖广告创收,有线电视却还能赚取订购费。此外,最近有人让迪勒相信电视网不久便无需担任节目设计者,因为观众很快就能使用电脑鼠标类型的遥控装置自行选择节目。

保留意见的他也觉得拥有全国广播公司"会带来乐趣",因为他既能在帮助电视网摆脱财务困境时迎接挑战,又能获得各类创意机会。但几乎与此同时,他承认"即使在我这样说的时候,我自己也感觉枯燥。最终,我想,它只与自尊心有关"。

事实上,约翰·李普曼(John Lippman)在《洛杉矶时报》中报道,迪勒曾令人震惊地在1992年夏试图收购全国广播公司。通用电气的人士称,他们惊讶于对方既差劲又缺乏组织的提案,迪勒当时却告诉同僚他正着手修改仍有机会取得成功的提案。

第十四章
奥德修斯,高瞻远瞩

娱乐和通信业的执行官欣喜地以为迪勒将担任一家主流电视网的负责人,因为他们觉得他会恢复自注重成本的会计和商学院毕业生涌入后电视网急剧减退的悟性。

迪勒从福克斯离任后不久,为《每日综艺》撰稿的 J. 马克斯·罗宾斯(J. Max Robins)称:"迪勒最有可能领导一家国际财团,继而追求三大电视网中的一家。'倘若巴里·迪勒买下哥伦比亚广播公司或全国广播公司,这么久以来一位真正的焦点人物将第一次经营一家主流电视网',一位福克斯高级执行官说,'这些职位被注重盈亏一览结算线的家伙占据太久。别误会我——巴里知道如何经营一艘模范舰船。但他首先关注的是产品,这是人们最需要的。巴里会用进入福克斯时所持的观点审视全国广播公司'。要记得,福克斯当时濒临破产。他会先动用零基预算、集合一支精锐的天才执行官团队、将职员裁减至数百人并开始寻求更具梦幻色彩的节目制作方式。"

华盛顿通信业律师迈克尔·加丁纳(Michael Gardiner)也将迪勒视作电视网救世主,认为他能够"在 12～14 个月里扭转格局……卓尔不群、蔑视平庸的他能真正为电视网注入活力"。

迪勒认为应该创作更真实、更贴近成年人的电视系列片来增加节目吸引力。在迪勒任期内,福克斯播出了《警察》(Cops)、《全美通缉令》、《硬拷贝》(Hard Copy)和《憔悴潘郎》。《时事纵横》的执行制作人彼得·布伦南(Peter Brennan)谈到迪勒时说:"他懂得人们想看什么。他敢拍打破甜腻矫情、即兴发挥的狗屁套路的电视。他不在乎电视里的人说浅白的英语。"

业界广泛期待让"一位真正的焦点人物"经营全国广播公司或哥伦比亚广播公司。每个人都认为迪勒管理下的电视网会涉足有线电视节目制作。他们猜测迪勒会选择业内所谓的"累计运营"[1],这意味着相同节目和商业广告通过不同频道在同一天的不同时间播出。节目的收视率表示节目在 24 小时里的某段时间累计吸引的观众人数,因此"累计运营"能够合理实现

---

〔1〕 累计运营在英语中的简称是 cume running,全称是 cumulative running。

更高收视率。由于广告商根据观众人数付费,广告收入也就更高。该方式还能为素材匮乏的有线电视频道提供超凡品质的节目。

电视业的权威人士还预计迪勒会把全国广播公司黄金时段节目带回晚间20:00~23:00,确保每周的节目时长少于15小时。仿照福克斯的做法,公司可摆脱"财务收益与辛迪加规则"[1]对电视网的技术定义;这项规则同时禁止电视网通过联播视频获取收益。迪勒强烈反对"财务收益与辛迪加规则",他甚至在离开福克斯后前往华盛顿游说联邦通讯委员会废止这项规则。

MGM/UA 电视公司(MGM/UA television)的总裁大卫·戈博(David Gerber)曾在美国广播公司电视台和迪勒共事,他预言迪勒将出任电视网负责人。"我想如果巴里经营电视网,他会重点关注新闻部。他会像鲁伊·阿利奇(Roone Arledge)一样,注重包装、明星、内容,乃至一切"。

其他流言也围绕迪勒离开福克斯后的去向展开:一种说法是他将成为棒球委员,另一种说法是他将接替患前列腺癌生命垂危的斯蒂夫·罗斯掌管时代华纳。有人预测他将和马龙以及 TCI 联手创建一家新型娱乐电视网。这种设想认为迪勒看重马龙拥有的财务影响和有线电视覆盖范围(美国有 22% 的有线电视订购者接受马龙 TCI 系统的服务),正在将它们和自己的节目制作才华融合。

另有传言称,迪勒将与约翰·克鲁格携手拯救克鲁格持有大量股份却日渐没落的奥利安影视公司(Orion Pictures)。但还有传言称迪勒将与百万富商罗纳德·佩里曼(Ronald Perelman)搭档,迪勒觉得这种说法"愚蠢"因此不予理会。其他传言说迪勒从默多克手里买下福克斯电视台,还说他试图收购派拉蒙通讯公司,一尝将旧日死敌马丁·戴维斯驱逐的喜悦。

无论迪勒未来有何计划,他都让人们知道自己不再希望成为任何人的雇员。无论走到哪里,他的出现都会影响电视业,因为许多人仍把他看作最

---

[1] "财务收益与辛迪加规则"(Financial Interest and Syndication Rules, Fin-Syn)由美国联邦通讯委员于 1970 年颁布。

第十四章
奥德修斯,高瞻远瞩

具权势和影响的人物。同时,他只是说自己希望完成一部满足个人兴趣的诉说好莱坞历史的纪录片。《每日综艺》的布莱恩·洛瑞(Brian Lowry)提及这部纪录片时写道,"不过,迪勒现在了解的好莱坞历史远比不上他能讲述的好莱坞未来精彩"。

大卫·格芬保证迪勒很快会为这场充满悬念和猜测的游戏画上休止符。"他不会长久休息。他热爱挑战。他无所畏惧。他已经功成名就"。

同时,各种故事和流言让迪勒无比愉悦。大家都在窸窸窣窣地不断揣测时,他却独享自由,静静盘算着下一步并学习更多的电脑知识。

"事件里有一部分快乐是我没有时间表。这是全然的释放,"他对《新闻周刊》的记者艾米莉·约夫(Emily Yoffe)说。即便如此,他还是给了一些关于自身追求的线索。"唯一让我感兴趣的是我开创的东西。比如,从一张白纸开始创建第四电视网。之前没有做过的事情无法吓阻我。所以现在我感觉欣快和幸运。无论这个新项目是什么,我都会倾尽全力"。

"新项目"最终揭晓,迪勒把财产倾注到自己感兴趣的有线电视领域。"它们的思维比大多数竞争者更加活跃。有线电视从业者的谈吐不同于新闻采访业、电视网和制片厂的资深人士。让他们排成一行,就会发现有线电视业的领导者都是科技学员,投入大量时间与资金解决问题"。

马龙和罗伯茨父子聚合新科技与消费者的方式有别于电脑业的领袖。比如,史蒂夫·乔布斯就认为他的电脑再怎么复杂也没关系,消费者应该学习如何使用它们。迪勒却在质疑对方观念时表示,这种观点既愚蠢又狭隘。乔布斯需要让他的电脑足够简易和友好,以便平常人理解。

迪勒还发现电话公司存在一项弱点——数年来它们占据着接通美国家庭的唯一一条通信线路。但它有限的铜线能力只能运载少量信号,有线电视却能借由自身的同轴电缆和光纤电缆运载数百种不同信号。这让有线电视公司在通信处理和娱乐软件方面远胜电话公司。

有线电视欠缺缩短技术专家与消费者差距的专长。迪勒恰恰凭借这项专长取得了事业的全面辉煌。在迪勒见到的所有公司里,QVC最大限度地将技术可能性与消费者市场实际情况相融合。

QVC与巴里·迪勒的联姻计划始于1993年9月28日,地点选在康卡斯特总部所在的费城四季酒店(Four Seasons Hotel)。迪勒和罗伯茨父子俩在酒店的一间套房里进行会谈。(具有讽刺意味的是,差不多6年前,埃德加·罗森堡就在这家酒店自杀。)

布莱恩·罗伯茨与迪勒交流了有关QVC经营与收入的一些让人信服的战略:最好的预估是观众会成为常客,其中大部分成员是年龄在45～55岁、收入中等的妇女,人数多达500万,每月新增10万名消费者。在企业运营的过去5年里,超过20万人成为重复购买者,物品购买次数在50次或50次以上。1991年,公司已取得9.92亿美元毛利同时盈利1 960万美元,而且数额有望在一年内翻一倍;公司几乎无须承担任何债务。由于数字可观,《公司杂志》(*Inc. Magazine*)将它称为美国"成长最快的小型上市公司"。

在康卡斯特扶持下开创公司的QVC主席约瑟夫·西格尔(Joseph Segel)正考虑转卖自己的企业股权。"感兴趣的话不妨一试,"老罗伯茨告诉迪勒。

倘若迪勒成为QVC的合作商,他还会介入有线电视节目制作。"会后,我想我真的明白了,"他说,"那天刚走,我就瞄准了QVC。"

交易没有达成,但数小时的交谈涵盖了大多数要点。结合尚且原始的电话、电视和电脑来编织美好未来的设想,让迪勒浮想联翩。尽管他非常希望完成交易,却需要花更多时间仔细考虑并与马龙讨论问题。10月,他与罗伯茨父子在大西洋城有线电视展览会(Atlantic City Cable Show)上再次会面。

当时正值11月初,迪勒陪黛安·冯·芙丝汀宝到西切斯特介绍她的"丝织品"系列。迪勒亲眼看到冯·芙丝汀宝向家庭招待会上心情急迫的QVC观众兜售她的时装系列。两小时里,冯·芙丝汀宝卖掉29 000件"丝织品"服饰,获得120万美元毛利。

这对迪勒至为关键。他说:"我见到了行动与反应最紧密的联系。"他的一位前雇员说:"……巴里被迷住了。他爱直观地展现成功。"不久后,他和布莱恩·罗伯茨飞抵科罗拉多州。与马龙会谈一天之后,双方达成协议,只等约瑟夫·西格尔的配合与董事会的同意。

在《多频道新闻》(Multichannel News)第二年1月的一次采访中,迪勒这样描述了自己的决策过程:

"我真正做的是花一段时间了解在我眼中的真实世界依托媒体、通信和娱乐形式将如何发展;这个真实世界不是让我双脚踏地的实际世界,而是好像能引领你前往任何地方的所在。无论今天还是明天,那里都饱含机会……我决定相信世界将推崇有线电视的说法,我相信它将通过电视机得以展现,也相信它会配备类似微处理器的装置。我认为有线电视如果用作配送系统会有更好的机会。"

马龙和布莱恩·罗伯茨于12月1日同西格尔会面并要求他交出管理权。由于对方的自由传媒集团和康卡斯特公司总共持有QVC公司53%的股权,西格尔只得唯命是从并答应在次年1月离职。包括首席运营官迈克尔·博埃德(Michael Boyd)在内的其他QVC高级执行官暂时留任。领取常规退职金并与公司签署10年咨询合约的西格尔称安排是"一项完全友善的交易"。

8天后的董事会议上,财经术语不时出现在迪勒加盟的议题中。迪勒的箭牌投资公司(Arrow Investment)将付给西格尔夫妇1 260万美元以获得QVC的42万股股票,两天前迪勒付给自由传媒集团相同金额以获得同等数量的股票。此外,迪勒将获得超过16万股的签约奖励。总之,他将筹集2 500万美元从而获得QVC共计100万股。

交易开始后,QVC股价就在每股30.70美元盘旋,迪勒的100万股合计价值近3 070万美元。2 500万美元的花销对他不在话下,这部分得益于他在离开福克斯时领取的3 400万美元离职补助金。尽管个人总计股份在QVC仅占3%,与自由传媒集团22.3%的份额相去甚远,合作商却让给他公司三分之一的表决控制权。布莱恩·罗伯茨说:"这是真正的合伙,不是迪勒替马龙打工。"

他的年薪有50万美元,仅为他在福克斯时的六分之一。作为弥补,迪勒能够以接近参股时的价格再买入QVC的600万股。迪勒必须在第一年兑现自身期权的80%,让他的持股地位与自由传媒集团和康卡斯特公司相当。

12月10日,迪勒在10个月里第二次震惊了朋友、同事乃至整个商界;有消息宣称迪勒正与马龙和罗伯茨父子携手经营QVC。"我们处于家居购物业刚起步的阶段,我由衷希望能为未来出一份力,"他在一份文告中表示。

布莱恩同样热情地评估了由迪勒掌舵后QVC的未来走向。"这个开创了福克斯电视网(Fox Network)的家伙正在为有线电视效力。这里有人想要采用他所有的节目制作技术开创有线电视网,"他说,"康卡斯特以前未曾参与节目制作。这是新时代的黎明。"

第十五章 未来构想,众说纷纭

在许多人眼中,迪勒从福克斯跃入家居购物网络就好比离开21俱乐部[1]转开一家热狗摊。迪勒显然拥有其他人缺乏的眼界。愤世嫉俗者将QVC看成一家卖珠宝和豆袋椅的电子跳蚤市场。迪勒却看到一台能生成现金流继而给予其他更宏大项目财务支持的印钞机。就像他的一位同僚说的,"巴里去QVC,主要是把那里看成开展大宗转化收购的平台。"

"我想买下我自己的店铺,"迪勒向默多克请求获得福克斯股权却遭拒绝时曾说。无论行使的权力有多大,无论获得的报酬有多丰厚,他总在给别人打工。他过完了具有里程碑意义的生日。现在他渴望掌控自己的命运。但为什么选择QVC呢?

一位预言迪勒会有此举的投资银行家却说,他也"震惊"于迪勒让自己远离好莱坞的轨道。

"他们只在乎地位,"迪勒谈到那些对自己的动机和神智明确表示怀疑

---

[1] 21俱乐部现在是一家餐馆,曾在禁令时代作为地下酒吧,位于纽约市西52街21号。——译者注

的人时说,"所以他们没法理解我的这一举动。他们说,'这不太让人欣赏'。"

黛安·冯·芙丝汀宝表示理解,还用丰硕的经营成果慰藉迪勒。除了对时尚的天生直觉和准确把握能力,冯·芙丝汀宝更是一位在拼杀惨烈的时装界取得巨大成功的杰出女商人,这让迪勒钦慕不已。实际上,在被誉为美国时装业心脏的纽约第七大道,她以生产针对普通女性的实惠时装闻名。

在欧洲经历过第二次世界大战并幸存下来的犹太父母为了摆脱财务困境在比利时生下了冯·芙丝汀宝,她的母亲在纳粹集中营经受过14个月的牢狱之灾。在西班牙、英国和瑞士辗转求学后,冯·芙丝汀宝与日内瓦大学(University of Geneva)时的同窗爱德华·埃贡·冯·芙丝汀宝王子(Prince Eduard Egon Von Furstenberg)——拥有菲亚特(Fiat)商业帝国的古老意大利家族后裔——订婚。二人违拗了王子父亲的心意,于1969年成婚并移居纽约。

被卓有声望的纺织品制造商安吉洛·费拉提(Angelo Ferretti)点拨过一次后,她就设计出三套衬衫,并竭力向纽约的服装制造商兜售。尽管吃了许多闭门羹,她却在设计师比尔·布拉斯的鼓励下于婚后仅9个月即1970年4月在纽约筹办了首届个人藏品展演。

不走昂贵设计路线的冯·芙丝汀宝将每件藏品的价格定在25~100美元之间。尽管没有得到知名设计师与制造商的赏识,这却博得公众的喜爱。1972年4月,拿着从父亲那里借来的3万美元,她创建了黛安·冯·芙丝汀宝有限公司(Diane Von Furstenberg., Ltd.),并在开张第一年赚得120万美元毛利。1976年,她每周出售2万条裙子并获得6 400万美元毛利。这一数字在一年后跳升至1.42亿美元。

她最著名的一项创造是成为她多年核心藏品的束腰裙。与其他设计师一样,她的品牌还拓展到珠宝、皮草、手袋、化妆品、香水、鞋类、围巾和太阳眼镜,这又为她增添了6 000万美元的毛利。

1975年,结婚6年、育有两个孩子的冯·芙丝汀宝与丈夫分居并最终离婚。黛安·冯·芙丝汀宝搬进公园大道上一所拥有10个房间的公寓,还

第十五章
未来构想，众说纷纭

买下康涅狄格州一座 18 世纪的农场。"这是一个没有矫饰的地方，"她这样评价这幢乡间别墅，"但我爱它。它代表真正的奢华，因为它是我自己和孩子们的一切。那里向来不是我开展娱乐和社交活动的场所。我只邀请情人或是至交去。"

冯·芙丝汀宝在 QVC 戏剧般的销售业绩让迪勒第一次见识了此后不久为娱乐和通信业熟知的"聚合"。加上兴奋地领教了电脑的各种更替，他相信自己看到了宾夕法尼亚州西切斯特的未来。

巴里·迪勒这等传奇媒体巨亨的加盟同样让 QVC 的掌门兴奋不已。马龙和罗伯茨父子觉得有迪勒的参与，QVC 可以迅速博得其他公司掌门的信赖，不再被看作炒作过度的电子旧货交换场，只能满足活动房屋停放场住户的需求。

媒体对于迪勒近期动向的反应自然热烈。为《洛杉矶时报》撰稿的约翰·李普曼把迪勒描绘成一位能人，他非但在福克斯奇迹般完成了任务，还拯救了这家似乎不可救药的公司。他这样评价迪勒："当庸碌之辈商谈电视网电视交易时，身为福克斯后盾的迪勒却能在业内功成名就。不过这位反复无常的执行官在已经推动 QVC 取得成功的新科技中看到了更大的机会。"

"他目前花了近 1 年的时间刻苦学习美丽新世界的信号压缩和视频点播知识。迪勒计划将 QVC 作为跳板，投入专家大力鼓吹将掀起新一轮电视浪潮的多信道交互式节目环境"。

华尔街感受到迪勒与 QVC 交易的影响，宣布迪勒加盟后的短短几天公司股价攀升 18%。这意味着迪勒持有的股票价值增加了 500 万美元，如果他兑现股票期权可以获得 3 000 万美元的利润；马龙和罗伯茨父子当然也能从 QVC 跳升的股价中获益，将更多的钱收入囊中。

然而，从长远来看，迪勒的合作商预计与迪勒联合力量将带来信誉和地位等不可限量的利益。马龙和罗伯茨父子将踏上一片陌生而且可能并不友善的疆土。如果想让有线电视经营如自己所愿顺利发展，他们就必须向好莱坞和华盛顿求助。

但马龙宁肯用船载着明星和权力掮客漫游大西洋,也不愿抛头露面。他处事不够圆滑,还爱直言不讳地对立法委员和监管者发表看法,因此在华盛顿没几个朋友。罗伯茨父子总是感觉,尽管手中的有线频道意义重大,自己却没有赢得通信和娱乐界同僚的充分欣赏。他们和马龙在拓展有线电视业务时都无法与好莱坞执行官顺利交往。

但有线电视和好莱坞都逐渐意识到彼此了解可使双方受益。好莱坞需要一间发行影片的商行,有线电视需要好莱坞提供可行的娱乐内容,填补被50、100乃至500个频道成倍扩充后每年8 760小时的巨大节目需求量。罗伯茨父子和约翰·马龙都希望迪勒能缩短科技与娱乐业在文化与通信方面的差距。

好莱坞似乎认同迪勒是实现这个目标的上佳人选。"目的是将家居购物概念拓展为更广阔的娱乐形式,"一位娱乐执行官在《每日综艺》的一篇文章中说,"这正是迪勒的专长所在。"

对于那些没有紧跟QVC等推销巨擘、把握巨大商机的商家,詹尼·蒙哥马利·斯科特有限公司(Janney Montgomery Scott, Inc.)的华尔街分析师詹姆斯·梅耶(James Meyer)解释:"他们不需要巴里·迪勒卖罐子和平底锅。自由传媒集团和QVC电视网公司正竭力将自己塑造成数字压缩技术使用时代的顶尖产品卖主。现在才刚起步,迪勒有机会创业。"(数字压缩技术指代一个系统,它帮助有线电视公司压缩节目,继而通过原先只能传输1套节目的频道传输10套节目。因此,拥有50个频道的有线电视系统,能够将公司的传输范围由50提升至500个频道。)

欧本海默公司的杰西卡·瑞弗(Jessica Reif)听闻QVC最大的竞争者家居购物网络(HSN)即将被QVC吞并,就发表了自己的见解:"QVC这类媒介与家居购物网络合并后不仅能卖小玩意。已经准备实现家居购物的系统,还将出售机票、唱片、书和按次付费的电影。"瑞弗预计迪勒会将QVC拓展为"一家全方位的有线电视网。它有些像未来的电视网"。

当马龙的自由传媒集团迅即买下家居购物网络1.5亿美元的股票并获得80%的有表决权股份进而控制家居购物网络时,QVC与家居购物网络合并的传闻声势更大也更可信了。家居购物网络的主席也是共同创始人罗伊·斯皮尔(Roy Speer),卖给自由传媒集团名下价值2 000万股 B 股,从而获得6 000万美元收益以及自由传媒集团价值8 500万美元的股票。斯皮尔表示频道合并的可能性微乎其微,但当华尔街和有线电视执行官预测两家公司的合并迫在眉睫时,华盛顿也发出警讯。接受交易可能性的意见暗示:交易将使 QVC 称霸有线电视与家居购物的世界并进入联合后的6 700万户家庭。

其他分析师同样为 QVC 与迪勒的联手感到兴奋。"节目制作与销售的结合有许多方法。另一种有趣的可能是推出白天运作的电视购物网络并在每晚播4个小时由迪勒制作的节目,"瑞银证券(UBS Securities)的彼得·赛瑞斯(Peter Siris)说。

哈尼芬·英霍夫公司(Hanifen, Imhoff, Inc.)的约翰·菲尔德(John Field)发现迪勒正利用 QVC 已有的电话银行和专家,为下达订单和完成其他大型推销活动做准备。QVC 现有处理系统每分钟能够受理2万个电话。"它可以遵照按次付费原则,实行按次付费,如果你需要,它可以作为一间后勤办公室。它显然不仅是一个购物频道,"菲尔德说。

广告业也对迪勒与 QVC 的联合颔首。"长期来看,有巴里·迪勒这样的人做这件事让我们欢欣鼓舞。这的确是支持互动电视的一票,"考伯斯与德拉福特广告公司(Kobs & Draft Advertising)的高级副总裁兼媒介总监盖伊·萨斯曼(Gaye Sussman)说。

凭借在好莱坞的关系,迪勒这位优秀的大使将开启门户、商讨游戏内容并开展交易。迪勒与自己支持的新上任的比尔·克林顿(Bill Clinton)总统交情深厚,这也能惠及 QVC。《每日综艺》强调迪勒的重要性时引用了一位有线电视业执行官的观点:"马龙考虑某些问题时显得非常短视。TCI 公司(全称 Television Cable Inc.。这家全球最大的多芯电缆电视系统运营机构为美国五分之一的有线电视订购者提供服务,是马龙的主营公司)在提高收视率的同时招致国会成员对有线电视的强烈排斥。马龙也像一个影响日渐强大的门卫,让好莱坞胆寒。迪勒能帮助他和其余两方化干戈为玉帛。"

1993年1月迪勒开始现身工作。他非常严肃地看待自己新的工作职责,仔细查看桌子近旁排放的九台电视机里的画面,他密切留意QVC叫卖的产品,就像审阅他不久前关注的电影与电视节目时一样。

QVC在西切斯特建有一幢红砖楼。迪勒坐在大楼的二楼办公室里,详述了自己对QVC未来的看法以及自己想在实现未来时扮演的角色。他预言:随着自身发展为一家对电子零售以及他所谓"交互性"感兴趣的多媒体公司,QVC将在以后的3~7年里不断变化与发展。

不出所料,他最关注的仍是节目制作,因为他说:"我的本行是节目制作,无论是电视节目制作、电影节目制作,还是为电视网设计节目。这全都涉及屏幕上的表现。"

在美国广播公司、派拉蒙和福克斯时,他关注过传统的广播节目制作。现在,他的认知已经超越好莱坞对这个词的传统定义,将电脑、电子零售、信息处理和他所说的"对接节目"融入节目制作。当被要求更详细地介绍自己在QVC的职能时,他却不愿(或者说无法)进一步言明。"时机还早,而且不合时宜,"他极为戒备地宣称,听着就像被逼入一个让他难受的角落。

当《多频道新闻》的约翰·希金斯(John Higgins)询问QVC有没有可能动用1.85亿美元的现金流创建其他形式的娱乐电视网时,他避而不答并说这类问题"太过臆测"。他也不愿讨论任何有关公司需要作何改进的问题。表现低调的他回避问题却标榜QVC能提供"大量待售的个人产品。我认为顺应潮流的它将发展壮大"。

他预测QVC在发展的同时势必要经历某些变化,但他又连忙称赞当前的经营,还说管理"……至今一切顺利"。这位在接管派拉蒙和福克斯时毫不犹豫地建立新政权并进行彻底改变的首席执行官,现在却运用修辞学反问采访者,"您会先翻倒马车再立即重建吗?"他毫不含糊地给出明确的回答,"当然不会。"

巴里·迪勒在穿越美国的奥德赛之旅中好像经历了某种转变。他不再知晓全部答案,甚至还承认:"我刚入这行,还有很多要学习。"

但过去的迪勒犹在,只是现在显得更谦逊;他坦言:"人们说,'哇!没

第十五章
未来构想，众说纷纭

戏！你怎么觉得事情会这样？'从出道起我就一直听到这种言论。我这么说完全没有傲慢的意思，而是觉得这样问没法揭示情况。"

因为他决定要办成事情，无论事情是什么。他似乎还是表现低调，却无法确定有线电视的未来。在他新参加的这次大胆冒险里，所有小路都属于未知领域。谈到互动电视，特别是 QVC 时，他无法清楚地区分"什么是构想"和"什么是节目制作"。当被要求描述一下他引述的"互动领域的许多美好构想"时，他婉拒了。节目制作是他的强项，是他受雇的原因，他却说："现在的问题是意见、噪音、人声和揣测不绝于耳，但从各方面归结它们大都只是一堆噪音和怀疑。"

快要在 QVC 干满一个月时，他对广播公司的迈克·福利曼（Mike Freeman）重述了这项观点。"对这个领域的思考只是加剧了困惑，"他说，"明确的是，真正的改变正在进行。它们进行到现在已有几年了。在接下来的 3 年、5 年、7 年，其中的许多改变将得到应用，整个行业将得到比现在更多的理解。"

同时，他承认自己迷恋电子零售，因为这是一个新兴却尚在建设的领域，"处于商机开发的最初阶段"。他预期节目制作的整体概念即将迎来重大改变并被重新定义，QVC 一类的公司将成为引发那些变革的先锋。

他对广播的兴趣未曾改变。不过他从福克斯汲取的经验是：被他称为"各类节目引擎"的四家电视网必须要让自己更突出，从而开发"突显各类活动的明确节目理念"。他说的不是"怪异、难解的收视人群"，而是指他在福克斯时定义的另类概念——"成为相对三家竞争者的另类电视网，不是简单意义的另类电视网"。

当谈及交互性和新技术时，迪勒似乎仍旧心向好莱坞。他近期暗示，广播网注定会与美国汽车制造商落得同样的下场。但他听上去就像一个尚未从告吹的恋情中复原的男人，如数家珍一般列陈旧爱的优势与劣势。

如他所见，电视网正岌岌可危地丧失其广播统治地位。在电视历史上，广播工作者第一次需要长期而艰难地审视他们的观众和他们自己。"无需数学天才洞悉因替代性节目更加多元化推动的划分效果，采取多种方式都能实现分割。随着节目更为多样,当日拥有大量观众的'老牌俱乐部'将不断受到挑战"。

他将福克斯推举为其他电视网效仿的榜样。电视网成立 6 年来,福克斯赢得了 13% 的电视观众,迪勒将它归功于他所说的"可填补空缺的定义",即"……广泛,但不是一味的广泛"。他不加掩饰地表示自己关注更年轻的观众,不是年龄上的年轻,而是"情感上的年轻……我在乎福克斯播出的每一个出自我构想的节目,在我看来,这是制作任何节目的唯一方法"。

现在,占据迪勒头脑的构想已经面目一新,以直接广播卫星、500 个频道的有线电视系统、数字压缩和后端设备的形式呈现。他把未来的技术称为将节目制作传至消费者电视机前的"促成者"。但最终,他说这都是他当初在威廉·莫里斯公司和美国广播公司学到的古老戒律,这些戒律又提出下列问题:"构想是什么?构想好吗?"

对迪勒而言,量化那些构想的方式是"尽可能订立制度,判定涉及节目测试的过程是否现实",这是他期待在 QVC 做的。因为"如果构想不错,就继续开发直至证明它不理想,然后加以了解并转而开发下一个构想"。

尽管拓宽了对那些构想可能包含的内容的理解,他却始终认为:"这是电视屏幕:它被关注是因为人们要么从中获得娱乐并做出选择,要么能得到其他生活帮助,如达成某样东西的购买交易、按照自身需求达成信息接收方式的交易、获得各类商品与服务……这些本质上都是节目构想。商品本身是否理想?纳入那些商品的节目是否体现了优点?它胜过竞争者吗?相关新闻与信息以及其他商品与服务体现好的节目构想吗?(例如,它们是否得到了合理的构建、思考和推销?)这些都是问题。不存在其他问题。

迪勒听起来像已经厌倦了不断需要更多更好产品的电视,也急切希望拓宽自身视野。问题是:QVC 的媒介能否真正帮助他突破传统电视娱乐的疆界呢?因为尽管他会竭力为 QVC 驳斥批评家将公司归为电视屏幕上的"商品杂货铺"的言辞,但这家电视网仍只是提供迪勒自己所说的"诱人的产品展示"。

然而一切都能改变,迪勒自由幻想着自己引领购物网络发展的场景。

第十五章
未来构想，众说纷纭

《纽约客》(*New Yorker*)的撰稿人肯·奥莱塔(Ken Auletta)与旁人讨论时说：

"迪勒希望说服 QVC 不再仅仅把自己看成一个频道。QVC 也可以是一份购物目录，一个品牌名称，就像 L. L. 比恩(L. L. Bean)——一份让迪勒能制作节目的目录。他认为 QVC 只有真正互动，才能发挥自己所有的售货潜能。正如迪勒预见的，顾客会说，'我需要一件雨衣。马上要！我要一把雨伞'，公司将把算出的最实惠的货品送到门口。"

"他预言，'从现在起 3 年之后，'人们会说，'我要鞋。然后人们揿动按钮，在屏幕上看到自己与各种鞋子的搭配。'在家里，他说，顾客就能漫步在布鲁明黛百货公司(Bloomingdale's)的走道上；他们只需来电为'特别的人'选择一些特别的礼物，选择并要求第二天送达，就能避免最后关头的圣诞节购物热潮；他们可以查找加勒比海附近的宾馆、从电视屏幕上查看房间和舒适度，然后揿动按钮预订。"

1993 年早春，当迪勒做客有线电视新闻网(Cable News Network, CNN)的《拉里·金现场》(*Larry King Live*)时，至少有一位观众就他对前景的展望与他争论过。金的嘉宾还包括：探索通信(Discovery Communications)的主席兼首席执行官约翰·亨德瑞(John Hendricks)，以及迪勒之前的雇员，此后成为特纳娱乐(Turner Entertainment)集团总裁的斯科特·萨沙。这三位被金誉为"梦想家"的人物接受节目邀请讨论 TCI 刚刚发布的一则公告——次年，公司计划向光纤电缆与设备斥资数十亿美元，将拥有 500 个频道的系统带入美国家庭。

迪勒欣喜地述说着他最近钟爱的家庭购物风靡未来的主题并解释因为"人们不再有时间购物了，"这时一位弗吉尼亚州的观众打电话问了他一个问题："听着，巴里，我想知道因为你的服务即将失业的几百万名雇员怎么办呢？举几个例子，百货商店、宠物店、音像销售员、唱片行、旅行社……这些消失的工作怎么办？别说它们不存在噢。"

迪勒一时无言以对，随后又凑出一个牵强的答案。"我认为就业岗位消失不会这么厉害，"他说，"我认为这不太可能。"

埃德·马丁(Ed Martin)在《内部传媒》(Inside Media)上报道了这次交流,并强调迪勒的回应显露了他的弱点:"一帮直言不讳且手握重权的个人完全合法地利用媒体平台变得极度富有,他们通过有线电视或广播、利用各类技术,将产品塞进人们的家里,不论人们是否喜欢……这些大亨将继续敛财,不计后果。我们大家无论是否情愿,都是这场游戏里的走卒。"

迪勒突然成了媒体博学家当日攻击的目标。另一位娱乐行业动向监测者,同时在《广告周刊》(Adweek)任职的迈克尔·施拉格(Michael Schrage)更加尖刻地评述了迪勒为QVC制定的计划,该内容后被肯·奥莱塔撰文概述。

施拉格试图将迪勒作为福克斯电视台创始人与QVC引入者的角色进行中和,将他描述为肯·奥莱塔笔下的"头脑比较糟糕,脾气逊色的人。他在技术上是一个正宗的蠢蛋,他对新媒体的掌握有负众多原先误解他掌握成功诀窍的人们"。

施拉格申斥迪勒盲目相信技术而非内容。他蔑视迪勒所谓圣诞节之前无需劳心费神就能尽享的布鲁明黛百货公司互动购物历程。"这些话都出自曾带给我们《辛普森一家》的家伙口中?这不是真的吧!这完全是巴里·迪勒拙劣搬抄的观点,不是他宣传和持有的观点"。

施拉格认为问题在于迪勒似乎忘记了美国公众曾如此热情拥抱辛普森一家,因为他们是"异常引人注目的人物"。人物,施拉格说,不是数字压缩或交互性,却仍旧是新媒体技术成功的关键。

"这就是为什么任天堂公司(Nintendo)的盈利仍比微软和QVC两者相加还多。这位电子游戏巨人不仅拿交互性作卖点,它还出售马力欧(Mario)和街头霸王(Street Fighters)等形象。它用技术创造来满足互动与角色要求的新环境"。

QVC的创办人其实已经知道了这一点,施拉格表示。"所以他们招来相当活泼的女主持人并鼓励观众踊跃来电。感觉就像对半合成的脱口广播节目和电视上的跳蚤市场。目的不只是建立人类和电视的交互,还要营造方便人们浏览的窄播环境"。

他的受众(或许迪勒也是其中一员)却淡忘了他的主题,施拉格强调了自己的观点。"相信我,技术不是理解的关键。问题不再是为电视还是电脑制作节目。问题是创造角色与体验。挑战塑造着新一代的媒体样式与风格,别盘算在高清电视机前重现漫步在布鲁明黛百货公司这类假装热闹的场景"。

他毫不矫饰地总结:"天晓得QVC的'辛普森一家'会是什么样子。天晓得类似《如意郎君》(*Studs*)[1]的家庭购物会是什么样子。天晓得这种风格能否为公司自身孕育类似霍华德·斯滕斯(Howard Sterns)或拉什·林伯格(Rush Limbaughs)的专用名角。我只知道决定迪勒旗下QVC未来能否成功的是这些问题,不是有线电视、电话和电脑公司即将进行完美组合的白痴计划"。

---

[1]《如意郎君》是一部由福克斯电视制片厂制作、组织相亲活动的美国电视游戏节目。——译者注

第十六章　夺派拉蒙，龙争虎斗

1993年7月21日,有一个人出人意料地约请巴里·迪勒。迪勒受邀到派拉蒙通讯公司(其前身为海湾西方公司)总部所在的曼哈顿哥伦布环15号大厦顶楼吃午餐。这是迪勒自9年前舍弃派拉蒙影业公司负责人头衔以来,首次重返曾经属于自己的疆土。在私人餐厅设宴的东道主是他的前任老板和死敌马丁·戴维斯;戴维斯的意图简单直接。

戴维斯听说迪勒正组织力量对派拉蒙进行恶意收购。"你瞧,巴里,我对这一切了如指掌,也必须让你明白我们的公司不卖,"戴维斯明确表态,"我们根本不想与你合作。"

好莱坞—纽约的流言工厂让公众对巴里·迪勒下一步的行动揣测了一年半后,又有传言称他在打派拉蒙的主意。尽管迪勒声明自己在QVC找到了合适的位置,却没有人相信他会甘心在宾夕法尼亚州市郊久居。交易没有让他亏钱:他起先投资的2 500万美元既让他持有QVC近12%的股份,又让公司股价从30美元飙升至1993年夏的70美元,同时让他的个人财产增长了7 000万美元。

现在,贪婪的行业观察员兴奋地期待QVC有所作为。将派拉蒙收入囊中的时机已经成熟,迪勒的成功也符合好莱坞仿若诗篇的惩奸除恶剧情。

4年前,戴维斯出售了派拉蒙最后一批与娱乐无关的企业,希望创建一家结构紧凑的公司,将经营焦点集中在美国当时最大的出版公司西蒙与舒斯特、拥有电影资料馆和制作设施的派拉蒙制片厂、麦迪逊广场花园以及纽约的两支运动队——尼克斯篮球队和游骑兵冰上曲棍球队。之后,随着派拉蒙股价的下跌,戴维斯坐收18亿美元的现金,这注定会引来饥肠辘辘的企业狙击手。

希望扩张帝国的戴维斯在娱乐、传媒和通讯领域遍寻收购与合并的良机。1989年,时代华纳的合并险些因为他在最后一刻向时代公司发盘化为泡影。后来,他既考虑过与一家名为爱思维尔(Elsevier)的荷兰出版公司联手,也想过与宝丽金公司(PolyGram)、贝塔斯曼公司(Bertelsmann)、索恩—EMI公司(Thorn EMI)和格芬唱片公司结盟,还曾陆续将索尼公司(Sony)、麦格劳—希尔出版集团(McGraw-Hill Publishing)、甘尼特报业集团(Gannett Newspapers)、美国电报电话公司,以及其他三家主流电视网纳为理想交易伙伴。

除了政府限制,主要问题出在戴维斯自己身上。大家都不愿意同这位派拉蒙主席联合力量。显然,首席执行官大都不想与戴维斯接触,他最亲密的一位伙伴说,"马丁并不像满怀期待的合并伙伴那样让人备感温暖。一些话或许有偏差,但他确实不好相处。[人们]不怎么想和戴维斯这样的人结盟"。戴维斯并未意识到自己名声欠佳;事实上,这种状况似乎反倒让他颇为满意。一家名为里德出版社(Reed Publishing)的英国出版公司称,戴维斯在与其商谈合并时说:"有人告诉我,他们被我吓呆了。"

戴维斯是电影圈公认的"极品生意人"和"好莱坞最可恨的男人"。他的罪恶绝不仅限于他几乎逼着迪勒、迈克尔·艾斯纳和杰弗里·卡岑伯格辞了职。

"这个男人把三位最具才华的人从他的地盘里赶走了,"大卫·格芬说,"这绝对是演艺业历史上最大的一处败笔。这三位绅士为各自的公司创造了本应归属派拉蒙的数十亿美元收入。他将他们扫地出门。这才有了现在的报应。"

"有些人被淘汰了,"当外界谴责是戴维斯把迪勒逼去福克斯时,他为自己辩解道,"我按照商业规则办事。你们别不高兴……有些人误会我了。我只想说,直率是我的做派。"

但他手下的一位派拉蒙执行官并不认同。"从没见过像[戴维斯]那样待人的"。过去的一位副手称他是"一个心胸狭窄而且冷酷的人"。一位商业对手更简要地描述过他,"马蒂·戴维斯喜欢从苍蝇身上拔翅膀"。

一位密友则这样评价戴维斯:"马丁算是我知道的最具魅力的男人。我一直搞不懂他为什么硬要摆出这副雄赳赳的架势。他非常害怕正视自己。他不是一个内心充满自信的人。"

他性格里雄赳赳的一面统治着派拉蒙。在那里,他被视作一位"胁迫洛杉矶创意社群的冷若冰霜的独裁者,踞守在临近中央公园、迎风高耸的城堡里",大家都知道他喜欢把助手叫去自己的办公室,仔细检查他们鞋子的光洁度。戴维斯本人是出了名的独裁者。他总是招摇地穿着笔挺的白衬衫,上配花押字和袖扣,再外披一身细直条纹西服,纹丝不乱的银灰色头发被利落地分在两边。

但迪勒知道如何对付戴维斯。事前他和律师商量后精心编排了一段措辞严谨的台词;中午吃红鲷鱼时,他想拿这番话稳住戴维斯。"要是我有事对你说,"他告诉戴维斯,"我会打电话告诉你。在此之前,我劝你什么都别信。"

事实上,戴维斯很有理由担心 QVC 对派拉蒙动手,迪勒的答复很难让他放心。"我得到的是空洞的回答,"他事后说。

迪勒前往 QVC 后,戴维斯就隐约觉得他会这么干。"……我们知道有鬼。这是常识。呆在家居购物?省省吧。"他认为,迪勒"[离开]福克斯前就在打派拉蒙的主意,而我认为时机还没到。我非常肯定这两年里要出事。我确信派拉蒙会以某种方式被出售。"这一刻来临时,他势必参与。

1993 年春,戴维斯应约翰·马龙的要求与特德·特纳商谈派拉蒙公司与特纳广播公司(Turner Broadcasting)合并的可能性;马龙拥有特纳广播的

25％并为该公司董事会效力。但同马龙进行了长达几个小时的会谈后,戴维斯认为：与拥有CNN与TNT的特纳做生意,有可能会让派拉蒙受制于马龙,他眼中的特纳就是这样。

1992年4月,特纳广播公司(Turner Broadcasting)首席执行官特德·特纳(Ted Turner)(左)与福克斯制片厂首席执行官巴里·迪勒(右),出席华盛顿哥伦比亚特区的美国参议院司法小组委员会。[AP/大千世界图片/约翰·杜里卡(John Duricka)供图。]

与此同时,满载罗伯茨父子和马龙祝福的迪勒密切留意着派拉蒙。同年春天,拥有博思艾伦(Booz Allen & Company)咨询公司的纽约顶尖投资银行家赫伯特·艾伦(Herbert Allen)与他接触并表示自己对派拉蒙有兴趣。就在迪勒点头同意他采取进一步的行动时,史密斯·巴尼·希尔森公司(Smith Barney Shearson)的主席罗伯特·格林希尔(Robert Greenhill)开始劝戴维斯和维亚康姆公司做一笔交易：萨姆纳·雷石东(Sumner Redstone)的这家价值19亿美元的有线电视公司拥有全球音乐电视台、电影频道(Movie Channel)、个人秀(Showtime)和尼克国际儿童频道(Nickelodeon),以及其他娱乐经营项目。4月20日,戴维斯与自己知道有40多年的雷石东会餐,格林希尔随行确保事情顺利进行。

70岁的雷石东自幼成长在波士顿西区。第二次世界大战结束两年后,他从哈佛大学法学院(Harvard Law School)毕业,成为哈利·杜鲁门(Harry Truman)手下的一名年轻律师。1954年,原先经营夜总会的雷石东的父亲开设了美国第一家免下车电影院。雷石东投身家族事业并将其转变为遍及各州的戏院院线——拥有843家影院的国家娱乐公司(National Amusements)。

作为一位有紧迫感、态度坚决,又很精明的商人,雷石东于1987年首次完成对维亚康姆这家多元化有线电视公司和节目制作公司的大宗收购,确立了自己的地位。1993年,雷石东准备实现下一个重大飞越,与派拉蒙合并。

戴维斯却又重新与TCI共绘合并蓝图。他甚至和马龙商讨过合并条款,约定由TCI收购派拉蒙17%的股份,派拉蒙将获得自由传媒集团以及QVC公司22%的股份作为回报。戴维斯却把QVC看为"区区一条节目制作渠道",不屑一顾。

马龙其实想坐收渔利。当他向戴维斯大献殷勤的同时,QVC董事会已经批准迪勒对派拉蒙采取行动。迪勒准备行动的消息被马龙的律师杰瑞·克恩(Jerry Kern)泄露给了戴维斯的二号人物兼副手唐·奥伦斯曼(Don Oresman)。

戴维斯花了几年时间和马龙搭建关系。"这家伙是一个天才,不过当年的艾尔·卡彭(Al Capone)[1]也一样,"他说,"他是所有人里最聪明的。他很杰出。但他毫无立场、缺乏信仰,而且对一切行走说话的人都心存蔑视……他的话太多。他嘴不饶人……他不说任何人的一句好话,对巴里·迪勒和特德·特纳也一样……约翰·马龙会做这种事我一点也不惊讶。要是他热心友好地提醒我,那才奇怪。"

觉得被马龙讹诈而怒火中烧的戴维斯在6月18日给对方打电话时,直接放话:"别想利用迪勒拿枪指着我们的脑袋!"

马龙虽然承认迪勒准备对派拉蒙动手,却说推波助澜的是布莱恩·罗伯茨。依旧保持中立的马龙,竭力让戴维斯相信自己不支持迪勒的投标却难以阻拦。戴维斯当然有理由提防马龙。如果迪勒成功实现对派拉蒙的恶

---

[1] 艾尔·卡彭(1899~1947),美国知名罪犯。——译者注

第十六章
夺派拉蒙，龙争虎斗

意接管，马龙必将把手中丰富的节目注入有线频道和电视网，他还能控制访问权。

事实上，马龙自行退出QVC的高层就接管的可能性展开的持续讨论。不久之后，自由传媒集团的总裁彼得·巴顿（Peter Barton）通知迪勒公司不参与对派拉蒙的恶意接管。这意味着迪勒失去了马龙的支持。失去它，投标毫无希望。

7月12日，迪勒宣布：QVC将以价值11亿美元的股票作交换，收购家居购物网络。《商业周刊》在7月26日的封面故事中将迪勒喻为"一位新媒体时代的宗师"。它说提出的交易"被盼了很久"还表示，"QVC和家居购物网络联合后，终将在这个市场上占据一席之地。"迪勒没有对电视制片厂进行太多重新装饰，就执掌了价值20亿的传媒公司。

不过因为担心读者天真地被表象蒙蔽，文章接着说"……没人相信迪勒会就此止步……迪勒更大的野心引得人们议论纷纷"。

"我看到了无限的前景，"布莱恩·罗伯茨激动地表示。所有人都揣测他是希望QVC与家居购物网络合并，还是钟情于某项更宏大的计划。文章中还提到了派拉蒙与TCI交易方面的流言。"与派拉蒙联合将充满讽刺意味，即便按照迪勒的标准衡量也一样，"笔者写道。

没有谁比马丁·戴维斯更了解自己前任雇员"更大的野心"。马丁表面吹嘘，"无论过去还是现在，我都不把迪勒看成威胁。无论对错，在我看来，迪勒不过是马龙的一个傀儡罢了"，但他却急切地盼望和雷石东能早日达成交易。来自声名卓著的拉扎德（Lazard Frères）投资公司的费利克斯·罗哈廷（Felix Rohatyn）代表派拉蒙，从7月初开始与对方进行正式商谈。"这一切既无关金钱，也无关荣耀，"雷石东说。

双方暂时达成共识：戴维斯将出任派拉蒙/维亚康姆公司（Paramount/Viacom）首席执行官，雷石东将成为新公司的主席和控股股东并拥有将近40%的普通股和70%的有表决权股票。维亚康姆在发盘时运用一组综合现金股，其中的绝大部分是B级无表决权股票，每股市值将近61美元。但戴维斯希望每股值70美元。"在每股市值升到70美元之前，我们无话可谈,"他告诉罗哈廷。

谈话中断。戴维斯邀请迪勒吃午餐,希望借机吓退他。与此同时,维亚康姆公司B级股票价格迅速攀升,从7月6日的46.875美元跃升至8月20日的57.25美元。人们怀疑:可能是雷石东和/或一些人代表他买进股票来增加股票价值,从而让派拉蒙尝到交易的甜头。

戴维斯和马龙于8月10日进入最后会谈阶段。10天后,罗伯特·格林希尔劝说戴维斯和雷石东坐下来进行更深入的商谈。但雷石东又一次没能满足戴维斯垂涎的"70美元",尽管他的确将维亚康姆的投标价升至65美元。不过商谈得以继续。9月7日,两人互作妥协。"你好,老板!"雷石东当天给戴维斯打去电话。此前,雷石东已将维亚康姆的出价升至69.14美元,戴维斯也决定放弃自己坚持的"70美元"。

这项诱人的交易让人难以抗拒。几个月后,他仍在意犹未尽地说:"我简直能尝到资产组合的滋味了。我能尝到机遇的滋味。我能尝到未来的滋味。"

合并方案的估价高达92亿美元,超过派拉蒙70亿美元的市值22亿美元;方案于9月9日呈交给派拉蒙公司董事会,随附由拉扎德公司准备的涉及条款的财务分析。董事会于9月12日再次召开会议,全体一致通过合并协议,协议规定如下:

❖ 派拉蒙公司每一份普通股将兑换成0.10股维亚康姆A级有表决权股票、0.90股维亚康姆B级无表决权股票和9.10美元的现金。

❖ 根据"非售"条款(No-Shop Provision),派拉蒙公司保证不会"请求、鼓励、讨论、协商或认可任何竞争性交易",除非第三方呈递未经请求的书面提案且"该提案不受任何与融资相关的重要或有事件制约";或者,除非派拉蒙公司董事会认为第三方必须参与讨论以"遵守其受信责任"。

❖ 终止费条款(Termination Fee Provision)赋予维亚康姆公司在三种条件下使用1亿美元终止费的权利:(1)"派拉蒙公司因竞争性交易终止原始合并协议(Original Merger Agreement)";(2)"派拉蒙公司的股东不同意合并";或(3)"派拉蒙公司董事会推荐竞争性交易"。

第十六章
夺派拉蒙，龙争虎斗

❖《股票期权协议》(Stock Option Agreement)确保维亚康姆公司有权"在任何与终止费条款对应的触发事件发生时，以每股69.14美元的价格，购买派拉蒙公司将近19.9%的发行在外的普通股"。

戴维斯和雷石东由格林希尔陪同，在合并得到派拉蒙公司董事会同意的当天举办记者招待会。"天意如此，"雷石东狂喜道，"此次联姻将牢不可破。""我完全没想到事情能成功，"他说，"去年夏天，[戴维斯]好几次中断协商。"

在被问及QVC的威胁时，他补充说他认识迪勒很长时间了也相信对方不会破坏这桩交易，但他和戴维斯"羞于"多提此事，因为他们不愿对迪勒进行人身攻击。现在，唯有一次"核攻击"才能摧毁价值82亿美元的"精诚"合并，他夸耀说。

想在遭受这类攻击前先发制人的雷石东在电话里给已经被这则公告震惊的迪勒打过预防针。"尽管当时战声四起，我却没有想到晨袭[1]将至。人都相信自己希望相信的，"他说，"我不希望在秋天出问题。我希望他们一直等到来年春天。那时[家居购物网络]已经完成合并。"

从偷袭中迅速复元的迪勒只等了8天就发起攻击。9月20日，他寄给戴维斯一封信，提出价值95亿美元的还盘，这将有助于创建全球第五大以娱乐为导向的大型联合企业。他还宣称自己渴盼能与派拉蒙坐下来商讨细节。依照QVC的条件，受TCI和自由传媒支持的公司愿意将每股市值升至80美元，该数字远远超过戴维斯梦想的70美元，当中包含0.893股QVC普通股和30美元的现金。

第一炮拉响，战争开始。《纽约时报》撰稿人柯特·安德森(Kurt Andersen)事先为接踵而来的战斗定下基调，"斥资数十亿接管一家公司的决定很少绝对地被理性或是情感左右。"安德森接着指出：大家起初认为维亚康姆和派拉蒙通讯这两家巨型公司的友好联合，即将变得像迪士尼乐园(Disneyland)中太空山(Space Mountain)景点的旅程一样既疯狂又混沌。

---

[1] 晨袭指股市一开市便迅速大量购买某某家公司股份的破晓袭击。——译者注

局势中还夹杂着讽刺的元素。先前在华纳友情接管时代公司时对斯蒂夫·罗斯及华纳通讯采取行动(即拆墙脚)的首席执行官马丁·戴维斯和派拉蒙通讯,将被人以同样的方式设计。原本置身事外的巴里·迪勒踏上赛场并宣布自己想加入游戏。

"单是先前各位玩家的身份已经令人惊叹,"安德森说,"现在又来了巴里·迪勒。"

当然,参赛的还有娱乐界资产雄厚的维亚康姆,公司旗下还包括名为电影频道的节目频道,由马龙的有线电视系统进行传输。

"大多数的交易由50%的情感和50%的经济因素构成,"费利克斯·罗哈廷说。双方的情感与自身经济水平相当。一些华尔街消息灵通人士将派拉蒙与维亚康姆的联合称为由戴维斯一手设计的"强迫婚姻",目的是要阻止迪勒对他的王国采取任何行动。"有这些自尊心作祟,事情确实会失控,"一位传媒业执行官说。

戴维斯搬出所谓的事实,表示自己对迪勒的投标无动于衷。"你的条件无法与这种未来[维亚康姆/派拉蒙的合并交易]媲美。"迪勒的发盘"必须非凡到我和萨姆纳会对望着说,'只能这样了'。"雷石东指责马龙让迪勒出面妄图垄断有线电视。对于马龙,雷石东说:"我尊重他,但我并不怕他。"

迪勒极力否认自己发动袭击是为了复仇。"我们的提案完全出于我对自己在派拉蒙10年光阴的一片深情,"他说。而接下来,他四处宣扬自己对戴维斯怀有的情感。10月,《人物》(*People*)杂志援引他的话作为主题——"我们交情深厚"。

维亚康姆公司执行官的回忆却与此相反。"在我参加的一场派对上,迪勒和迈克·艾斯纳这一对梭鱼似的人物告诉我戴维斯就是抠门的王八羔子,"他说,"迪勒或许很有才干,但马丁并不甘心屈服。"

当年秋天接受布赖恩·伯勒(Bryan Burrough)的采访(该内容后来出现在《名利场》杂志上)时,迪勒闲聊似的说:"我不是因为马丁·戴维斯离开[派拉蒙制片厂]的。另一方面,如果查尔斯[·布卢多恩]当时活着,我很可能现在还在那里……我认为他既没有坏心眼也不是虐待狂,他只是与大家在一起时感觉不舒服。"

迪勒的朋友和同事对交易各有看法。大卫·格芬说:"巴里一直对派拉蒙感兴趣。"黛安·冯·芙丝汀宝同意格芬的观点。"这是巴里长久以来的一个梦想;[派拉蒙是]他爬过的第一座高山。"之后,她补充道,"他为人强硬,却不是猪猡。"

一位喜欢匿名发言的朋友把迪勒的投标看成他重振好莱坞的手段。"他特别特别想念它。他很难脱离这个圈子。"另一位朋友说,"他的个性像特德·特纳或是鲁伯特·默多克。他是一位渴忘获得权力与影响力,渴忘改变事物的梦想家。他想让自己因为与众不同而名垂青史。"

眼下仰仗QVC兜售人造珠宝的琼·里弗斯生怕在言语上得罪该公司的首席执行官,她似乎决定尽弃前嫌。"我已设法改善关系。他绝对出类拔萃,"她说。另一位匿名发言的副手另有看法。"他强迫式地测试自己该如何应对新挑战"。

1986年5月,福克斯电视台负责人巴里·迪勒与他的晚间脱口秀当家花旦琼·里弗斯,尚相处愉快。[AP/大千世界图片供图。]

赫伯特·艾伦迅速在华尔街组织了一系列会议,让迪勒告诉股票分析师:与维亚康姆相比,QVC的投标有哪些优势?迪勒继续发动攻击,猛烈抨击派拉蒙执行官缺乏公司战略规划。

驻守波士顿并在道富研究与管理公司(State Street Research and Management Company)任职的传媒股票投资分析师拉里·哈沃迪(Larry Haverty),听过迪勒的一场报告。他向《纽约》杂志的克里斯多夫·拜伦(Christopher Byron)转述了迪勒在剖析派拉蒙当前管理上的不足时列陈的令人信服的例证:派拉蒙制片厂员工流失率奇高;麦迪逊广场花园未得到充分利用;对电视发行的控制不力导致过多资金被投入电视;派拉蒙未被建成一家重要的节目制作公司;向公司现金储备账户注资的手段松散。

然而,真正的问题是:哪一项是更好的交易呢?QVC保证每股包含30美元的现金,这是对手出价的三倍,但更高的支出也意味着维亚康姆/派拉蒙组建后将另外背负30亿美元的债务。迪勒自身具有的实力增加了交易可能性。

克里斯多夫·拜伦向《纽约》的读者提出这样一个问题:"可是他的价值果真大过维亚康姆整个管理团队凝聚的才干吗?"事实上,"拜伦认为,"迪勒发盘的真正诱人之处不是他的创意才华与管理能力,更多的是电信公司(TCI)及其首脑约翰·马龙的发行威力。"他引用《华尔街日报》的话,称马龙是"暗藏在幕后……手拎多条提线"的人。

派拉蒙公司董事会于9月27日重新开会权衡两份发盘。戴维斯提醒董事会成员:按照原始合并协议,派拉蒙不得与QVC进行讨论,除非QVC证明其提案能够带来可观财务收益。同时,拉扎德公司作为戴维斯精心挑选的财务顾问,呈交了它对QVC提案的分析。

10月5日,迪勒应派拉蒙公司董事会的要求提供凭证,帮助评估QVC发盘的财务可行性。同样在10月的第一周,他携冯·芙丝汀宝前往纽约赴宴。有人问他如果在派拉蒙争夺战中落败会作何感想。"我会难过,"他承认。

如果迪勒丢掉派拉蒙,冯·芙丝汀宝肯定也会伤心。一份于7月提交给证券交易委员会的备案宣称,"箭牌投资公司[迪勒的个人控股公司]已经与黛安·冯·芙丝汀宝订立了一份顾问合同,同意在出售持有的普通股之

第十六章
夺派拉蒙，龙争虎斗

后,向冯·芙丝汀宝女士支付所获各项利润的10%。"

冯·芙丝汀宝更希望备案中声明的内容是以面值为标准计算的。"一切都很简单,没什么好深究的。我帮忙把他介绍给QVC。我们一直都很关照对方"。另外,不可否认的是,迪勒的成功将意味着他钟爱的服装设计师能从银行取得巨款。

无论迪勒如何粉饰,人们普遍认为赢得派拉蒙不仅能让他收回统领这座高山的皇冠,还能帮他废黜曾经夺走他皇冠的对头。

他先前辞去了20世纪福克斯主席的职务,因为他想统领一家实力雄厚的公司,等到时机成熟时利用它来与一家传媒巨擘进行合并或者发起杠杆收购。迪勒放弃更具魅力的公司,选择空降到QVC的理由之一是:他能自己当老板,无需向马丁·戴维斯或鲁伯特·默多克报告。他在找寻一尊圣杯——经营派拉蒙并且当老板的机会。

诱人的商业利益也驱使他对派拉蒙采取行动。通过与马龙和罗伯茨父子的合作,迪勒获得了电子高速公路提供的有线电视功能。如果QVC与派拉蒙合并,迪勒会立刻根据需要把拿到的节目填入有线频道。借助QVC,他拥有的电缆线能接入美国四分之一的安装了有线电视的家庭;派拉蒙拥有的软件则能为那些频道提供节目。

迪勒评价这次交易的关键词是交互性。"为取得交互性而投资是我方的命脉,"他宣称。但是等到迪勒准备进行接管时,派拉蒙是余下唯一能提供他所谓交互性的大型制片厂。时代华纳公司、贝塔斯曼公司、索尼公司和新闻集团已经抢先把所有其他大型制片厂收入囊中。维亚康姆公司的总裁兼首席执行官弗兰克·比昂迪(Frank Biondi)说,电影制片厂"是美国影视业的精髓。每个人都梦想拥有它"。

与迪勒相反,雷石东宣称,他的目标是将派拉蒙的影片与出版帝国同维亚康姆的节目制作与发行结合,从而创造世界级传媒公司的"协同性"。迪勒对此的反应是,"你瞧,我才不相信协同性这个最没有意义的字眼"。他厉声说,协同性就"等于胡扯"。

《丹佛邮报》(The Denver Post)的史蒂文·罗森(Steven Rosen)似乎赞

同迪勒的意见。"在娱乐业里,"他写道,"[协同性]是指交叉推销产品的能力……协同方案的最终诉求是刺激各项合并与收购……而协同性其实是一种炒作。"

在 QVC 进行恶意收购的一周里,维亚康姆阵营向联邦法院递交了一份推迟的反垄断诉讼,声称 QVC 的投标表示马龙企图垄断有线电视市场。同一周,百视达娱乐公司(Blockbuster Entertainment Corporation)主席兼影视租赁业巨头韦恩·休伊曾加(Wayne Huizenga)与雷石东达成交易,为维亚康姆的投标注资 3 亿美元。

1993 年 12 月 16 日,TCI 公司主席约翰·马龙(John Malone)(左)与巴里·迪勒(右)出席华盛顿哥伦比亚特区举办的美国参议院司法反垄断小组委员会听证会,内容涉及通信业合并。马龙和迪勒意欲接管派拉蒙通讯公司。[(AP/大千世界图片/约翰·杜里卡)供图。]

雷石东立誓,"除非子弹穿身,否则我一定完成这次合并"。另一周里,雷石东从 NYNEX ® 这家纽约地区的小贝尔(Baby Bell)电话公司获得另外 12 亿美元的投资。(尽管 NYNEX ® 即将宣布自身的年终亏损达 12.4 亿美元而且正着手裁掉旗下 20% 的职工。)

特德·特纳于 9 月 22 日借有线电视业宴会的机会退出竞逐。与迪勒并肩而立的他宣布:"我临时决定退出。"其他高级交易人推测特纳无法筹集必要的资金。传媒开始对已经踏入赛场的两名斗士下注。

为《洛杉矶时报》撰稿的詹姆斯·弗拉纳根(James Flanagan)比较过两

第十六章
夺派拉蒙，龙争虎斗

1995年11月29日，加利福尼亚州阿纳海姆，在美国西部有线电视展的坐席讨论中，罗伯特·雷德福（Robert Redford）（中）和巴里·迪勒（右）的逗趣引得有线电视业大亨特德·特纳一边阐述问题，一边比手势。[（AP/大千世界图片/科沃克·迪晏斯兹安）供图。]

位斗士。"迪勒是出色的雇员，70岁的雷石东却有着雇主的思维方式……雷石东还是可靠的价值创造者，[而]迪勒只是向派拉蒙投标的一位知名电影选片人……[马龙和罗伯茨父子的]计划是利用迪勒挑选畅销影片，提高派拉蒙的现金流转"。

同一日，同一份报纸上，记者凯思琳·哈里斯（Kathryn Harris）更是为雷石东大造声势。"雷石东……一直发誓将继续担任各家合伙公司的控股股东。维亚康姆与派拉蒙的合并交易将使雷石东获得将近70%的有表决权股票"。

但派拉蒙公司董事会在10月11日的会议上批准戴维斯与QVC公司会晤。迪勒完全有理由相信：拥有足够资金作为战争基金的他，不久将成为在熟悉的行政套房里主持派拉蒙事务的总裁。有一件事却困扰着他。迪勒原以为倚仗（大概他是这么想的）约翰·马龙的财务支持保证作为强有力的武器，只消5个月就能接管派拉蒙。可是最近马龙不知为什么不再给迪勒回电话。这就像他砰地把门摔在迪勒的脸上。

10月12日，戴维斯受命研究QVC发盘的第二天，TCI就发表了一份即将改变迪勒恶意收购进程的惊人声明。马龙一直瞒着迪勒秘密商谈自己的合并事宜,这将全面影响派拉蒙与QVC的合并提案。马龙正提议促成TCI和大西洋贝尔(Bell Atlantic)价值330亿美元的合并,从而创建新电子时代的第一个巨无霸。由TCI和大西洋贝尔共同召开的记者招待会是为收购TCI公司和自由传媒集团做准备的。会上,马龙宣称QVC的投标与他未来可能参与的各类活动相比是"次要的"。

传媒观察员肯·奥莱塔觉察到了马龙的紧张。政客本来就担心有线电视业有损公众利益的态度招致民怨丛生,他的业务又受到对方的制约,因此采取强硬战术不总是明智的。

长期以来,电话线既不准承载电视信号,也不准与电缆线竞争;反之亦然。现在,一切即将改变。美国国会正在考虑让具有政治觉悟的电话公司使用自身拥有的线材传送电视信号;有线电视公司却不得通过自己的线路传送声音信号。有线电视公司必须投入巨资才能分享新信息时代的技术;与之相比,电话公司不仅在游说和公关方面优势突出,财力更远胜对手。

马龙决定不和电话公司较量,而要与它们联手。"18个月前,我就告诉鲍勃·麦格尼斯和董事会,我觉得我们必须和一家电话公司进行战略交易,不然时间一长我们将出现严重的问题"。走过场似的取得对方同意后,马龙联络到大西洋贝尔的总裁雷·史密斯(Ray Smith)。马龙此举让人备受鼓舞,因为史密斯捏着马龙及其公司急需的几张好牌,意义超过表面上的资金问题。

协商之前,史密斯抛出几项议题让马龙斟酌并让他签署一份协议确保双方对讨论内容保密。根据谈话对象的不同,马龙能够灵活呈现感性、恐惧、果敢、焦虑或聪明等特点,但他对史密斯和大西洋贝尔满怀热忱。

"雷拥有绝妙的个性元素,"马龙回忆起初的交谈时说,"其他家伙都是守旧派。美国西部公司(U. S. West)之流根本不愿牺牲股息。雷就像一只杂色猫,极具企业家风范。这家伙讨人喜欢。他可不是身披笔挺的三件套的呆子。"

与史密斯的大西洋贝尔做交易将解决马龙的几个问题:他与华盛顿敌对的关系能得到改善;TCI能获得现金;他能满足爱妻的要求,花更多时间

第十六章
夺派拉蒙，龙争虎斗

在家里。马龙将史密斯视作共同经营合伙公司的绝佳人选，因此把一切坦白告诉了对方。

梦想与派拉蒙联姻的迪勒丝毫没有察觉马龙的计划。有人怀疑，如果他事先知道马龙正与史密斯共商大计，可能不会继续行动。尽管个人财力雄厚，迪勒自己还是缺乏单方面与派拉蒙做交易所必需的巨额资金。他需要马龙为交易保底，他也有充分的理由相信马龙愿意继续给予支持。

迪勒之前非常清楚他有意利用QVC对派拉蒙发动恶意收购。可是现在，这一切似乎和马龙都没了关系。他已改变心意，不愿与派拉蒙进行任何方式的结盟，他的盟友与合作商不得不自谋生路。

布莱恩·罗伯茨被马龙对他和他父亲的所作所为深深伤害了。他现在面对的情况是：一位合作商背叛了他和他的公司，与一个必将拥有雄厚财力的强大竞争者结盟。

"我的失望体现在多个层面，"小罗伯茨告诉奥莱塔，"约翰没有坦承他正在和一家电话公司商谈，还可能要卖掉自己的公司。而我们正在与派拉蒙洽谈100亿美元的合并交易，非常需要他。你可以说，大西洋贝尔是一桩330亿美元的交易，他不想冒险告诉我们。但他本可以在不透露任何细节的前提下，示意我们事情有变。我深深地感到，他对我们，或许他对所有人都不够信任，所以不愿冒险尝试。"

甚至在与雷·史密斯商谈时，马龙也是针对交易不断还价并竭力修补条款，气得史密斯差点离开谈判桌。一旦他们彼此达成交易（假设有这种可能），双方仍要面对另一个障碍。由于两家公司都受到联邦政府机构的制约，它们必须获得政府的合并许可，而这又要花掉将近1年的时间。

马丁·戴维斯曾向《名利场》的布莱恩·伯勒预言马龙会来这一手。"看着吧，"他告诉撰稿人，"马龙会尝试并出卖迪勒，就像我看见他对特纳所做的那样。"马龙的背信弃义把迪勒惊呆了。他的一位朋友说，"巴里完全被击垮了。他感觉遭到背叛。马龙的声明把他毁了"。

尽管迪勒声称马龙在官方消息宣布至少一周以前告诉了他交易的事，

他现在却处于羞愧难当的境地——他必须全力找寻其他财务支持,以防马龙决定撤出 QVC 的投标。TCI 和大西洋贝尔的合并还影响到交易的另一个方面。

在马龙宣布让人震惊的消息之前,迪勒一直在和另外一家名为南方贝尔(BellSouth)的地方电话公司商讨其加入 QVC 投标的可能性。这家总部设在亚特兰大的电话公司曾试图通过孤军奋战或是与维亚康姆或 QVC 联合等各种途径参与交易。渴望分到派拉蒙节目制作资产的南方贝尔曾经积极联合迪勒与 QVC。但随着劲敌大西洋贝尔的加入,对方的兴趣骤降。

马龙向迪勒保证他不会撤销支持。他还主动向南方贝尔的执行官致电并一再保证自己最近的投机活动不会影响对方的加入,该公司却开始踌躇不前。"想到公司股东之一将是大西洋贝尔拥有的 TCI,南方贝尔可能已经不愿同 QVC 合作,"《华尔街日报》点评道。

迪勒认为自己不能再信任马龙,于是继续寻找新的合作商。6 天后,他挖到了金矿——手中同样握有部分有线电视特许经营权的考克斯报业(Cox Enterprises)以及前进出版公司(Advance Publications)——向迪勒另外提供 10 亿美元的资金。战斗继续推进。10 月 20 日,QVC 提交了两摞厚厚的财务文件,希望派拉蒙仔细品读。

迪勒的投标仍然面临另一个障碍。1988 年,派拉蒙公司董事会已经采用"毒丸防御"条款[1],通过向市场大量投放派拉蒙新发行的证券,让公司迅速贬值,从而帮助他们阻挠恶意接管。一旦有人蓄积 15% 或 15% 以上的派拉蒙流通在外的普通股,或者一旦有人宣称或开始进行要约收购,公司就能施用毒丸条款。其意图是保护派拉蒙抵制 QVC 这样的公司进行此类未经请求的双重要约收购。迪勒辩称:派拉蒙曾放弃对维亚康姆施用毒丸条

---

[1] 毒丸防御,又称"股权摊薄反收购措施",是目标公司抵御恶意收购的一种防御措施。实施毒丸防御的公司,由公司董事会事先通过一项股权摊薄条款,一旦敌意方收购公司一定比例的股份(通常是 10%~20% 的股份),即触发该条款生效,并使公司原有股东能以较低的价格获得公司大量股份,从而抬高收购方的成本。——译者注

款,因此 QVC 也应得到相同的豁免。

派拉蒙抵制迪勒投标的另一项保护措施是维亚康姆合并协议中的终止费条款。该条款也称为"锁定安排"条款,条款要求派拉蒙在交易落空时向维亚康姆支付 1 亿美元并准许雷石东获得派拉蒙 20% 的股票。如果合并遭到废止,该条款可让派拉蒙蒙受共计 4 亿美元的损失,从而让派拉蒙丧失对其他要约收购的吸引力。

10 月 21 日,维亚康姆的发盘通过了标准反垄断审查。同日,QVC 向特拉华州衡平法院(Chancery Court of Delaware)提起诉讼,将派拉蒙、维亚康姆和 QVC 牵入案件并请求通过预先禁令阻止维亚康姆的接管。QVC 声称:包含在派拉蒙与维亚康姆合并协议中的条款(即"锁定担保"),不公平地让维亚康姆在接管战斗中处于比任何投标对手都有利的位势。就在 3 天后,维亚康姆为派拉蒙制作了一式两份、价值高达 96 亿美元的要约收购方案,并很快得到派拉蒙董事会批准。

流言称,其他追求者正蓄势待发。"当迪勒与雷石东决斗时,第三方会乘虚而入,"纽约股票交易商盖·威舍—帕拉特(Guy Wyser-Pratte)说。最有可能的参选人据说是南方贝尔和西南贝尔(South-western Bell)。

10 月 25 日,维亚康姆的要约收购进入正式阶段;QVC 的正式要约收购于两天后开始。派拉蒙方面的消息灵通人士开始抱怨维亚康姆降低了条件。如果想赢,雷石东原本应该提价。但他的投标价"……与迪勒相差无几,"一位颇有见地的派拉蒙公司玩家说。

一位匿名发言的派拉蒙公司顾问却另有看法。他将迪勒的发盘称为"哗众取宠",还对 QVC 的发盘嗤之以鼻。迪勒本人正在指责派拉蒙。董事会因为对迪勒的发盘不以为然,"贬低着"派拉蒙。"我们的耐心到头了,"他激愤地说。维亚康姆的一位高管预言,"这场游戏将持续几个月"。威舍—帕拉特并不认同。"迪勒的枪已经瞄准了派拉蒙"。

10 月 28 日,迪勒在寄给派拉蒙的信中要求"立即开始协商",还表示 QVC 能够"为派拉蒙的股东提供最丰厚的利益"。他还表示自己反对派拉蒙辜负股东信托的行为,因为该公司在 10 月 24 日与维亚康姆签署修正的合并协议之前,未曾与QVC会晤。最后,他重申了QVC在特拉华州法院备案的审诉。(即派拉蒙公司有意偏袒维亚康姆公司,专门给予对方特别费用和让步。)

唐纳德·奥伦斯曼(Donald Oresman)次日在回信中表示派拉蒙和维亚康姆之间提请的合并"符合两家公司及其股东的最佳利益;它考虑了所有因素,其中包括贵方当前的提案"。但奥伦斯曼同意与QVC会晤,"就像我方在贵方陡然发起要约收购之前所做的一样"。

在11月1日召开的会议上,迪勒和戴维斯公然缺席。事态毫无进展,但合并与收购领域的法律专家认为,参加这样的会议最终只会帮助派拉蒙在悬而未决的法庭诉讼中制定有利战术。

遭到派拉蒙阻挠的迪勒一直忙着解决其他方面的问题。最让他担心的是:大西洋贝尔—TCI的合并提案会引发反垄断问题,这极有可能引来联邦贸易委员会(Federal Trade Commission)展开冗长的调查,从而妨碍QVC对派拉蒙的投标。迪勒化解了这个问题,他似乎已经劝服南方贝尔买入自由传媒集团在QVC持有的5亿美元股权,这样对方不但能够获得自由传媒集团承诺的同等股份,还能为接管战役另行增添10亿美元。(投资20亿美元的南方贝尔,即将宣布公司年底季度亏损2.76亿美元而且计划裁去10 200名员工。)尽管自由传媒集团仍持有QVC公司22%的股份,这项安排却让南方贝尔相信:就算大西洋贝尔与TCI的合并取得政府同意并且继续推进,也不会危及自己。

《纽约时报》的格瑞德琳·弗伯瑞康得(Geraldine Fabrikant)认为南方贝尔的介入将进一步惠及迪勒,因为它将"帮助他从马龙先生对电视购物频道日渐强化的影响里挣脱出来。迪勒先生非常希望自己当老板;据说由于QVC日益重视马龙先生对公司寄予的希望,他表示了关注"。

她还推测"如果南方贝尔通过收购自由传媒集团在QVC里的股份加入争夺派拉蒙的战争……这项举措很可能迫使维亚康姆提高投标价……"11月6日,当维亚康姆将发盘升至每股85美元现金价值来获得51%的派拉蒙股票,并伴有类似的证券价值攀升时,她的预言得到印证。在电话会议上,

第十六章
夺派拉蒙，龙争虎斗

派拉蒙董事会决定向公司股东推荐这项回报更高的发盘。

尽管一直同南方贝尔进行紧张商谈，迪勒还是应朋友迈克尔·奥维茨(Michael Ovitz)之邀，抽时间参加了他儿子的犹太教成年礼；奥维茨也曾在威廉·莫里斯收发室工作，现已摇身成为好莱坞最具权势的一位代理人和创新艺人经纪代理(Creative Artists Agency, CAA)的主席。当然，迪勒在不越界的前提下小动作不断。在评价自己的初次接管行动时，他扬言："我已经蜕变成一个商人，也抛弃了造成发展瓶颈的微观管理[1]。"

行业分析家想知道投标价还会提高多少。在维亚康姆作出最新投标的6天后，部分答案被揭晓。此时迪勒将QVC的发盘抬升至每股90美元，使自己的投标总价值达到108亿美元，高于维亚康姆101亿美元的发盘。11月15日，派拉蒙公司董事会召开会议研究QVC的发盘。此前，唐纳德·奥伦斯曼交给董事会成员一份备忘录并在其中详述了该发盘的"条件与不确定性"。

戴维斯和奥伦斯曼主控了11月15日的会议。董事会认定：QVC的新发盘事实上不符合派拉蒙的最佳利益，它的"条件苛刻"而且不像维亚康姆具有战略魅力。

此外，正如特拉华州最高法院(Delaware Supreme Court)后来在判决中透露的，"派拉蒙公司董事会未与QVC公司就条件的状况进行沟通，因为该董事会认为'非售'条款有碍此类缺乏企业融资内容的沟通。多名派拉蒙公司高管还证实他们相信对于派拉蒙公司未来的商业前景而言，维亚康姆公司提出的交易比QVC公司提出的交易更具优势"。

迪勒的出庭日定于11月16日。QVC、维亚康姆和派拉蒙各自聘请了纽约法律界最具声望的律师，代表它们走入特拉华州衡平法院。QVC雇来沃切尔—利普顿—罗森—卡茨律师事务所(Wachtell, Lipton, Rosen & Katz)，并将官司交给合并与收购领域数一数二的律师赫伯特·沃切尔

---

[1] 微观管理，是商业管理的一种管理手法。在这种手法里，管理者通过对被管理者(员工)的密切观察及操控，使被管理者完成管理者所指定的工作。——译者注

(Herbert Wachtell)。维亚康姆将自身的命运交托给谢尔曼·思特灵律师事务所(Shearman & Sterling),由斯图亚特·巴斯金(Stuart Baskin)作为案件辩护律师;代表派拉蒙的是同样声望卓著的"白鞋"公司[1]盛信律师事务所(Simpson Thacher & Bartlett),由巴里·奥斯特瑞格(Barry Ostrager)作为代表。

一开场,QVC的律师赫伯特·沃切尔就接连披露派拉蒙在7月初拒绝过维亚康姆的投标,该投标比公司在9月份接受的投标更胜一筹。沃切尔认为:派拉蒙拍卖自己的决定只是在听到约翰·马龙透露巴里·迪勒可能对公司进行恶意接管之后作出的。他将该合并定义为销售,理由是维亚康姆最终将获得两家公司70%的表决权,致使控制权从派拉蒙股东手里转移出去。

巴里·奥斯特瑞格在代表派拉蒙回应时辩称,与维亚康姆的合并将构建"战略联盟",这不是卖断。他说派拉蒙一直希望构建此类联盟而且和将近30家公司商讨过战略合作。他还辩称派拉蒙董事会仔细考虑过QVC的发盘并正确拒绝了迪勒。

沃切尔宣称:事情不是这样的。派拉蒙曾拒绝与QVC进行任何实际会谈,也没有很多书面材料记载董事会议上的讨论内容。

拉里·坎宁安(Larry Cunningham)这位叶史瓦大学(Yeshiva University)卡多佐法学院(Cardozo Law School)的教授,针对各执一词的局面在11月17日的《纽约时报》上作出评述,"QVC面临一场硬仗,它必须证明派拉蒙的合并实属销售。"但他表示,"QVC可以比较轻松地证明:派拉蒙公司董事会既没有得到充分告知,也没有履行其信托责任。"

无论衡平法院审理后的结果如何,各界普遍认为失败方会接着向特拉华州最高法院提出上诉。"这只是一次彩排,"一位律师说。

与此同时,戴维斯正在等待良机。一次采访中,他向一位记者展示了自

---

[1] "白鞋"公司一词意指在美国提供顶级专业服务的公司,尤其代表已经存在超过一个世纪并位列《财富》500强公司的商行。它频频(却不总是)指代证券、法律和管理咨询领域的公司,并频频(却不总是)指代位于纽约市的公司。——译者注

第十六章
夺派拉蒙，龙争虎斗

己打印的一份"攻击性广告"草稿，广告目的是想谴责马龙和他对QVC投标进行支持的事情。剧情梗概力图营造《教父》这部派拉蒙公司最著名影片的场景，展现幻影似的马龙操控木偶提线的画面。在这组提线里，有一条的底部悬着迪勒。"这很棒，不是吗？"戴维斯反问记者。

11月19日，迪勒寄信给派拉蒙，通知董事会QVC绝对已经获得他人为了支持QVC发盘作出的融资承诺。信件还向对方保证他的发盘已经消除反垄断障碍，QVC准备推进行动。

同日，一位QVC执行官宣布该公司即将与美国纽约化学银行(Chemical Bank)领导的一批银行"签署银行议定书"。"只需要向银行支付承诺费。银行肯定愿意向我们贷款，融资毫无困难，"他说。

华尔街一致认为，如果QVC再次提高投标价将更有机会胜出。许多金融界人士似乎认为法院将否决QVC的诉讼。因此，一位密切关注事态的商人说："QVC新的发盘必须更具实力，迫使董事会认真考虑。"

等待法院判决的迪勒承认：如果法院否决QVC的诉讼，他几乎一定会被迫终止投标。判决结果定在11月24日感恩节前一天下达。当天早上，身处洛杉矶的迪勒感觉异常紧张。为了缓解自己的焦躁情绪，他跳上自行车赶往健身房做锻炼。"我烦透了，"他后来说，接着纠正了自己，"不是烦，是疯了"。

当他用投币式公用电话检查电话答录机时，发现赫伯特·沃切尔的合伙人马丁·利普顿(Martin Lipton)曾打来一个电话。心跳加剧的他给利普顿回电。"我们赢了，"利普顿告诉他。

预先禁令获准执行。

"哇！"迪勒说。取得人生最大胜利之际，他独自呆在健身俱乐部里，身旁只有平时常去的健身迷和教练。"兴奋无人诉呀！"他回忆。

身处纽约的戴维斯只得在极度震惊和失望中打一通通的电话，向雷石东和其他相关团体通报判决结果。"我没有料到结果竟会这样，"他告诉一名董事会成员。

衡平法院不仅决定支持QVC公司，还严厉批评了派拉蒙公司董事会的表现。此外，它谴责拉扎德公司和博思艾伦公司没有"提供任何量化信息来帮助董事会判定：派拉蒙选择与维亚康姆合并会比选择 QVC 创造更高的长期价值"。

法律专家惊讶于杰克·雅各布斯(Jack Jacobs)副大法官称述的一连串决定，决定几乎废止了派拉蒙在 9 月 12 日制定的所有反接管条款。派拉蒙出售过自己，雅各布斯宣称，并且其董事会没有履行信托责任。他特别批评了董事会经过快速、拙劣的分析否决了 QVC 公司在 11 月 12 日的投标。他同意赫伯特·沃切尔的辩词，即派拉蒙—维亚康姆的合并是一次出售，因为对派拉蒙公司的控制权将从股东手里转移到维亚康姆公司。

因此，派拉蒙被禁止使用"毒丸"或采取任何进一步的行动，其中包括不得修改可能使维亚康姆发盘提前执行的公司股东权益保护计划。派拉蒙还被完全禁止执行 9 月 12 日订立的《股票期权协议》；它必须考虑 QVC 的投标。

在长达 61 页的书面意见里，法官申斥了管理层和董事会，说，"与 QVC 公司会晤是管理层最不愿做的事；管理层巧妙地说服董事会不进行任何必要的调查。董事会本应积极了解各类详情"。

他同样直言不讳地表示："派拉蒙公司董事会不允许股东在[维亚康姆和 QVC]这两家公司之间作选择。相反，通过精心设计毒丸和其他反接管规定来偏袒维亚康姆并疏远 QVC，派拉蒙公司董事会有效迫使股东支持出价较低的维亚康姆的交易……"

"这里的风险在于股东的财产利益缺乏保障，股东被迫依附董事会以保障自身利益……"

"这两份竞争提案的出价存在 13 亿美元的差距——派拉蒙股东本可以获得这部分的价值。高管们声言他们被授权阻止股东接受这项价值，因为与维亚康姆合并后获得的增值将超过那 13 亿美元。然而，高管们没有提供任何量化的评估数据来支持这项判断"。

派拉蒙和维亚康姆的律师立即代表各自的委托人向特拉华州最高法院提出上诉。特拉华州最高法院的 E. 诺曼·维齐(E. Norman Veasey)首席

第十六章
夺派拉蒙，龙争虎斗

大法官，在会上向等待法院受理上诉的三方律师团发表了讲话并表示法院希望他们接受"捆绑保证"以确保维亚康姆和QVC不会变更或撤销各自的投标。两家公司同意遵守大法官的要求。

"股东在派拉蒙传播公司的争斗中取胜；司法再次否决高管们的商业判断，"11月28日，佛洛德·诺瑞斯（Floyd Norris）在《纽约时报》的"市场观察"专栏中宣称。"杰克·B. 雅各布斯副大法官在感恩节前夜赘述的观点可归结为：派拉蒙高管衷心相信实现股东长期利益的方式是选择维亚康姆而非QVC合并。他们的这项决定只有在被认为合理时才会得到允许"。

"不幸的是，雅各布斯先生说，管理层及其投资银行家对完成中意交易的兴趣似乎比评估其他选择更大，因此他们没有提供董事会需要的信息"。

"事实无可争议，"雅各布斯先生写道，董事会接到的"任何信息都无法从数量上支持董事会的结论，即与选择QVC相比，派拉蒙与维亚康姆的合并将创造更多长期价值。"

次日在派拉蒙公司，怨声一片；愤怒的执行官就是否应该推迟11月15日董事会的问题各执一词。一位顾问坚称他曾劝说董事会把会议时间推迟到法院作出判决之后。一位派拉蒙的执行官予以驳斥并表示时间推迟"未被任何一个人提出。这样说不负责任，"他说，"董事会有义务考虑QVC修改后的提案，它恰当地这样做了。"一位发言人代表公司正式发言时愤怒地说，判决"有违事实与法律"。

雅各布斯法官指责了董事会在11月15日会上的行为；现在派拉蒙已无追索权，只能期待最高法院重审此案。华尔街大亨纷纷将钱押在迪勒和QVC一方，却至少有一位投资银行家表示不确定。"这不是灌篮，"他说。另一位同行似乎同意这种观点并且说："结局多数取决于巴里和萨姆纳两人的想法，没人清楚这个。"

即便最高法院推翻了衡平法院的判决，许多金融界人士仍相信两家公司会抬高出价。《纽约时报》列举的多名分析家认为QVC在筹集更多资金方面优势更明显。问题扑朔迷离，所有相关人员也想知道是否会进行复赛。

当法院同意在11月29日听取派拉蒙和维亚康姆的申诉时，哥伦布环

15 号大厦里原本紧张的气氛明显缓和。但 S. G. 瓦博格公司(S. G. Warburg)的分析师莉兹·巴伦(Liz Barron)说,她相信衡平法院的判决将得到支持,两家相互竞争的公司将不得不提高投标价。"下一步取决于维亚康姆,"她表示,"很难说它会与 QVC 并驾齐驱还是超越对手。"

法庭将口头辩论安排在 12 月 9 日并通知律师:各方将有一小时的辩护时间。随着日期临近,双方剑拔弩张。《新闻周刊》的撰稿人查尔斯·弗莱明(Charles Fleming)曾说,"在这场近年来最有趣也最激烈的接管战里的……唇枪舌剑"。

弗莱明在 12 月 6 日以"迪勒舌战得分"为题对这场战役作了报道,"雷石东嘲笑迪勒不过是一位对派拉蒙没有切实帮助的珠宝商。迪勒在加利福尼亚州马里布的私邸接受访问时,曾谈及维亚康姆。"问题不在于能否得到《瘪四与大头蛋》[维亚康姆的节目]并把它拍成电影,"迪勒说,"伟大'战略联盟'的构想与实际相比稍逊一筹。[维亚康姆]拥有派拉蒙无法取得的优势吗? 他们点头称是。我说那不是真的。"

最高法院听证会前夜突然出现一个全新问题。新闻报道称:总部设在芝加哥、用巴利和威廉姆斯公司(Bally and Williams)品牌名称制造弹球机和街机游戏的 WMS 工业公司(WMS Industires),在 9 月底至 10 月中旬购买了将近 50 万份维亚康姆股票。这次购买的极具争议之处在于萨姆纳·雷石东是 WMS 的最大股东。

"表面上似乎是:当股价成为对维亚康姆进行收益评估的重要指标时,一家分公司从旁支持维亚康姆的股价,"欧本海默公司的媒体分析家杰西卡·瑞弗指出。

她的担心得到另一位媒体分析家——沃特海姆·施罗德公司(Wertheim Schroder & Company)的大卫·伦道纳(David Londoner)——的响应,他说,"现在这家 WMS 公司显然没有购买股票的历史,却在一个非常时间出面购买维亚康姆。至少,这看起来非同寻常"。

对合并至关重要的维亚康姆股票,是否被雷石东操纵过呢? QVC 指控 WMS 代表维亚康姆购入股票来提升其价值,从而吸引派拉蒙。维亚康姆和 WMS 的执行官驳斥了这项指控。雷石东自己,他们说,刚刚听说这项指控。

"我们期待赢得上诉,"维亚康姆在接到衡平法院的不利判决时曾经夸口。他们的期待在 12 月 9 日破灭;案件辩论才进行了几个小时,特拉华州最高法院就表示支持 QVC。最高法院维持衡平法院的判决,宣判派拉蒙吓阻潜在投标人的行为无效,还在总结中说派拉蒙没有通过寻找可能存在的最佳交易履行对公司股东的义务。

"这是对派拉蒙管理层和董事会没有严肃考虑股东利益的严厉斥责,"卡多佐法学院的拉里·坎宁安教授指出,"近几年来,特拉华州法院一直在保护管理层还是支持股东之间摇摆不定。这项决定明显是有意支持股东利益。"

《纽约时报》的头版新闻称判决"让派拉蒙公司主席马丁·戴维斯备受打击,他与他以前的雇员也是现在 QVC 公司的主席巴里·迪勒素来不睦"。

由诺曼·维齐首席大法官书写的特拉华州最高法院的意见,让 QVC 大获全胜。法院要求派拉蒙接受其他投标并代表公司股东追求可能出现的最佳出价。

观点还详细写明了派拉蒙公司董事会的责任,以及董事会在哪些方面没有履行其受信责任:"由于派拉蒙的高管已经决定出售控制权,他们有义务继续寻找股东理应获得的最佳价值。这种持续责任包括要在 10 月 24 日的董事会上以及会后承担职责,其目的是对 QVC 的要约收购和派拉蒙—维亚康姆的交易作出关键性评估……本院认为:派拉蒙高管的执行过程不合理;在这种情况下,股东无法获得合理的回报。"

QVC 被引述为"一直表明自身希望满足并超越维亚康姆的发盘,而且频繁表示自己有意就进一步可能的改进进行协商"。

法院接着继续陈述"派拉蒙公司董事会理应清楚《股票期权协议》、终止费条款和'非售'条款有碍派拉蒙股东获得最佳价值。然而,派拉蒙公司董事会没有努力取消或修改这些阻碍生效的规定,相反却继续着眼于与维亚康姆缔结战略联盟。"

派拉蒙高管尤其遭到严厉斥责，法院称，因为他们在11月15日会谈"考虑QVC改进的要约收购时，仍旧固守自己的错误想法而且没有把握时机取消他们强加给自己的限制。然而，考虑与QVC协商不算'太晚'。11月15日的事件清楚表明：防御措施整体上存在问题……然而，派拉蒙高管由于无知地认为QVC的发盘'不切实际'始终麻木不仁"。

法院在审判时也对维亚康姆进行了申斥，将公司描述为"拥有资深法律和财务顾问而且老于世故的一方，[它]了解（并且实际要求）《股票期权协议》中不合理的部分。现在，它不得提及自身曾通过协商从违反受信责任的董事会获得合同条款，从而取得既定经营权……本院驳回维亚康姆的理由，还认为其结局不是繁盛便是没落，并在此落槌断定派拉蒙公司董事会的行为无效"。

最终，法院总结，"这些控制权变更的事实表明：实现股东理应获得的最佳价值成为派拉蒙高管的主要义务……派拉蒙高管并未抓住这些[由QVC主动提供的投标]机会，而是选择将自己与资料信息隔绝……并利用防御措施作为拒绝与QVC协商、拒绝寻找其他选择的合理解释"。

迪勒在自己的QVC办公室里收看了电视转播的听证会。"不得不对法院的判决感到满意，"当晚他对《纽约时报》的一名记者说，"3个月来我们一直主张听证会理应公正。我们从始至终都为诉讼投入了更多经费。"

戴维斯没有留下发言记录。不过派拉蒙发表的声明称公司会配合判决。"我方将立刻建立适用于所有投标人的流程，确保过程有序和公平"。

拍卖日期必须由派拉蒙设定。萨姆纳·雷石东被指控通过WMS购买维亚康姆股票引起股价虚高的事件依旧混乱。

QVC现在却是一位真正的赢家。公司于12月11日收到派拉蒙的通知，得知董事会议计划于12月13日召开，为拍卖建立基本准则。一位据称"与董事会关系密切的"派拉蒙执行官告诉《纽约时报》，会议预计"漫长而艰难"。

华尔街预言维亚康姆将提高投标价。迎战雷石东的迪勒却先下手为强；12月20日，他提高发盘，计划以每股92美元现金价值获得50.1%的派拉蒙公司股份,用证券购买剩余的49.9%,令总价值达到110亿美元。到华尔街当日响起收市钟声时,QVC的股票暴跌,投标价值仅为102亿美元,与维亚康姆10月的最后一次投标基本持平。

派拉蒙公司董事会于次日认可迪勒的出价。迪勒最终得到他的合并协议。维亚康姆必须在1月7日前决定发盘还是撤出。双方必须在2月1日前递交最终投标。

巴里在租游艇前往位于加勒比海的圣·巴特岛途中,反复捣弄数字并最后认定派拉蒙最多只值总计100亿美元的现金和股票。1月3日回来后,他告诉合作商,"[派拉蒙]确实经过我们的一番全力争取,也值得我们为此付出,但我不想再付出更多了"。

维亚康姆公司盼来1月7日的最后期限并宣布以84亿美元的总价与百视达娱乐公司合并,这使得维亚康姆对派拉蒙进行要约收购时每股现金价值达到105美元。尽管发盘更诱人了,华尔街却继续拥护迪勒,派拉蒙公司董事会也仍旧心仪QVC。雷石东的一位朋友表示尽管迪勒和雷石东一样渴盼赢得竞标,却还没准备好为达到目标支付过高代价。要是雷石东无法取胜,朋友说,他会极力诱使迪勒为派拉蒙出更高价格,然后静静离开,让迪勒接收标价过高的票据。

维亚康姆公司于1月18日又将发盘升至每股107美元现金价值以获得50.1%的派拉蒙公司股份与股票,并为剩余部分提供担保与或有价值权利(contingent value rights,CVR)或称"护圈"[1],令总价值达到95.6亿美元。混合投标中,现金与证券的均价达每股82美元,虽少于迪勒每股略超过87美元的混合投标,却拥有更多现金保障和一道担保屏障。"护圈"保证:如果维亚康姆的股价无法在合并后的3年内达到某个水平,在公司投标时每股包含的12美元仍保持价值不变。该措施是一柄双刃剑。如果维亚康姆兑现承诺,将另外花费10亿美元。维亚康姆的股价极有可能因此下

---

〔1〕护圈作为一项投资战略,使用各种选择将资产投资中可能出现的正收益或负收益限定在特定范围。——译者注

跌。为了弥补差额，维亚康姆可能被迫发行更多股票，让其对派拉蒙的发盘贬值。

有了"护圈"作为额外激励，派拉蒙公司董事会倒戈并认可维亚康姆在1月21日的投标。迪勒维持102亿美元的发盘，但投入更多现金并减少股票比例；他为派拉蒙股票提供的现金价值仍然低于雷石东。他不顾关键顾问的请求，拒绝使用与雷石东相同的战略为自己的交易引入"护圈"。

2月1日是竞卖截止日，当天QVC现金与股票投标的收市价达106亿美元，维亚康姆的收市价达102亿美元。然而，维亚康姆的"护圈"能保护派拉蒙股东，此外与百视达娱乐公司悬而未决的合并也让维亚康姆占据上风。疯狂投标的背后，派拉蒙在1994年1月的财政季度里默默记录了4 000万美元的亏损。

派拉蒙的未来现在掌握在公司股东的手中，他们有两周时间决定向哪一方提供股份。那段时期的迪勒精力涣散，他参加了由詹姆斯·布鲁克斯指导、惨遭批评的《家有娇娃》(I'll Do Anything)在纽约的首映式。电影播映结束后，有人发现迪勒连同斯蒂夫·马丁、凯文·克莱恩(Kevin Kline)和菲比·凯茨(Phoebe Cates)在小卖部拿着汽水和爆米花填肚子。"它是免费的吗？"迪勒问。《娱乐周刊》(Entertainment Weekly)的一位记者嘲讽道，"想必他在QVC的干劲正在消退"。

波利·普拉特却站在不同角度，看待处于人生最焦虑几周里的迪勒在首映式上现身一事。"我们为此损失了5 000万美元，巴里也一样，"她说，"他非常支持吉姆，后来在派对上也是。好莱坞的很多人都是从失败中爬起来的。"

迪勒开始告诉朋友，他对派拉蒙的投标已经演变成"见鬼的交易"。最后一枪已打完，最后一炮也已射尽。除了坐等死亡人数统计就再没有事情了。2月15日午夜，战争正式终止。许多专家(突然，每个人都成了专家)觉得两家公司都可能赢得表决。除了明显的资金问题，还要选择是相信S. G. 瓦博格公司的传媒股票分析师莉斯贝丝·巴伦(Lisbeth Barron)说的"维亚康姆的'资产广度'能为公司投标提供'心理依托'，还是相信迪勒在《华尔

第十六章
夺派拉蒙，龙争虎斗

街日报》报道中断言的"与维亚康姆相比，他能利用派拉蒙资产提炼更多长期价值"，因为他"在创造娱乐资产方面功勋卓著"。

股东们最终被盈亏一览结算线打动，舍弃了玫瑰色的允诺。全部表决计算结束时，维亚康姆获胜并取得派拉蒙75％的股票，即将创建美国第二大传媒帝国。雷石东的电话线里充斥着朋友和同僚的贺电，其中包括致电恭贺他获胜的好莱坞说客杰克·瓦伦蒂(Jack Valenti)、时代华纳的杰拉尔德·莱文(Gerald Levin)和环球影片公司(Universal Picture)的负责人汤姆·波洛克(Tom Pollock)。有人把一瓶凯歌香槟送到雷石东办公室，并在随附的卡片上写着，"恭喜你取得辉煌的成功。全球音乐电视台的酒肉朋友敬上"。

"力量制胜，"2月26日《华尔街日报》的封面标题宣称。故事归结为："大块头赢了……关乎颜面较量和大公司联盟的各类言论最终被一个现实取代——唯有规模和资金实力决定是否能以100亿美元成功接管派拉蒙传媒公司。"一位被《华尔街日报》引述言论的投资银行家说，QVC对派拉蒙的投标"就像鲦鱼吞鲸"。

QVC达20.4亿美元的年终股市价值仅比维亚康姆56亿美元的年终股市价值的三分之一略高。然而，没有人能够否认，这条鲦鱼拼死奋战。当被问及这场比原先发盘多耗用20亿美元的征服战时，雷石东描述这场拖延战"残酷、滥施手段，有时还很可笑"，并补充道，"这番天作之合历经磨难终于修成正果。"另一方面，他在谈到迪勒时说："不存在纠葛。我认为自己心怀友爱而不是仇恨。"

迪勒竭力不去理会失败。"生活由错误构成，"他说，"我们参加拍卖。我们终止投标。我们承担后果。"但仍在为迪勒投标造成财务创痛伤心的雷石东最后说："不能说仿佛又出现一个派拉蒙。我们得到了最后的派拉蒙。"

马丁·戴维斯曾经发起并支持与维亚康姆的合并，雷石东在9月也曾保证他将成为派拉蒙/维亚康姆的首席执行官，但他很快明白自己在新公司的角色毫无未来。"将来你们会很期待我的来信，"他简单地对自己的职员说。拍卖后的第一天，维亚康姆股价暴跌，反映出合并中标价过高的代价。

(具有讽刺意味的是，QVC 的股价攀升。)雷石东的工作排得满满当当，他首先从派拉蒙影业入手，该公司近期的两部圣诞电影——《反斗智多星 2》(Wayne's World 2)和《亚当斯一家的价值观》(Addams Family Values)都没有达到制片厂的票房预期。

华尔街和好莱坞最大的疑问是：巴里·迪勒对将来有什么打算？遭受重大职业挫败的余波刚刚散去，他愿意做的只是把自己的 QVC 王国缔造成多媒体帝国。"在贝弗利山庄落败了吧？现实点，"《商业周刊》分析事件余波时嘲讽道。好莱坞律师彼得·迪科姆却预言，"显然，巴里·迪勒将高居众多名单的榜首，"许多人都希望找他合作发起娱乐业接管。

迪勒拒绝进行推测，只是说，"我们不会在任何时候讨论此事，直到有我们认为值得的机会自动出现。"他承认 QVC 因为他介入接管战斗而"延误了时机"，但表示公司健康依旧良好，并对未来的发展与拓展进行了积极的预测。

"很久以前我就明白拍卖里的一件事，"迪勒说，"它无关面子或才干。它只是为了下一轮的投标举起你的手……我们与这架风车进行了为时 5 个月的堂吉诃德似的酣战。敌胜我负。走着瞧！"

第十七章 追蒂凡尼,功亏一篑

"迪勒先生虽败犹荣,"《华尔街日报》在宣布维亚康姆赢得对派拉蒙的投标时说。几周过去了,迪勒试图收拾自己在全情投入接管战时无暇照管的乱局,猜谜游戏也在继续:什么样的传媒巨擘会成为迪勒下一个目标呢?全国广播公司、MCA 和时代华纳都被认为是可能的选择。迪勒的顾问,一位影响迪勒闪烁其词式自我表达风格的人,只是说,"办成这些事情要靠投机取巧"。

在下一个良机敲门前,迪勒的当务之急包括:同对手家居购物网络谋求合并的可能性、向南方贝尔质询拖欠的 5 亿美元投资,以及了解约翰·马龙介入 QVC 的用意。接着,冒出了哥伦比亚广播公司的事情……

迪勒和劳伦斯·蒂什这位 71 岁的哥伦比亚广播公司主席早在收购派拉蒙的最终结果揭晓之前就一直寻求 CBS－QVC 合并的可能性。症结在于蒂什坚持哥伦比亚广播公司只接受总价 60 亿美元的全现金收购。迪勒似乎无论如何也筹集不到与此相当的巨资。

但迪勒与哥伦比亚广播公司结盟的主意一直在蒂什的脑海中萦绕。他与迪勒相识于 1974 年,当时迪勒在派拉蒙任职,蒂什是洛斯公司的电影院主席。他们于 1986 年春首次讨论了电视广播网与节目制作。蒂什那时正在买入哥伦比亚广播公司 25% 的股份,他既希望自学娱乐业知识,也希望走访好莱坞,以向最高执行官们讨教。

6 个月后,蒂什当选哥伦比亚广播公司的首席执行官。他离奇地成为一家电视网的统帅。作为东欧移民的后裔,蒂什和弟弟罗伯特在布鲁克林的弗拉特布什社区长大。蒂什毕业于纽约大学(New York University),第二次世界大战期间为美国陆军效力,之后在哈佛大学法学院上完第一学期后退学,帮助刚刚在新泽西州莱克伍德开设酒店的父母照管生意。20 世纪 60 年代后期,他和他的兄弟凭借积累的酒店管理经验经营大西洋城、曼哈顿和南佛罗里达州的一系列豪华酒店和度假胜地。

开始时,蒂什是一位以精明和固执出名的谈判专家。1958 年,他在华尔街初试身手,购入刚刚脱离米高梅电影制片公司并拥有 102 家电影院的洛斯公司的股票。他不久就热衷于找寻被低价贱卖的公司。一年后,他和弟弟控制了洛斯公司 28% 的股份并介入公司资产和运营的日常管理,1960 年,他当选公司主席。

几年后,蒂什掌控的洛斯公司拥有 108 家电影院、12 家酒店及汽车旅馆,并在最近一次财政年度中获利 1 580 万美元。随着 20 世纪 60 年代临近尾声,蒂什决定开展多类业务收购,并将目光首先投向制作香烟的罗瑞拉德公司(Lorillard Corporation)。此后,他相继收购保险公司股票、储蓄与贷款协会、联合百货(Federated Department Stores)[1],并于 1979 年买下宝路华手表公司(Bulova Watch Company)。

蒂什是称职的丈夫和父亲,他与妻子比莉(Billie)教导膝下的四个儿子要努力工作,并帮助他们树立起金钱观。安德鲁(Andrew)和吉米(Jimmy)跟随父亲管理家业;汤米(Tommy)尽心管理蒂什的财务和慈善事业;丹尼尔(Daniel)赴华尔街工作,先在所罗门兄弟(Salomon Brothers)的投资银行任职,后于 1989 年创建套利公司。

---

[1] 梅西百货(Macy's Inc)的前身。——译者注

第十七章
追蒂凡尼,功亏一篑

20世纪80年代,在奉行里根经济政策的华尔街蓬勃发展的初期,洛斯公司的年收入达30亿美元,是10年前的30倍。在这10年间,受儿子丹尼尔敦促的蒂什开始购买哥伦比亚广播公司的股票,也是在那时他第一次和迪勒谈论了电视。8年后,迪勒力图介入派拉蒙的合并游戏时,二人也未曾中断就这个主题的交流。

哥伦比亚广播公司刚刚迎来公司历史上业绩最好的财政年度,获利3.26亿美元。它还刚刚凭借《风云女郎》和《60分钟时事杂志》等热门节目,连续第三年在黄金时段收视率排名中遥遥领先。大获全胜的哥伦比亚广播公司在此前的电视季里上演帽子戏法,在黄金时段以及日间和深夜的收视率竞逐中胜出。电视网还为自己最近出天价笼络到大卫·莱特曼(David Letterman)深感骄傲。

1993年12月,这家公司却大失颜面。当时暴富的福克斯电视网夺走了国家橄榄球联盟(National Football League, NFL)比赛的电视播放权。NFL橄榄球赛是哥伦比亚广播公司38年来的固定节目,现在电视网却为这桩交易损失1.5亿美元。蒂什认为福克斯哄抬价格,所以拒绝为获得节目特许权支付与对方相同的高价。

黑岩大楼(Black Rock)[1]这家位于纽约第52街和第6大道交汇处的赫赫有名的电视网总部,还面临其他问题。哥伦比亚广播公司的多个热门节目在收视率竞逐中失利。自从主持人由德高望重的沃尔特·克朗凯特(Walter Cronkite)换成丹·拉瑟(Dan Rather),《哥伦比亚广播公司晚间新闻》(CBS Evening News)就时常徘徊在第二和第三的位置。有人批评蒂什取消了电视网的非广播部门(包括获利丰厚的哥伦比亚唱片公司和地方有线体育网),还批评他拿销售额投资购买美国国库券却不用来壮大业内其他领域。近期,拉什·林伯格对他冷嘲热讽,还说"只有三家主要电视网。凑上哥伦比亚广播公司,算有四家吧"。

---

[1] 纽约市的哥伦比亚广播公司(CBS)大楼又称黑岩大楼,是CBS公司高达38层的总部。建筑四周包覆黑色花岗岩,黑岩大楼由此得名。——译者注

有人还指责他排斥熠熠生辉的有线电视。其余三家电视网已经大胆购买了有线频道的股份,蒂什却唯恐电信业发生改变。1993年夏,许多电视网无法迫使有线频道购买电视网节目的转播权,于是蒂什认为购买有线频道并不明智。蒂什精心挑选的哥伦比亚广播公司(CBS Broadcasting)总裁霍华德·斯金格,反复强调与有线广播相比广播和电视广播网体现的优势。

1994年6月30日,QVC公司的巴里·迪勒(中)、哥伦比亚广播集团总裁霍华德·斯金格(Howard Stringer)(左)和哥伦比亚广播公司公司首席执行官劳伦斯·A.蒂什(Laurence A. Tisch)(右),在纽约宣布:QVC公司和哥伦比亚广播公司公司价值20亿美元的合并计划待定。此后合并失败。[AP/大千世界图片(Wide World Photo)/CBS供图。]

"糟透了,"蒂什评价这场缆线费用争夺战时说,"我们不清楚有线电视业的真正需求,就差屈膝投降了。"

蒂什日益厌倦"再次丧失开支原则的"产业。他沮丧地发现,就像福克斯运用零售价购买NFL电视播放权所明示的,运营电视网的手段有违经济学的逻辑。

1994年开春时,他急于从哥伦比亚广播公司优雅离任。不过首先他得找到一位堪当己任的继承人,此人能帮助曾因不惜工本打造优雅、慷慨形象获得"蒂凡尼"美誉的电视网重拾往日辉煌。

是丹尼·蒂什(Danny Tisch)打破了僵局。"交易始于派拉蒙—QVC—维亚康姆三方的惨败,"他告诉前《华尔街日报》记者兼蒂什传记的作者克里斯多夫·怀南斯(Christopher Winans)。"那段时间,我对代表 QVC 的马蒂·利普顿(Marty Lipton)[迪勒的律师,也是蒂什的故交]说,'如果对它都感兴趣,不如看看哥伦比亚广播公司。我认为派拉蒙根本不值这个价。你们应该能与哥伦比亚广播公司做交易'"。

多数业内人士估计迪勒会等待时机进行下一轮行动。迪勒观察员并未因此停止对他未来计划的预测。乔治·拉什(George Rush)在《纽约每日新闻》(*New York Daily News*)4 月 1 日的"人物"专栏中放话:"据说 S. I. 纽豪斯(S. I. Newhouse)正联合 CAA 的掌门迈克尔·奥维茨,准备悄悄接管时代华纳公司。"拉什写道:"潜在合作伙伴可能是巴里·迪勒,这位 QVC 首脑一直就在盘算由自己出马接管公司。"

这是事实吗?或者只是传媒业的一个愚人节玩笑呢?拉什说,"迪勒希望把 QVC 的节目放到 TW(即时代华纳)正在开发的迷人电视网上,于是直接否认有更宏大的设计"。

接下来的一个月,迪勒与《广播与有线电视》(*Broadcasting and Cable*)杂志的唐·韦斯特(Don West)和马克·伯尼克尔(Mark Berniker)对话。两位采访者礼赞他是"过去 10 年里电视业最具影响力的少数人物之一",迪勒听上去似乎已经全情投入 QVC 和有线电视文化。"现在大多数观众对家居购物的印象是,'蹩脚、档次低、货品普通、充斥金钱',诸如此类。家居购物的视觉形象欠佳。我的公司在接下来几年里需要对此进行改变,"他声称。

与往常一样,当被要求推测通信业的未来时,他令人窘迫地含糊其辞。"我认为前景混沌,"他说,"我们进步了很多,现在知道了一些新词。像信息高速公路、信息渠道、不幸牺牲品(roadkill)、入口匝道、出口匝道——所有这些都用来界定一项尚未成型的技术。现实中的技术甚至比处于梦幻式炒作阶段的技术更易让人误解。"

迪勒操着自己曾在 1 年多以前与肯·奥莱塔交谈时诋毁过的技术专家的行话,谈到了"同轴电缆压缩"、"电话术"、"电信公司"、"智能代理"。被要求界定最后一个语汇的迪勒答道,"我们指的是一种服务,它能迅即掌握你的兴趣所在、你的财务状况、你的原则，还会像一个过滤器似的向你提供无法通过其他任何途径得到的商品与服务。我们认为电脑对普通人的作用是成为他们处理家庭事务的帮手；这是电脑这类智能盒结合当代科技办到的事"。

QVC已经在开发一款名为"Q在线"（Q-online）并通过个人计算机调制解调器传输信号的"智能代理"网络。在评估这项服务的潜在受众对QVC当前收视率的影响时，迪勒表示了肯定。"可能足足有400万人定期使用在线服务，另有200万使用频率不高的用户，"他满意地说，"因此超过几百万的用户通过互联网进行访问。"

迪勒还似乎深入思考了与个人计算机相对的所谓"智能电视"的角色。他预期电脑将对用户更加友好。"最终电脑崛起，电视机败落，两者终将持平，"他说。在他钟爱的格局里，一般的家庭会有一台电脑，"配备的一个较小屏幕，可作为工作站式的环境接受用户委派的任务。但多数人会……收看、访问大屏幕电视并和它互动；大屏幕电视先被分派给智能盒，再被分派给一条拥有巨大数据容量的双向缆线"。

当被提醒有线电视业的市场渗透率不足65％时，迪勒预言：只要有线电视公司解决了自身的硬件问题，该数字就将升至90％以上。他预计每家每户会接上两条线路——"一条电话公司的双绞线对和一条同轴电缆。最终我们将来一番真正的较量，视频与电话的较量"。

在被问到下一步的安排以及对电视未来的预见时，迪勒颇具禅意地表示要着眼于现在："我无法评述之后的安排。因为我认为应该评述现在，而不是将来。"接着，他突然从个人角度阐述了一些他对自己在业内所处位置的看法。

"我希望尽可能多地涉足传媒当前涵盖的有趣领域。我不是在谈零售。我没有……这方面的计划，也从未听说电子零售……代表电视进一步的定义乃至最广泛的定义，所以我自己不会涉足这个领域。我绝对不是在评判它，因为我认为它会是一项伟大和恢弘的产业……但我的兴趣范围超越了电子零售。"

第十七章
追蒂凡尼，功亏一篑

他表述的意图明显得就像他雇飞机在空中喷写公告一样要让众人皆知。由于担心别人没有注意到这点，在 QVC 公司 1993 年的年报中他更是直接地表明心意。"我们将以谨慎而热忱的态度继续关注多媒体领域，"他说。如果出现有价值的收购，"我们将全力争取"。

至于派拉蒙那段插曲，"我们曾经认为能够借这个机会收购一大宗管理不善的资产。当我们认为价格的确过高时，就放弃了"。

尽管接管战役的成本高昂，公司却保持着良好形象。1993 年，收入增长了 14.2％，达到 12.2 亿美元。但自从要约收购失利，股票下跌超过 20 点，5 月中旬跌至 29¼。

他希望利用各种新项目把"QVC 邮票贴在全球电子零售业和它的所有分支上"，让未来的 QVC 公司"更快地发展"。

6 月的第一个星期，迪勒在新奥尔良举办的国际电视包装营销联合会 (Promax and Broadcast Designers Association, Promax/BDA) 会议上重申自己的"智能代理"主题。"当我们能够轻松借由一台智能电脑在全国范围往来传送信息时，就开启了世界的门户，"他说，"我们不会把频道由 70 个扩展到惊人的 500 个，相反会缩减到 1 个频道。1 个就能访问千万种可能和机会。"

QVC 刚开始实现自己创造通信未来的承诺。家居购物网络"几乎聚合了电视、电脑和双向通信"。竞争性技术、媒体宣传和行业本身都要为硬件发展受到阻碍负责，这个问题又影响到系统聚合水平的进一步提高。

每位玩家"对自己在通信领域的重要性都有着不同看法，"他说，"电脑呆子认为……好莱坞必须搬到硅谷，因为表演者需要电脑特技。电影制作人认为他们才是真正的赢家，因为他们知道如何走进广大观众。拥有巨大交换容量和现金流的电话公司仍旧确信自己会拔得头筹。有线电视执行官却不以为然。"

迪勒模仿激励型电视导购节目里代言人的口吻敦促行业执行官"积极参与。发现疑团。拥抱技术"。

有意无意间，他没有提及电视网。电视网却在为其他通信业的成员表现出与自己同样的傲慢内疚。劳伦斯·蒂什是最不愿意拥抱技术的成员之一。不过他已经和迪勒就 CBS—QVC 合并进行了深谈。

"我没有出售，"蒂什在 6 月 2 日坚称，"我对这项业务颇感兴趣的一个理由是它极具活力。"但近期有八家联播台叛入福克斯帐下，其中包括底特律和亚特兰大两个大市场里的联播台，事件的阴霾仍未从他心中散去。

无论是在故作扭捏还是为了尊重法律，他都决定哥伦比亚广播公司和 QVC 之间的交易不应作为面向各方的拍卖。他也不希望交易接受联邦通讯委员会冗长又持续的调查，因此提案强调没有"控制权的变更"。关键是以这种方式界定交易，让它能够被定义为"战略联盟"，这样他也无需考虑其他发盘的优势。迪勒此前将派拉蒙和维亚康姆告上法庭的部分原因是要推翻对方的战略联盟一说；现在他只得希望没有其他求购者用同样的手段对付他。

马丁·利普顿与迪勒和蒂什紧密配合构建合并。6 月 10 日，大多数细节被拟定。交易价值为 71 亿美元，哥伦比亚广播公司股东获得每股 175 美元的现金股息。新的哥伦比亚广播公司组建后，蒂什将拥有这家公司的 53.6%。QVC 股东将拥有其余的 46.4%，还将获得普通股和无表决权优先股。蒂什和他的家族拥有洛斯公司 31% 的股份，此后这家公司将占新公司近 10% 的股份。迪勒将取得 4.7% 的股份和哥伦比亚广播公司董事会的一个席位；他还将被选为首席执行官和总裁，蒂什主席的头衔最多保留 2 年。

利普顿的方案激起了蒂什阵营的极大热情。"马蒂提出这项新的框架并与我父亲、我和洛斯公司的吉米一起检查新提案，"丹尼·蒂什说，"我们认为它毫无纰漏。"

迪勒也对它表示认可。临近 6 月底，他在曼哈顿参加一场宴会时，被缠着询问自己下一步的计划。"有点眉目了，"他一概这样回答。同时赴宴的还有哥伦比亚广播公司《60 分钟时事杂志》的执行制作人唐·休伊特（Don Hewitt）及其当记者的妻子玛里琳·伯格（Marilyn Berger）。"巴里，你真应该更常来瞅瞅节目，"伯格说。迪勒会意地咧嘴笑笑。"噢，我会来瞅瞅，"他说。

第十七章
追蒂凡尼，功亏一篑

同一周，他和奥普拉·温弗瑞等其他几位电视界翘楚被选入电视学院名人堂(Television Academy Hall of Fame)。一位朋友说这项殊荣等于让迪勒"万古流芳"。他并未完全成为别人眼里过时的人，却仍在宾夕法尼亚州忙碌，编织任何有兴趣的人都希望聆听的奇妙故事。他急需一个竞技场来帮助自己重新成为娱乐业先锋并实现梦想。哥伦比亚广播公司似乎是最佳选择。

下一步是与布莱恩·罗伯茨父子讨论交易并获得对方的支持。但由于消息泄露给媒体，计划落空了。6月29日，吉米·蒂什(Jimmy Tisch)从哥伦比亚广播公司新闻编辑部得知，美国联合通讯社(Associated Press)已发文报道哥伦比亚广播公司可能会与QVC合并。不一会儿，《纽约时报》就打来电话希望核实情况。

迪勒和蒂什别无选择，只得于次日召开记者招待会，联合商讨"可能的业务合并"。蒂什肯定地提到"巴里会当老板"。新闻稿原引蒂什的发言，称合并后的公司将"矢志打造一流的原创节目"。

虽然两人谈到了战略合并与协同性，但在被要求定义什么是协同性与战略时，迪勒仅表示，"这里有一些内容是肯定的，但我还不知道如何界定它们。现在说会成白痴的。"但他补充说，哥伦比亚广播公司不会播出家居购物节目。"目的不是把它们胡乱凑在一起"。

迪勒试图对一些他希望不久之后能为己所用的人报以友好的态度。他给丹·拉瑟打过电话，之后携霍华德·斯金格造访位于第57街的哥伦比亚广播公司广播办公室。当晚，大卫·莱特曼就将合并收作十大要闻之一，取名为《与QVC合并，CBS改变路线》。名单上的第十个标题却是"《60分钟时事杂志》的秒表嘞，仅售49.94美元！"莱特曼讥讽道，"再见蒂凡尼电视网，你好凯马特(Kmart)零售网"。

虽然美国上下都在嘲笑迪勒和蒂什耗费巨大，新闻界却兴奋吹捧着合并。《纽约时报》称，"迪勒归来令人震惊却不足为奇。"在一篇歌功颂德的文章里，乔·罗斯(Joe Roth)评价迪勒，"是我有生之年见过最直率、最杰出、最固执的人。他体贴入微、灵活机敏，也是我见过最厌弃蠢材的人"。杰弗里·卡岑伯格更是对他赞誉有加。"甚至在好莱坞这个新人辈出的地方,用这里夸张的说法,也没人真正能和迪勒并驾齐驱"。

有人私下议论迪勒会不会在哥伦比亚广播公司延续一贯暴躁专横的管理风格。唯恐人们忽视迪勒暴君般的统治声威,《华尔街日报》披露了发生在 QVC 的一件事,同时表明那里的员工对被好莱坞接受的这个火暴脾气并不买账。应迪勒要求,一位 QVC 雇员把一盘戒指端到迪勒的办公室向他请来的客人作展示。"那不是我要的,你这个白痴!"迪勒吼道。"我不是白痴!"倒霉的雇员吼着反驳。

两家公司的股价当日均下跌 19％。普惠公司(PaineWebber)的股票分析师克里斯托弗·迪克森(Christopher Dixon)看出了交易双方的优势。"它们正在互救,"他说。

有些业内人士却对迪勒选择这样的合作伙伴感到惊奇。不到 18 个月前,他曾表示拥有一家电视网"会很有趣。但在我说这句话时,我自己也厌倦了"。此后,他预言电视将被"有线电视系统"领入下一个世纪。愤世嫉俗的人问,为什么他之前又想把自己卖给电视网呢?

对派拉蒙投标的失利或许告诫他要谦逊。现在他将广播颂扬成"巨大的成长型业务"。实际正在合并的 QVC 势必有机会成长。1993 年第一季度起,公司收入的年度增长下滑了 50％。在墨西哥和英国开办新的家居购物企业产生开办费用是下滑的主因。由琼·里弗斯主持的《大众购物》(Can We Shop?)节目让公司损失 831 000 美元。

公司在 1994 年第一季度的净收入仅攀升了 8.4％,只有 110 万名新订户加盟电视网。4.3％的增长率低于前两年的数字。美国市场的渗透率已达到所有接通有线电视家庭的 80％。迪勒渴望让 QVC 凌驾哥伦比亚广播公司继而影响 9 000 多万户家庭,这根本不足为奇。

另一项好处是,哥伦比亚广播公司的观众群属于有钱挥霍的高端消费者,恰好是 QVC 作价高昂的新建 Q2 网络(由黛安·冯·芙丝汀宝担任创意策划总监)以及 Q 购物服务的理想客户。(尽管看过 Q2 节目录像带的零售商大多给出了负面评价。)

通过替换黄金时段广告或者插入非高峰时间,QVC 节目也可以在哥伦比亚广播公司上播出。购物网络还可以将商品与特殊节目活动结合。此前已有先例;世界杯足球赛结束后,QVC 通过娱乐与体育节目电视网(Entertainment and Sports Programming Network,ESPN)卖出 25 万美元的足球相关产品。

马龙帐下的一位 TCI 执行官描述了迪勒原本幻想过的一个方案。"试想,我们可以在《北国风云》(*Northern Exposure*)这类一流节目的间隙里插进 30 秒广告。广告说,'我们能卖给您节目上出现的所有东西'。这样电视销售就有趣了"。

至于哥伦比亚广播公司,公司"必须做些事以便走出低迷,"克里斯托弗·迪克森说,"此举帮助他们步入现代——尽管欢笑、踢打、争斗和哭泣并存。他们现在所处的这个理想位置,能够帮助他们在 20 世纪 90 年代飞速发展的广播领域参与竞逐。"

与 QVC 的合并将赋予哥伦比亚广播公司一项不可或缺的优势——领导力。蒂什是一位优秀的经理和交易商,同时他还勤奋学习电视业知识。但他是外行,他在许多方面缺乏对节目制作应有的感觉与迷恋,哥伦比亚广播公司若想步入下一个世纪却恰恰需要这些条件。"这是眼界问题,"美林证券(Merrill Lynch)的哈罗德·沃格尔(Harold Vogel)说,"他只想赢得另一年的排名战,别无它求。这不是发展电视网的方式。"

另一方面,迪勒似乎拥有与生俱来的节目制作热情。20 岁起,他就在创意市场上做买卖、设计并交换创想,而且战功赫赫。"哥伦比亚广播公司现在在等待结果,"一位熟悉合并提案详情的有线电视执行官说,"这有风险,不过巴里很清楚。"

保罗·卡根公司(Paul Kagan Associates)的分析师毕夏普·琴(Bishop Cheen)高度评价了即将由迪勒领导的哥伦比亚广播公司。"想要创造协同性的迪勒将出演三个角色,"他说,"首先是电视网专家,他进了那里的名人堂。其次是节目制作人:他将创作高性价比的节目。最后是推销商——哥伦比亚广播公司——的权威人士从没担任过这个角色。他将融合美国人最喜欢的两样消遣——购物和看电视。"

"几乎所有业内人士都会对这位执行官致敬，"琴在保罗·卡根公司的同事劳瑞·基布兰特（Larry Gerbrandt）宣称。

迪勒迁入行政套房时，知道公司将由能人执掌的蒂什就能清理桌子了。他向黑岩大楼话别时就不会被人指责错选继承人。

哈罗德·沃格尔称与QVC合并是"蒂什的隐退策略"。沃格尔承认蒂什身陷哥伦比亚广播公司群龙无首的困境，还说蒂什"面临停业问题。这是解决问题的一条途径"。

广播业同僚赞成蒂什的做法。"我认为劳瑞很聪明地选了一条退路，"全国广播公司总裁罗伯特·赖特（Robert Wright）说，"如果他单单宣布公司将发行每股股息为175美元的股票（等于CBS公司市值的60%）人们会说，'这家公司止步不前。没远见。没未来'。通过发行巨额股息并与QVC结盟，他在给予公司希望的同时还能化解嘲讽。加上迪勒的结盟，市场上更是一派欢欣鼓舞的景象。"

其实股息数额巨大。假设交易达成，洛斯公司将带走5.5亿美元的净现金利润，仍保留经粗略估计在哥伦比亚广播公司持有的7亿美元股份。《华尔街日报》援引一位合并领域专家的话，将这桩交易称为"当哥伦比亚广播公司被包围时，蒂什先生以现金形式赢取多数股票市值的妙招"。

蒂什手里还捏着迪勒这张王牌。QVC主席很可能是业内唯一最有能力让意义重大的联播台重新接纳哥伦比亚广播公司的人。机不可失，时不再来。即将到来的秋季电视季渐渐成为业内资深人士心中各类电视网展开最激烈争辩的阶段。至少12个市场里的地方电视台计划改换门庭，这会让观众始终搞不懂原先的节目为什么突然改换频道。时代华纳和派拉蒙计划于1月推出各自的电视网。一些分析家预言美国广播公司黄金时段强大的制作阵容足以替代过去3年里的行业领袖哥伦比亚广播公司。

在福克斯期间，迪勒就惹怒了不少联播台，因为许多电视台老板认为自己的要求遭到他傲慢的对待。然而，作为能够将高排名和特有天分带入节目的首席执行官，他的声望势必有助于哥伦比亚广播公司找到新的联播台，最低限度能帮助它补齐曾经失去的八家联播台。

"如果你是联播台，你会在巴里·迪勒将要走马上任以前退出吗？"史密斯·巴尼·希尔森公司的分析家约翰·雷迪（John Reidy）反问，"我想他的到来阻止了这方面的损失。"

阳光电视公司（Sunbeam Television Corporation）拥有波士顿的WHDH，它原本计划离开哥伦比亚广播公司转投福克斯怀抱。但公司在获悉合并公告后开始重新考虑。迪勒在福克斯任职期间，该公司在迈阿密的电视台WSVN就曾脱离全国广播公司加盟福克斯并发展为获利丰厚的市场先导。

阳光电视公司的执行副总裁罗伯特·莱德尔（Robert Leider）对是否让WHDH搬家持谨慎态度。"我们还在研究形势，"他说，接着又承认迪勒的出现"增加了放弃计划的可能"。他更直白地赞扬了迪勒，称他是"当今广播业一位最杰出的人物"，"懂得联播台的重要性"。

蒂什在5月的哥伦比亚广播公司联播台会议上曾宣称电视网"刚开始战斗"。现在联播台在言语中更确信迪勒将进入董事会，率领他们投入战斗。一位哥伦比亚广播公司执行官描述了联播台由不具备广播从业背景的蒂什领导，让他"始终感到不自在"的具体事例。"每个人都焦急地等待迪勒先生来定义联播台与电视网的关系，"哥伦比亚广播公司联播台董事会主席，同时在蒙大拿州密苏拉的KPAX担任总裁的比尔·苏利文（Bill Sullivan）说。

哥伦比亚广播公司联播台关系负责人安东尼·玛喇拉（Anthony Malara）说，尽管有线电视服务近来侵入广播领域，迪勒却"没有丝毫动摇"。但电视网竞争者承认两类事物的联合让他们关注。

"有线电视经营者手握大量所有权的情况很危险，应该予以禁止，"一位美国广播公司官员说。全国广播公司的罗伯特·赖特更是有见地地表示，"这肯定会吓坏这里的许多人"。

然而，业内大多数人持肯定态度，大家普遍认同合并得到了各相关方的祝福。"似乎各有问题的两家公司被撮合在一起，"一位电视执行官说，

"QVC的情况基本上是一位伟大的执行官守着一堆没有未来的资产,而哥伦比亚广播公司的情况却是前景广阔的优良资产被一位缺乏眼界的执行官把持。因此,这是完美的联姻。"

媒体资产投资者,同时也是派拉蒙股东的马里奥·加比利(Mario Gabelli)作过类似的评价。加比利说,"我认为这项交易能惠及所有人。蒂什离开哥伦比亚广播公司,迪勒借机扩张资产"。

《华尔街日报》在7月1日的文章里公开了蒂什和迪勒一同接受访问的内容,当被问及迪勒将如何扩大哥伦比亚广播公司的影响范围时,蒂什避而不答。"巴里将是这里的老板。将由他经营公司,"他只是这样说。至于他自己,"我深爱着它",当他提到自己在哥伦比亚广播公司的8年时说。"是时候启程了。若不是巴里·迪勒的出现,我会呆更久。我希望确保未来得到保障。这是我的绝佳时机"。

他还与自己的老对手约翰·马龙复交,此前他经常在华盛顿就有线电视业提出的各项要求,指证马龙。想到马龙将通过在QVC公司13%的股权拥有哥伦比亚广播公司4.8%的股份,蒂什告诉《华尔街日报》,"我认为约翰·马龙出类拔萃。非常聪明,就是有些强硬"。

迪勒的一位前任雇员更明确诠释了迪勒的电视网计划。"他会像利用QVC一样利用哥伦比亚广播公司。巴里有一个很大的梦想。他将把这作为手段而不是游戏的终点。他会买下制片厂。他会雇佣出版商"。尽管迪勒坚称自己不想大规模裁员,其他人却预言他会大幅度缩减开销,还会掀起一轮成本削减活动,这将不可避免地导致职位减少。

与《纽约客》的肯·奥莱塔交谈时,迪勒强调自己希望通过节目制作扩展哥伦比亚广播公司的活动。"我打算让一切加速运转,"他说,"我希望发展速度加快,不是放缓。"尽管哥伦比亚广播公司考虑后于去年秋天否决了启用有线电视新闻服务的计划,迪勒却仍希望开发一类能与有线电视新闻网(CNN)抗衡的全天候新闻运作方式。"我认为新闻部门全都没有得到充分利用。但它们的确拥有非凡的资源"。

迪勒和蒂什都急于看到合并的推进,但赌注对迪勒来说太大。蒂什随

第十七章
追蒂凡尼，功亏一篑

时可以找到另一个对哥伦比亚广播公司中意的买家。迪勒只能回到 QVC 查询不断缩短的购物单，希望接下来找到能够实现他未来的媒体。

"我们得到了最后的派拉蒙，"雷石东曾经嘲笑对手，但电视网是次优选择，甚至可能是更好的选择。迪勒"现在比力图买下派拉蒙时显得更兴奋，"大卫·格芬说，"我从没听过他这样说话。最近他对我说，'这是我的命数'。"

如果真是这样，他的命运将取决于法院对哥伦比亚广播公司的行为是否属于出售的裁定。蒂什继续重申他对合并抱持的立场，仿佛在吟诵属于自己的颂歌，"公司不会被出售。这项交易不算出售。我们没有在卖公司。我们只是在合并两家公司，这是一次真正的合并"。

许多华尔街分析师却并不认同。"哥伦比亚广播公司明显是在开玩笑，"PNC 银行的分析师布鲁斯·索普(Bruce Thorp)说。"这项交易暗示自己向各方开放。"雷曼兄弟公司(Lehman Brothers)的分析师雷蒙德·卡茨(Raymond Katz)同意索普的看法。"公司肯定是在开玩笑，"他坚称，"哥伦比亚广播公司实质上是说它很有责任进行企业合并，变更其所有权和资本结构。"

其他人谈到过低的价码时，建议公司将每股价格定为 400 美元，而不是 QVC 在发盘时漫天要出的每股 336 美元。《时代》杂志(*Time*)于 7 月 11 日披露迪勒的敌手马文·戴维斯"可能发现哥伦比亚广播公司的交易很诱人，"蒂什却发誓，"他绝不会把股票卖给戴维斯。"

其他报道提到迪士尼有可能对哥伦比亚广播公司有意。由于这属于制片厂购买电视网引发的反垄断问题，迪士尼必须获得政府批准，过程漫长而且未必有结果。然而，迪勒很在意这类流言，他甚至打电话给老朋友迈克尔·艾斯纳问他是否真的有兴趣。艾斯纳让他相信迪士尼会为 QVC 的合并让路。当被肯·奥莱塔问到是否认为艾斯纳会窃取自己的奖品时，迪勒却含糊其辞。"我不知道。我希望不会。任何制片厂要这样做都很有难度"。

但也没难到他能掉以轻心的地步。"我会尽可能加大难度，"他威胁。接着，他的口气颇具哲理，"如果出现其他投标，那就是出现其他投标"。

理查德·科利斯（Richard Corliss）在《时代》杂志 7 月 11 日的一篇文章里站在略有不同的角度查验了哥伦比亚广播公司的行为是否属于出售的问题。科利斯对蒂什称作量身定制的交易表示怀疑，他写道："连迪勒可能都怀疑蒂什正在借迪勒这个名字吸引财力更强的巨型公司。有人指责蒂什在高速运转的娱乐业里是一个胆小的半吊子，这让高傲的他深受刺激。"

其实，据说蒂什已经取消了合约里的某些部分。蒂什听上去却对 QVC 以诚相待，用乐观的态度回应迪勒现实的疑虑。"这项交易非常适合两家公司，我不期待其他投标的介入，"他说。

按照计划，两家公司的董事会将于 7 月 13 日会晤并对合并提案进行表决。除非戴维斯、艾斯纳或其他业界要人出面粉碎会谈，否则迪勒似乎很有可能最终实现抱负。因缺乏耐心而闻名的他在向着传媒业顶尖人物的目标跋涉时，被迫尽力故作镇定地应对重重阻碍。马丁·利普顿为满足两家公司及双方首席执行官的需要定制的哥伦比亚广播公司交易似乎无懈可击。

如果说万事俱备只欠东风，那么迪勒和蒂什还没有大功告成。从交易宣布到完成之间相隔的势必让人感觉遥遥无期的两周里，有太多情况可能出现。

一位电视业执行官完全根据迪勒担心夜长梦多的心理指出："董事会不可能明天就批准执行。再等 10 天事情也搞不定！算上美国国庆日的周末，天知道到时候会出什么事！一堆的会议。可能求购哥伦比亚广播公司的公司里报得出名字的就有十家：付得起 50 亿美元或 60 亿美元高价的制片厂、电话公司……究竟会有多少买主呢？"

随着会谈开始进入倒计时，迪勒出乎蒂什意料地对股票期权提出一系列新要求。蒂什不愿为公司破费是出了名的，他觉得迪勒一方似乎准备在最后关头把更多资金揣进腰包，因此大动肝火。"气氛闹僵了，"蒂什帐下一位参与交易的人员说，"巴里谈判时活像一个恶棍。'要是我得不到这个那个，生意就算吹了'。这让劳瑞无法接受。"

克里斯多夫·怀南斯在采访蒂什和他的家人后写出未经蒂什授权的个人传记《现金之王》(*The King of Cash*)，并描述了以下情况：

"迪勒坚称要为某些非执行层雇员争取股票期权,还说并非存心妨碍这次千载难逢的合并。但迪勒的要求过于苛刻。感觉上他期待能够像君王受膏一样登上王位。与劳瑞交谈时他忽视了保持自我检点的价值,劳瑞素来将自大视为影响生意的障碍。"

迪勒试图平息争执,说这是"QVC的问题";他说他"没有意识到"这样阻碍了合并讨论。"交易不会因此终止,"另一位知情人士说,"这是一个小问题,它会得到妥善解决。"

尽管怀南斯认为这是围绕QVC雇员争取股票期权出现的问题,其他人却说:迪勒只是在为自身利益诡辩,他试图将个人财富堆积到能与大卫·格芬抗衡的巨额水平。仍有其他一些人在捍卫迪勒时指出:促成交易时,他通常是等其他所有细节问题解决之后才考虑自己的财务利益。

一位消息灵通人士在表示蒂什阵营持不同观点时说,接受交易最初就是"要拿迪勒当傻子耍……他是交易的原动力……当然,他们[蒂什先生和他的盟友]希望以尽可能低的价格买下迪勒"。

7月12日,双方开会讨论迪勒关心的股票期权问题。董事会议召开的前夜,迪勒结束了在洛杉矶与哥伦比亚广播公司人员的会谈后,乘湾流喷气式飞机飞抵新泽西州的泰特波罗机场(Teterboro Airport)。在那里迎候他的拉尔夫·罗伯茨和布莱恩·罗伯茨父子在递给迪勒的一封信里宣布康卡斯特希望接管QVC。康卡斯特采用一揽子采购方式以每股44美元的发盘价买回自己先前持有的QVC股份,这比哥伦比亚广播公司的每股投标价高6美元,总价值达22亿美元。

他们的讨论是"友好的",布莱恩·罗伯茨后来说。他和迪勒甚至一起开车去了曼哈顿。但罗伯茨父子压制哥伦比亚广播公司投标的决定,无疑瞬间粉碎了迪勒为得到哥伦比亚广播公司精心布设的计划。

《华尔街日报》称康卡斯特的举动"极其突然",但迪勒表示自己对这家公司在最后时刻的介入并不感到吃惊。布莱恩·罗伯茨是他在QVC的最强盟友——事实上,他是把迪勒带入宾夕法尼亚州的最关键人物。然而,最近布莱恩·罗伯茨却对迪勒想要进行QVC和电视网杂交繁育的雄图大略公开表现出越来越多的不满。

他和他父亲之前就不支持哥伦比亚广播公司交易。二人都是有线电视的忠实信徒，至于合并，罗伯茨说，"与我们对公司未来进行的战略规划存在根本分歧。不同于希望在更大的舞台上施展才华、投入兴趣的迪勒，罗伯茨父子对家居购物仍旧怀有热情。

非但如此，他们希望保留对节目制作的控制；而哥伦比亚广播公司交易一旦达成，他们在 QVC 公司 15% 的股份将削减至在新公司里的 5%。"QVC 明显要被卖给哥伦比亚广播公司，这会让我们沦为势单力孤的投资商，"布莱恩·罗伯茨说。

《华尔街日报》对康卡斯特的投标作出褒贬不一的评述。欧本海默公司的杰西卡·瑞弗认为 QVC 和哥伦比亚广播公司结合资产的做法胜过 QVC 独自经营。"这能让他[罗伯茨]的现金发挥最大效用吗？"她问。

弗曼·塞尔兹公司(Furman Selz, Inc.)的约翰·廷克(John Tinker)对发盘却持不同看法，称它是"康卡斯特相当精明的举措"，并表示罗伯茨父子处于双赢的有利局势。"最低限度，"他说，"电子零售业是极富价值而且发展前景远大的产业。康卡斯特既能操控 QVC 这个大玩家，又能在 QVC 合并成功后把其相关股权卖到更高的价钱。这强过无法控制合并后的 CBS—QVC。"

一位同时持有这三家公司股份的短期资本经营者同意瑞弗的观点。他指责康卡斯特"搅浑水"并表示该投标只是"从经济学角度上看稍许好些"。此外，他说，"从长远的角度看，我宁愿选择拥有 QVC 和哥伦比亚广播公司资产合并后每股 38 美元的股票并让迪勒担任领导"。尽管康卡斯特的每股发盘价高出 6 美元，他还是钟爱哥伦比亚广播公司交易，因为它属于免税型每股交换。

蒂什在哥伦比亚广播公司董事会宴席上听说这个交易后，立即回避参与这场成本高昂的接管战。"我们无意逗留在这种局面里，"他说，"我们不参与还盘。"24 小时内，他就宣布与西屋广播公司(Westinghouse Broadcasting Company)达成志向远大的协定，对方将把三家电视台的联播权交给哥伦比亚广播公司，并最终为两家公司的合并铺平道路。

第十七章
追蒂凡尼，功亏一篑

以初期投资 2 500 万美元为由坚持从 QVC 分得近 7 500 万美元税前利润的迪勒，装作精神抖擞的样子说 QVC 的发盘"合情合理，应该得到尊重"。召开董事会议对哥伦比亚广播公司合并方案进行表决时，QVC 表示将"了解我们现有的其他选择"。

至于迪勒本人何去何从，布莱恩·罗伯茨说，"如果他想留下，我们欢迎，"但很少有人认为迪勒会留在 QVC。他和罗伯茨父子的关系已经严重恶化，不可能继续联合，共创未来。

1994 年 7 月 13 日，巴里·迪勒面对记者。当时，由他筹划的 QVC 公司和哥伦比亚广播公司的合并突遇阻碍最终终止交易，他随后离开了哥伦比亚广播公司位于纽约市的总部。[AP/大千世界图片/L. M. 奥特罗（L. M. Otero）供图。]

又该启程了。

在罗伯茨父子扼杀迪勒得到哥伦比亚广播公司的美梦后的第二天，迪勒就参加了由赫伯特·艾伦主办汇集娱乐、通信和信息产业权力精英的年度传媒会议，以及在爱达荷州太阳谷的周末行活动。包括鲁珀特·默多克、萨姆纳·雷石东、比尔·盖茨、迈克尔·艾斯纳、时任西格拉姆（Seagram）负责人的小埃德加·布朗夫曼(Edgar Bronfman, Jr.)、迈克尔·奥维茨、大卫·格芬、约翰·马龙在内的一百多位宾客参加了活动。利用参加高尔夫、钓鱼、远足和白水漂流[1]活动的间隙，他们一起商谈生意、解决悬而未决的案件并交换信息。

原本成功的庆祝会变成了迪勒求职的高端会场。"巴里能和这里的许多人说上话，"一位活动参与者说。但至少有一个出席活动的人对迪勒怀恨在心。

仍在为去年秋天和冬天双方争斗而伤心的萨姆纳·雷石东说，"我曾拿迪勒当真朋友。今后不会了。如果我说我对他的所作所为不介意，那我就是伪君子。我要是他，就不会这样做"。

迪勒在太阳谷碰见雷石东时说："我希望你不要认为我存心伤害你……这不是我的本意。"雷石东却说，"你说的话简直莫名其妙"。

比起化解与雷石东的仇怨，迪勒有更重要的事情要考虑。他仍试图阻挠将 QVC 卖给康卡斯特。但南方贝尔决定撤销向 QVC 投资 5 亿美元，这让他失望不已。少了对方的支持，迪勒的发盘条件无法超越康卡斯特。他仍被认为极有可能买下哥伦比亚广播公司，哥伦比亚广播公司的行为现在已被视为出售。"别忽视迪勒，他正召集人马准备继续追求诱人的哥伦比亚广播公司，"一位投资银行家说；此人还预言迪勒将与南方贝尔或 TCI 结盟。

然而，在 QVC 或哥伦比亚广播公司工作似乎不是他的命数。于是，事后聪明的大卫·格芬表示："QVC 永远满足不了巴里。它只是巴里计划里的第一步。这是起点，不是终点。"

六个月后，康卡斯特买下 QVC，账上新添 1 亿美元的迪勒离开宾夕法尼亚州西切斯特。哥伦比亚广播公司宣布公司待售（就连劳伦斯·蒂什现在也失信于人），不过公司总价格升至 50 亿美元。尽管迪勒从康卡斯特接管中获利，却还不够本钱自立门户。迪勒只得再次寻找既愿意提供大量资金又愿意让他发号施令的潜在合作伙伴。

---

[1] 白水是指流水和岩石碰撞后产生的白沫，人在其上宛若漂于粼粼波光之中。因此该类漂流称为白水漂流。

第十八章　银王传播，自立门户

巴里·迪勒已经白手起家构建了一家电视网。现在看来,他将在1995年8月25日再创功勋,买下银王传播公司20%的股份。这家被喻为业内圣彼得堡、总部设在佛罗里达州的公司,拥有12家鲜为人知并且面向小型市场的独立电视台,以及27家使用特高频(Ultra High Frequency, UHF)的电视台。为了买入银王的股票并登上主席宝座,迪勒与之前QVC的合作伙伴约翰·马龙重新联手;马龙的自由传媒集团下属的家居购物网络将银王传播作为发行渠道。

迪勒按照与马龙商定的规则以个人名义投资500万美元,获得TCI公司70%有表决权股票,从而控制银王传播。尽管公司的大多数商行隶属家居购物网络,53岁的迪勒却终于自己当了老板。

交易使他在财务上获益颇丰:他分别在1996年8月24日和1997年8月24日获得两项红利,每项红利的价值约250万美元,这正是他的投资额。他还会另外拿到100万美元来抵偿股份购买时产生的各项税费。迪勒同意放弃薪酬,不过他处理任何与公司有关事务时产生的费用都能报销。

贝尔斯登公司(Bear Stearns)的副总裁丹尼斯·鲍文(Dennis Bovin)以

华尔街的名义表达了对迪勒的信赖并说,"传媒业的情况极不明朗。不知道如何界定未来的人们只有寄希望于他们心目中更加了解情况而且业绩斐然的个人"。

然而,在华尔街有许多人怀疑银王传播不是正确的选择。尽管股票在迪勒投资的消息宣布后立刻攀升了将近53%,却在接下来的一周下跌了14%。"说他单凭手里的那堆破资产就创建了电视网,纯属一派胡言,"1995年9月11日,罗恩·格罗弗在《商业周刊》的一篇文章里引述了约瑟夫塔尔·里昂和罗斯公司(Josephthal Lyon and Ross)分析师丹尼斯·麦卡派恩(Dennis McAlpine)的这段话。迪勒在反驳批评时说,"电视台团队有着优良的发行覆盖率,它就好似一张白纸。就看你在上面怎么写了"。

迪勒计划将银王传播建成一家拥有"鲜明和独立论调"的全国性电视网,不过公司的大多数节目尚未制作完成。他打算在今后一年左右创作包含体育和新闻内容并满足地方口味的节目,这可能需要与全国或地方报纸联合。他还希望与家居购物网络重新协商公司合同,以获得更多的实际节目播出时间。

1996年2月25日,布鲁斯·汉狄(Bruce Handy)在《时代》杂志披露了他在接受访问时对自己希望创建电视网做的解释。"我坚信,"他说,"应该创建一家地方性而不是全国性的电视网。目的是让创建的地方电视台提供适合地方市场的节目。一旦成功,就有可能向全国提供电视节目服务。"

"我是不是有兴趣让影响波及全国?那是当然的。但这与我目前的工作无关。我的工作是问,'有影响地方的声音吗?我能提供服务吗?我能得到你吗?'地方广播机构全都风格雷同。地方新闻广播烂得吓人。除了天气和体育方面的内容,节目缺乏实际意义。它们的主镜头里永远只有警察、救护车和黄色警戒线"。

不久,迪勒用价值2.1亿美元的股票买下萨伏依影片娱乐公司(Savoy Pictures Entertainment)这家亏损中的影视制片厂。迪勒尚未决定是否让萨伏依继续制作电影。《雪战奇兵》(*Last of the Dogmen*)和《勇闯快活岛》(*Exit to Eden*)等近作无疑是它的败笔。但迪勒打算用公司价值1.4亿美元的现金和证券提升电视台的形象。

萨伏依还为银王传播电视网带来了分布在檀香山、新奥尔良、格林贝和莫比尔的四家电视台。它们于1996年同福克斯签署联播合约,有权播出福克斯获利丰厚的橄榄球和棒球节目。

同时有消息称,通过与自由传媒集团进行股票交换他将控制家居购物网络,这让迪勒的电视网框架更加明晰。持有家居购物网络最多股份的自由传媒集团愿意拿41%的股份和有表决权股票兑换银王的股权。迪勒将被选为家居购物网络主席。

1996年8月26日,两家公司合并的计划对外宣布;银王将以12.7亿美元买下家居购物网络。"我们将开辟更多途径进行收购、使用现有现金并获得额外贷款,"银王的一位发言人说。

迪勒为新公司制定的战略是创作新节目和推进收购。他果真能够成功地将混乱又衰弱的电视台凝聚成一家与哥伦比亚广播公司、全国广播公司、美国广播公司和福克斯并驾齐驱的强盛电视网?鉴于他仍在接受约翰·马龙这类人物的援助和支持,答案并不十分肯定。

迪勒和银王的未来在哪里呢?制作中的节目计划于1997年发行。"我们正在准备,"迪勒说,"我们知不知道自己准备的节目类型?知道。我们愿不愿意透露信息?不。"

其他所有人都可以借这种谈话掀起狂想的热潮。但大多数华尔街和好莱坞的业内人士都认为,30多年来一直在狂暴的企业家座下充当职业杀手的迪勒是独具慧眼的传媒天才。毕竟,他是40年来成功建起一家新电视网的第一人。当今娱乐业里一些最有发展也最具权势的领袖曾是他的门徒或者拿他作为楷模。

正如福克斯电视台的一位执行官所说,"他的影子仍在这儿的大厅里游走。某些管理手段仍沿袭了迪勒时代的风格"。另一位曾经担任福克斯执行官、现在贵为远程电视公司(Tele-TV)总裁的桑迪·格鲁秀(Sandy Grushow)称赞迪勒的睿智、才干和眼界都让其他娱乐公司的执行官望尘莫及。

制作人詹姆斯·布鲁克斯说:"当时我所在的福克斯岌岌可危。但巴里力挽狂澜。他能成功,靠的不是行动也不是操控,全凭意志力。"

1996年10月,《名利场》在名为《信息时代前50位领袖》的第二次年度报告中将迪勒排在第十三位,比上一年提高三位,略逊于比尔·盖茨、鲁珀特·默多克、迈克尔·艾斯纳、时代华纳公司的主席兼首席执行官杰拉尔德·莱文、赫伯特·艾伦、约翰·马龙、萨姆纳·雷石东、大卫·格芬、迈克尔·米尔肯等传媒巨星。配发的简评称他"聪明但……冷酷,其他人希望与他合作"。

管理模式与他的为人如出一辙。面对混乱的局面,迪勒手法独特地汇聚自己无人匹敌的想象力、咄咄逼人的管理风格和醉心工作的精力,挽救挣扎中的航船。他尽心尽力地做了每件事,每件事都是其他人似乎无法办到的。

离开QVC之后,MCA的小埃德加·布朗夫曼和迪士尼的迈克尔·艾斯纳曾分别代表这两家好莱坞主流制片厂向迪勒抛出橄榄枝,却都被一心创办自己公司的迪勒谢绝。他转而召集非主流电视台,建起第七电视网。在众多的迪勒观察员里,有人被他的行为动机吸引,有人却感到不解。

就像迪勒自己说的,"我想没想过为什么一直需要证明自己?没有。没错。满腔热忱的人有可能在历经一番坎坷之后一败涂地。事业成功的关键在于心甘情愿,在于矢志不渝。只要坚持,至少你能赢得一个追随者"。

迪勒的一位心腹,也曾替劳伦斯·蒂什和鲁伯特·默多克效力,这样比较过三个人:

他和其他主要产业的高管风格迥异。他是独一无二的。近年来,我总共在三个极具权威却极不相同的高管手下当过差,他们是劳伦斯·蒂什、鲁伯特·默多克以及迪勒。

他们都非常渴望获得商业裁判权——作出明智的商业判断和作出独立的判断。默多克总是全神贯注、屏息聆听、一旦决定立即执行。迪勒喜欢更深入地讨论和交流问题,直到决定浮出水面。也就是说,最终决定是交流的产物。

默多克不是不听别人意见的独裁者。他乐于聆听……迪勒则寻求共识。"共识"的字面意思一般是指试图让每个人的观点一致,但他并不采用官僚手段谋求共识。迪勒的行为方式是:力图让每个人具有正确的观点。我想这是差异所在。想要作出正确判断并取得共识,就要尽力作出共同的判断。

权力是指能够对特定问题作判断。我想,与迪勒共事的人最后都会说这是迪勒的判断。迪勒常说判断对就是对,错就是错。他相信是是非非都有客观标准来评判。一致的意见和共同的观点未必是客观标准。

迪勒是魅力四射的冒险者,却不是超级冒险家。迪勒被视作冒险者。他冒险是为了生存,但这有别于蒂什和默多克。或许是因为钱是蒂什和默多克自己的。你在制作电影时担负风险,但3 500万美元不是你的,所以你得承担判断上的风险。默多克不愿细算风险。相反,他会把握机会并说,"我不知道风险或者机会究竟有多大,但我知道机会不小;我不知道到底该怎样利用它,但我知道自己必须牢牢把握"。

这位高管还认为,比起其他高管,迪勒的决策过程需要花更长时间更多地思考问题。他以前的同事说,这解释了迪勒为什么只是利用QVC求购派拉蒙和哥伦比亚广播公司。他认为迪勒的决策风格既不能帮助他把QVC推上新的高度,也有碍他在现况中寻找新的机会。

"他既讨厌又迷人,"他的同事说,"说他迷人是因为他拥有非同寻常的有趣想法。与他共事,不但能学会如何思考,还能学习业务。"说他讨厌是因为他像该死的比特犬一样顽固透顶,还说,"不,我想继续讨论直到我们找到正确答案"。

与他长期交往的红颜知己黛安·冯·芙丝汀宝对他的性格作出这样的分析:"他毫无贪念。他有的只是远大抱负和宽广眼界。这造就了他这样一个与众不同的好人。"

许多与迪勒共事并在他的管理模式下饱受煎熬(有些人宁愿说成"幸存")的人,都会质问冯·芙丝汀宝怎么能将他的抱负与良善等同。他本人将自己的创作风格描述为"激起思想碰撞的火花,提炼自己和别人的想法"。

刚刚工作时，还在美国广播公司的他切身体验过对抗管理，也了解到有必要捍卫自己的观点；现在，他也总是拿这两条标准要求自己的下属。他是这样说的：

"那是改变我命运的一天。我在美国广播公司时的老板丢给我一个剧本还对我说，'读读这个，再告诉制作人你的想法'。我吓坏了。那位制作人是电视界的皇帝，负责播出类似《11点秀》(Eleven O' Clock Show)的节目。我研究了剧本，感觉很烂。制作人逼问我的看法时，我压低嗓子说了我的观点，当时我的回答结结巴巴还没能切中要害。但那家伙鼓励我把想法逐个讲清楚。就在那时，我发现了成功的秘诀：把自己逼到窘迫的境地；逼迫自己，或者如果幸运的话让别人来逼迫你，从而破除恐惧和感觉上的限制。"

迪勒坚决捍卫自己的个人生活。他与家人的关系以及他对已故兄长的感情被严格保密。他只和少数至交维持亲密关系并对他们极为忠诚。他会直抒想法，也为他的率性付出过代价。

曾与他在福克斯共事的艾伦·斯腾菲尔德，在谈到好莱坞和迪勒在那里的情况时说，"这座城镇并不欣赏坦率。小镇里稍有风吹草动就能掀起轩然大波。小镇里缺乏温情的人们只是在相互忍受。后来我只是在1994年9月举办的电视学院名人堂颁奖仪式上见过巴里"。

"另外六个人也接受了表彰，有奥普拉·温弗瑞和霍华德·科塞尔(Howard Cosell)，我记不起所有获奖人了。但其他接受表彰的人身旁都有三五成群的家人和朋友，有人在他们接过象征荣誉的雕像时表示了美好祝福。巴里却显得尤为孤单。我想不起当天他是不是真的一个人出席。但那些支持他的人在介绍他时的确没有给予温暖、热情的颂扬。他的事迹介绍变成干巴巴的事实复述。他孤零零地杵在其他获奖人旁边"。

无论是在个人生活里，还是在职业生涯中，迪勒都敢于冒险；有时他甚至好像希望轻生。他钟爱速度带来的刺激。这句话是有根据的。他还在威廉·莫里斯经纪公司工作时，曾受命担任亚伯·拉斯特佛杰尔的司机。车开到一个十字路口时，迪勒猛踩刹车，巨大的力量让拉斯特佛杰尔一屁股跌坐在车厢底板上。迪勒只得下车开门，把老板扶回座位，再把车开到拉斯特

第十八章
银王传播，自立门户

佛杰尔的目的地。

迪勒钟爱速度飞快的车，他的坐骑包括：一辆捷豹、一辆梅赛德斯、一辆保时捷和一辆宝马，还有数辆马力强劲的摩托车。他的挚友们说，追求刺激的他在开车和滑雪时就像疯子，路标、警告标志和常识统统被抛诸脑后。在曼哈顿，他喜欢兴奋地开着自己的宝马急速穿越全岛。

"在这里开车太妙了，"他坚称，"如果你是飙车族，感觉更爽。最棒的是能从第125街和第2大道的交汇处向南一路狂飙到第30街。你可以闯着红灯连穿6条巷道。"

1993年迪勒在争夺派拉蒙传媒公司控制权的过程中发生了一件事，它绝佳地揭示了注重隐私的迪勒也有血有肉。当时投注大量股份的迪勒在协商进行到关键阶段时，竟然从公司对垒的阵地上消失。纽约传媒界纷纷揣测迪勒可能的去处和他可能的行动。

只有他的挚友们知道迪勒没有窝在纽约的某个角落盘算着接管战略里的下一步。他其实去了洛杉矶，在一家医院安静的病房内守着即将被艾滋病夺去生命的一位至交。

迪勒的一位知心女友说，"巴里和医生发生了激烈争执。他认为自己的朋友没有接受妥善治疗。医生只能利用和巴里一起吃午餐的机会，给出解释，平复他的情绪。巴里现在知道了艾滋病的致病原因，却将失去心爱的朋友。他备受打击。他生平第一次遇到了自己完全无法掌控的事情"。

有人认为求购派拉蒙时出现的这个插曲让迪勒失去了赢得要约收购所需的斗志，也就是说，迪勒对朋友寄托的感情让他与生命中最渴盼的一些馈赠失之交臂。还有人认为他之所以退出派拉蒙收购战，是因为价格升得过高。

其实，在派拉蒙事件里，他似乎应了塞翁失马的古语。1996年8月，维亚康姆的收入在第二季度报告中下跌超过22%，一部分原因是电视和电影节目制作部的收入减少。四家主要业务单元里，只有电视网和广播部在经营业务现金流量的指标中显示获利。

"尽管与1995年相比目前处境困难，却无法掩盖心怀长远抱负的维亚康姆在第二季度取得的重大进步。"维亚康姆公司主席萨姆纳·雷石东说。

然而，数据本身证明迪勒退出派拉蒙战场的做法是明智的。唯有消息灵通人士了解巴里·迪勒为何明知大多数人的频道转换器找不到UHF电视台却仍全力构建电视网；这与他过去的工作毫不相干。他就是要做未曾做过的事。

迪勒是娱乐业里少数能够仅凭自己的名声和眼光作担保就筹集到数十亿美元的执行官。他在华尔街投资者眼中的个人地位，是通过自己的两次决定树立的。一是在争夺派拉蒙的投标战中弃权；二是决定不超越西屋广播公司对哥伦比亚广播公司的投标。从这两次事件里，娱乐执行官说，投资人都赞赏地发现迪勒懂得在价格过高时舍弃梦想。

丢失派拉蒙对这个不太正直的人来说可能算是一次沉痛打击，然而迪勒似乎反倒学会了应对不幸。"失败让人痛苦，"他说，"但如果能够学会如何克服对它的恐惧，如果能够坦然接受它，最终如果能够将它作为前行的动力，你就能真正获益。根据我的经验，取得成功的一条秘诀是拥抱失败。我说的是真正的失败。失败与你如此接近，你能尝到它的滋味；失败如此严重，你的衣衫也因此发出恶臭。这样的失败让人假装不认识你。如果你希望创造性地经营公司，这种失败对你大有裨益。"

谈到赫伯特·艾伦隐退后召集各路精英聚会，他却说，"我认为这是两码事，唯一的相同点就是必须成功，可能更重要的是不能失败。"

迪勒已经有权用如此权威的口吻谈论这个话题。华尔街却仍然相信他拥有有悖常理的想象力。不论是他正在做的事情，还是他尚未做完的事情，都让分析家和投资人着迷。正如《洛杉矶时报》记者詹姆斯·贝茨（James Bates）所见：

"迪勒投身新的[银王]企业不是为了钱，因为近年来迪勒即使遭遇失败也能取得最后的胜利，他还在各类交易中又积累了数百万美元。不，现在迪勒在乎的是自我价值——特别是在他眼中大卫·格芬、桑迪·加林和黛安·冯·芙丝汀宝这干同道怎样看自己。就像格芬说的，'迪勒死不认输'。"

迪勒往日的门徒、后来与史蒂文·斯皮尔伯格和大卫·格芬共创梦工厂(DreamWorks SKG)的杰弗里·卡岑伯格说,"我们并不总是清楚他的计划,不过巴里·迪勒在整个职业旅程中一直担负开拓者和梦想家的角色,他总是高瞻远瞩。他建起另一家新电视网的举动不但打破常规,还出人意料。巴里一旦开始行动,就打出一记全垒打"。

迪勒对游戏规则以及突破规则的时机了如指掌。他将尽全力将富含创意的软件资源以及发行渠道与必要的硬件资源加以整合。

"电视网无疑正在进行垂直整合,"他说,"必须如此。世界正朝某种集成化方向发展。'财务收益与辛迪加规则'[最近出台的政府禁令,阻止电视网拥有节目的所有权和联播权],恰当地说,不再有相关性。电视网必须拥有极具活力的制作设施。现在要办对事情,还应该把节目卖给每个愿意买的人。这有利于业务健康发展。我认为其他电视网会越来越多地这样做。"

迪勒相信通信业和娱乐业中的传统盈利模式有可能过时。公司在新的缺少监管的信息和娱乐领域里遇到几类阻碍其生存与发展的定位问题。

有一类障碍源于业内人士的成见。例如,当电影业处于鼎盛时期,执行负责人往往不愿打造畅销作品。声音、色彩、电视和录像带领域的各项新技术发明,都让好莱坞娱乐产品更具消费者吸引力,因此也更畅销。

多数好莱坞电影制作人却竭力抵制这些技术发明。同样,眼下许多业内人士无法像迪勒那样理解技术并给予热情回应,两者却恰恰是让产品吸引消费者并借此获利的关键。

迪勒早在业内大多数人意识到之前就希望 QVC 与哥伦比亚广播公司联姻,他的目的现在成为通信专家、传媒专家和内容提供商口中的"聚合"。这个词是迪勒在极偶然的情况下从购物渠道的概念里解读出来的。

冯·芙丝汀宝在几小时里就依靠传统软硬件制造商无法企及的"协同性"卖出29 000件服饰。从程序传输到获利的整个过程顺畅无阻,没有被切分成若干个单独的部分并交给无关的公司处理。

"我的确被吸引过,"迪勒说,"当时'聚合'这个词还没有被电话、电视和电脑混沌交织成的市场过度炒作和滥用。"

迪勒将创意软件与电视网发行硬件的结合视为解决产业未来主要挑战的良方。他认为电视、电话和电脑的融合能够解决第二项挑战,即如何借助信息高速公路盈利。这个概念仍有更多潜能等待开发,但迪勒完全相信最终的赢家是"拥有线缆"(即电话线、有线电视线和光纤多用途线)继而连通消费者家庭或办公室所在的那些公司。

在现有体系中,支付通信费用、娱乐产品费用以及线缆费用的方式是间接的,获得有线电视服务的用户既能选择支付广告费用或固定费用,也能同时通过两种途径偿付。正如迪勒指出的,一定程度上说,这是电视业发展的最佳时机,同时比以往更多的广告收入流进创造和提供电子媒体的公司。

然而,广告商在重新思考如何最经济地让消费者收到他们传达的信息。电视通常是最有效的广告形式;连通有线电视的家庭总数在持续增长;美国人收看卫星直播、有线电视和电视网电视的时间比参加其他各类休闲活动的时间更长。公司规模的缩减以及其他因素致使家庭与工作场所相互关联,这对许多人产生了一定的影响,他们将这个偏好带入工作场所。广告商正在逐渐撤离平面媒体,因为它无法成为新一代关注的焦点。印刷品读者数量下降的同时,文盲率正在上升。

但迪勒相信空中广播电视网现在也面临最艰难的处境。"实际上三大电视网的股票大幅下挫。在我的眼里,电视网似乎都在同一块地上开采。他们能够极其熟练地为正确的收视人群制作节目;我担心时间一久这会让事态进一步恶化"。

就在迪勒发表观察意见的 9 天后,1995 年 4 月 19 日发布的《尼尔森传媒研究》报告就印证电视网观众果然日渐减少。报告显示,尽管《急诊室的故事》(ER)、《纽约重案组》(NYPD Blue)、《60 分钟时事杂志》、《宋飞正传》(Seinfeld)、《老友记》(Friends)和《欢乐一家亲》(Frasier)等热门节目广受欢迎,三家广播电视网拥有的美国观众总数却再次下跌。这次的收视率由 61% 下跌至 57%,失去的多数观众转而收看有线电视。

电视网出现这种持续的颓势和电影曾经遭受冷遇有着某些类似的原因;好莱坞过去长期打造吸引男孩子的电影。如今,电视网全力吸引 18~

49岁的目标市场,因为这部分人群能够自行支配收入而且通常是消费的主力军。但在1996年,每7秒就有一个"婴儿潮"[1]成员加入50岁的人口行列。这些人口特征导致电视网电视赶跑了年轻人和老年人。

有线电视的出现已导致观众分化。曾经由三家电视网主导的通信和娱乐产品配送系统,现在成为一个系统;系统至少拥有36个依托有线电视提供商的频道。如今的电视网电视面临着和第二次世界大战后无线电广播网遭遇的相同问题。行业内的节目逐渐丧失特色;除了四个免费的空中广播电视网频道外,其他频道都沿专向化道路发展。迪勒发现四家空中广播电视网都希望重拾几年前其中三位成员鼎足而立时的风采;它们期盼恢复鲜明的个性,期盼各自为节目创立的角色与品牌能够被人熟知。

"事实上,最棒的电视网服务拥有属于自己的鲜明个性。以前,哥伦比亚广播公司这家'蒂凡尼电视网'在行动中体现的风格和见解独树一帜。全国广播公司你是知道的。全国广播公司靠播出彩色电视发家,以前制作各种现场节目,还积极投身演艺事业。美国广播公司则是愿意尝试一切的莽汉。这些轮廓鲜明的个性曾是品牌的一部分,如今品牌却逐渐将成年人作为关注的焦点"。

"我认为随着脚步迈向未来,必须做一件事情,那就是必须忠实于自己。真的不能依赖研究结果,也不能向电视业的巫医求助"。

迪勒曾非常积极地表示广播与电影制作领域的公司必须拥有独立的身份定位。如果公司希望拥有忠实的观众,希望在电视服务云集的时代里存活,就必须代表某些事物与观众进行交流与联络。

迪勒认为,这也左右着盈利方式。空中广播公司向来通过卖出广告盈利;有线电视广播公司通过每月收取固定费用盈利。这两种手段与实际的商品展示和兜售相去甚远。迪勒由此欣喜地发现产品在实况展示的同时就能被直接卖出,发行系统或电视网则分享部分销售额。

这种即展示即购买的方式引起大批广告商和电视网的注意。广告商不

---

[1] "婴儿潮"指的是在某一时期及特定地区,出生率大幅度提升的现象。——译者注

再用某些瞬息万变的公式或排名簿上的数字衡量销售成本。销售成本将直接和广告媒体的效能挂钩。电视经营商会淘汰缺乏生机并因此丧失广告效益的商品，同时更积极地推出热门商品，从而获取更多利润。此外，电视经营商能控制订货进度。迪勒认为效仿QVC目前尚未成熟却卓有成效的系统，结合诱人的娱乐包装，就能更迅速地获得更多收入。

正是这个概念让迪勒大力支持CBS—QVC的交易。后来，他遗憾地说，"很明显，我希望哥伦比亚广播公司能够继续同我方达成交易。QVC与哥伦比亚广播公司很般配。我认为空中广播公司面临的威胁是：有线电视经营商迟早会通过互相联系，明白怎样在地方市场上进行卓有成效的销售。"

苹果公司强力笔记本电脑的使用加深了巴里·迪勒对电脑的了解，这又推动了他对未来的预测。这次切身体验结合在美国广播公司、派拉蒙、福克斯和QVC时的经历，让他密切关注多媒体在娱乐和通信业的未来。他预见，QVC与哥伦比亚广播公司携手后将相互提供日后所需的硬件与软件资源，并将突然获得新的收益。

然而，他在关注技术的同时却忘记考虑人为因素，甚至忘记照顾公司最高决策层的感受，结盟计划最终失败。

迪勒在谈到自己如何创造纪录时说，"我每次都要经历实际处理和专家意见之间的战斗，或者叫作圣战。专家意见代表了从众心理，它让人以为某件事无法办到或者只有采用特定的方法办到。实际处理时却不用在乎各方意见"。

是什么促使迪勒不断地与从众心理进行激烈顽强的斗争呢？艾伦·斯腾菲尔德曾想过是什么推动迪勒不断寻找下一桩大生意。

"他是出色的高级交易人，"斯腾菲尔德说，"我只能推测他付出所有努力的一个根本目的是要取得个人荣誉。但他支持正片，还立下创建第四电视网的壮志，这是别人不敢奢谈的。"

"我理解他满心希望建立一座镌刻着自己名字的丰碑。他有什么财富留给后辈呢？可别忘了他高明地创建了第四电视网。他结交以大卫·格芬为代表的巨富。巴里倒是不必被扣上巨富这顶帽子,雇员与负责人的差别很大。我认为很明显的是,50来岁的他不仅希望成为公司负责人,还盼望迎着新技术时代的曙光向自己提出新挑战"。

"在QVC时他就得到了这个听上去绝妙的设计。我不能说他一直利用这项计划接近哥伦比亚广播公司或者其他电视网,但,唔,我认为他正打算创建属于自己的帝国"。

巴里·迪勒说自己最喜欢的电影是奥森·威尔斯(Orson Welles)的经典作品《公民凯恩》(*Citizen Kane*)。故事以威廉·伦道夫·赫斯特(William Randolph Hearst)为原型,讲述了一位报纸出版商登上权力宝座的历程。临终时,主人公凯恩念叨着一个词——"玫瑰花蕾",那是他小时候被迫遗弃的最心爱雪橇上的商标,同时象征他在生命中失去的一切。

巴里·迪勒不太会透露自己心中的"玫瑰花蕾"——它既造就了迪勒内心强大与脆弱的两个矛盾面,也促使他在别人已经放弃的时候仍然奋斗不息。他的父亲迈克尔是南加利福尼亚州的住宅施工人员。迪勒也是施工人员可能并非巧合。他负责构思与计算,并不和榔头、钉子打交道;不过迪勒最擅长也是最爱做的却与他父亲的工作不无相似之处。他创建起一个前所未有的结构、根据框架精心修造并通过不时的测量与计算确保结构稳固。迈克尔建造过自己梦想中的房子吗?他的儿子会在某一天建造属于自己的房子吗?

一位与迪勒并驾齐驱的好莱坞巨亨羡慕地说他"不容忽视。瞧瞧他这一生干的事。这家伙要主宰世界。他要在传媒界称王。他要比大卫·格芬更有钱、更有权。这个混球既顽固又有才华"。

汇添富基金·世界资本经典译丛

第一辑

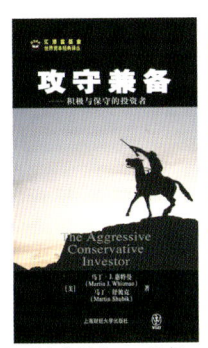

《攻守兼备——积极与保守的投资者》 定价：39.00元

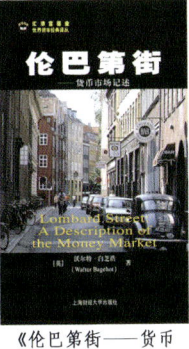

《伦巴第街——货币市场记述》 定价：25.00元

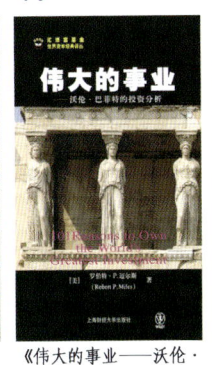

《伟大的事业——沃伦·巴菲特的投资分析》 定价：28.00元

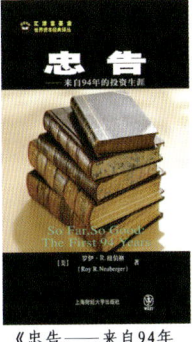

《忠告——来自94年的投资生涯》 定价：25.00元

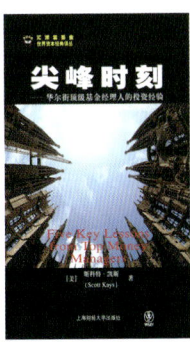

《尖峰时刻——华尔街顶级基金经理人的投资经验》 定价：30.00元

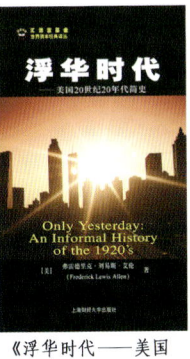

《浮华时代——美国20世纪20年代简史》 定价：35.00元

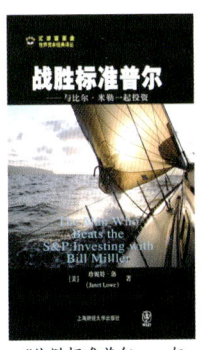

《战胜标准普尔——与比尔·米勒一起投资》 定价：29.00元

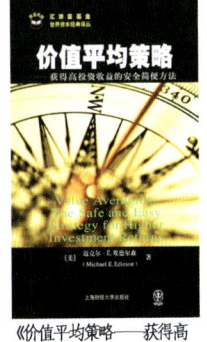

《价值平均策略——获得高投资收益的安全简便方法》 定价：29.00元

第二辑

《黄金简史》 定价：43.00元

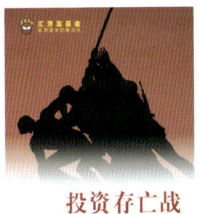

《投资存亡战》 定价：32.00元

《华尔街五十年》 定价：30.00元

《华尔街的扑克牌》 定价：37.00元

《标准普尔选股指南》
定价：31.00元

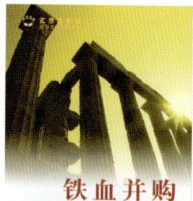

《铁血并购——从失败中总结出来的教训》
定价：42.00元

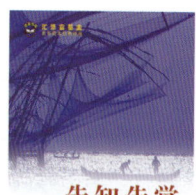

《先知先觉——如何避免再次落入公司欺诈陷阱》
定价：29.00元

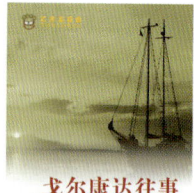

《戈尔康达往事——1920~1938年华尔街的真实故事》
定价：33.00元

第三辑

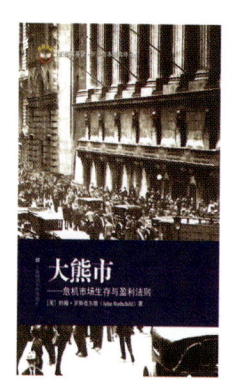

《大熊市——危机市场生存与盈利法则》
定价：28.00元

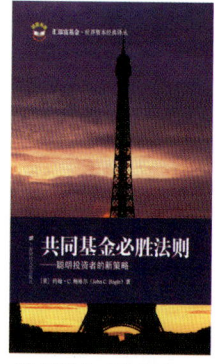

《共同基金必胜法则——聪明投资者的新策略》
定价：42.00元

《华尔街传奇》
定价：26.00元

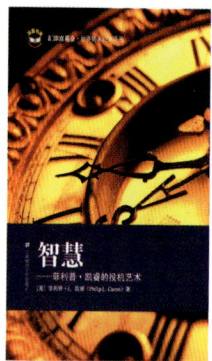

《智慧——菲利普·凯睿的投机艺术》
定价：28.00元

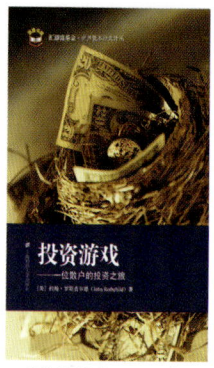

《投资游戏——一位散户的投资之旅》
定价：30.00元

《孤注一掷——罗伯特·康波并购风云录》
定价：32.00元

第四辑

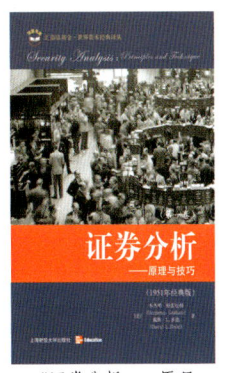

《证券分析——原理与技巧》（全二卷）
定价：92.00元

《股票估值实用指南》
定价：36.00元

《点津——来自大师的精彩篇章》
定价：36.00元

《策略——决胜全球股市》
定价：31.00元

《福布斯英雄》
定价：24.00元

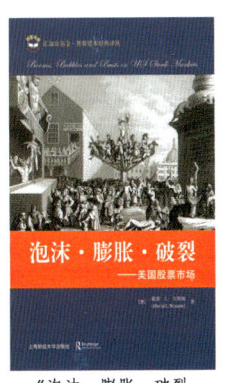

《泡沫·膨胀·破裂——美国股票市场》
定价：39.00元

第五辑

《美林证券：致命的代价——我与华尔街巨鳄的战争》
定价：29.00元

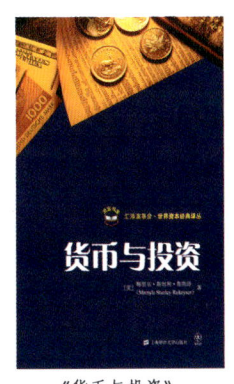

《货币与投资》
定价：30.00元

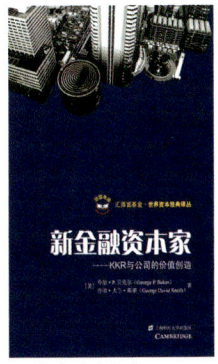

《新金融资本家——KKR与公司的价值创造》
定价：30.00元

《美国豪门巨富史》
定价：65.00元

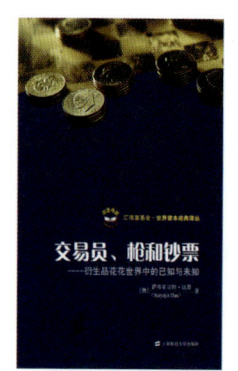

《交易员、枪和钞票——
衍生品花花世界中的
已知与未知》
定价：42.00元

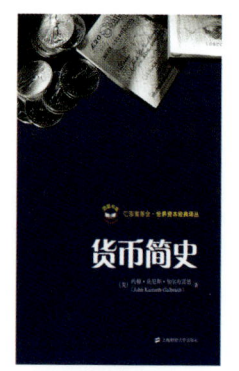

《货币简史》
定价：25.00元

上海财经大学出版社有限公司
地址：上海市武东路321号乙　　　邮编：200434　　　网址：www.sufep.com
电话：021-65904895　021-65903798　021-65904705　　传真：021-65361973
汇添富基金管理有限公司
地址：上海市富城路99号震旦国际大厦21层　　　邮编：200120
网址：www.99fund.com　　　电话：021-28932888（总机）　　　传真：021-28932949